본능에서 **개념적 사고**까지

본능에서 개념적 사고까지
비고츠키 아동·청소년 발달론

초판 1쇄 인쇄 2025년 12월 3일
초판 1쇄 발행 2025년 12월 12일

지은이 비고츠키교육학실천연구모임
펴낸이 김승희
펴낸곳 도서출판 살림터

기획 정광일
편집 이희연·송승호·조현주
디자인 유나의숲

인쇄·제본 (주)신화프린팅
종이 (주)명동지류

주소 서울 양천구 목동동로 293, 2215-1호
전화 02-3141-6553
팩스 02-3141-6555
출판등록 2008년 3월 18일 제313-1990-12호
이메일 gwang80@hanmail.net
블로그 https://blog.naver.com/salimterbook
한국교육연구네트워크 https://www.kednetwork.or.kr

ISBN 979-11-5930-344-9(03370)

* 책값은 뒤표지에 있습니다.
* 잘못된 책은 바꾸어 드립니다.
* 이 책은 저작권법에 따라 보호를 받는 저작물이므로 무단 전재와 복제를 금합니다.

본능에서
개념적 사고까지

비고츠키 아동·청소년 발달론

비고츠키교육학실천연구모임

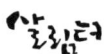

· 머리글 ·

입시에서 발달로

발달론, 이제 현장 실천으로

이 책은 비고츠키의 아동, 청소년 발달론을 소개하는 책입니다. '협력', '개념적 사고', '주체적 인간' 등을 강조하는 비고츠키 교육학은 이미 세계 교육에 큰 영향력을 발휘하고 있고, 한국 교육계에도 꽤 많이 알려져 있습니다. 최근 OECD와 유네스코에서 제출한 새로운 교육 패러다임에도 비고츠키 교육학의 관점이 상당히 녹아들어 있다고 할 수 있습니다.

거시적 흐름에서는 큰 영향을 미치고 있지만, 아쉽게도 우리 교육 현실을 변화시킬 만한 모습으로는 나타나고 있지 않습니다. 그것은 비단 비고츠키 발달론만의 문제가 아니라 '발달론 따로, 교육 따로'라는 발달론 전반이 처한 상황의 문제이기도 합니다. 비고츠키는 발달론의 이론적 성과를 교육 실천에 직접 접목하기 위해 가장 헌신적으로 노력한 발달심리학자라고 할 수 있습니다. 그는 초등교육과 중등교육을 위한 아동·청소년 발달론을 체계적으로 연구했고 직접 예비 교사들을 위한 강의도 진행했습니다. 이 강의 내용들이 후대에 남아 비고츠키 선집으로 출간되었는데, 그게 바로 〈살림터〉 출판사의 비고츠키 선집 6 『성장과 분화』에서 선집 12 『인격과 세계관』에 이르는 비고츠키의 아동·청소년 발달론입니다. 여기에는 이론적으로나 실천적으로 매우 소중하고 중요한 내용들이 풍부하게 담겨 있습니다. 그렇지만 내용을 어려워하는 분들이 많고, 방대한 내용에 시대적 배경도 달라 우리 현실에 직접 적용하기에 다소간 난관이 있었습니다. 그래서 비고츠키 아동, 청소년 발달론을 일목요연하게 소개하는 한편 현장 실천에 직접 적용하는 노력이 필요한 상황이었습니다.

여기에 최근의 교육적 상황과 시대적 과제는 그 필요성을 더욱 강하게 요청하고 있다고 보게 되었습니다.

첫째, 최근 가중되는 발달 위기와 교육 주체 간 갈등을 풀어갈 실마리가 필요하기 때문입니다. '발달'은 모든 교육 주체가 공유할 수 있는 공동의 목표가 될 수 있습니다. 비고츠키 아동·청소년 발달론은 초중등교육에서 발달의 의미와 내용에 대한 보다 명확한 이해와 공유를 가능하게 함으로써 얽힌 실타래를 풀어헤치는 등대가 될 수 있다고 봅니다.

둘째, 시대가 요청하는 교육적 과제가 아동·청소년 발달에 대한 비고츠키의 체계적 논의를 필요로 하기 때문입니다. 기후 위기, 저출생, 디지털 등으로 대표되는 현대 사회의 변화는 최근 OECD와 유네스코에서 강조하듯 지속 가능한 미래를 건설할 수 있는 변혁적 역량 형성의 과제를 교육에 요청하고 있습니다. 그동안 '역량' 자체에 대한 강조들은 있었지만, 그러한 역량들을 어떻게 형성할 수 있는지에 대한 체계적 논의는 존재하지 않았습니다. 이 문제에 대해 비고츠키의 체계적인 발달론은 큰 도움을 줄 수 있을 것입니다.

셋째, 입시교육 너머의 대안 창출에 분명한 근거와 관점을 제공하기 때문입니다. 시대 변화 속에서 기존의 입시교육은 이제 수명을 다하고 있습니다. 그런데 적지 않은 사람들이 입시교육의 폐해를 알면서도 머뭇거립니다. 그 이유를 "입시가 없어지면 과연 학생들이 공부를 할까?"라는 의문을 한편에 갖기 때문이라고 봅니다. 이러한 의문에 대해 비고츠키 교육학은 그 대안으로서 '발달 교육'의 구체적 방향과 내용을 제공할 수 있습니다.

이러한 이유로 그동안 미루어 왔던 비고츠키의 아동·청소년 발달론을 소개하는 작업을 시급한 과제로서 수행하게 되었습니다. 이 책은 두 가지를 목적으로 합니다. 하나는 비고츠키의 과학적이고 풍부한 아동·청소년 발달론을 가능한 한 일목요연하면서도 올바르게 소개하는 것이고, 또 하나는 이론적 소개를 넘어 우리 현실에 직접 적용할 수 있는 실천적 논의로 상승시켜 보자는 것입니다. 두 부분 모두 부족할 수 있을 것입니다. 그렇지만 이 책이 하나의 중요한 계기가 되어 많은 사람들의 교육적 노력이 이론과 실천 모두에서 더욱 발전해 나가길 소망해 봅니다.

내용의 구성과 주안점

이 책은 다소 결이 다른 세 부분의 내용으로 구성되어 있습니다.

1부의 주요 내용은 비고츠키 발달론의 기본 개념, 관점에 대한 개괄입니다. 비고츠키 교육학 전반을 다루지는 못하지만, 이 책의 중심 주제인 2, 3부의 아동, 청소년 발달을 이해하는 데 보탬이 되는 수준에서 정리해 보고자 했습니다. 1~2장에서는 인간 발달에 대한 기본 개념과 성격, 기제 등을 개략적으로 소개합니다. 그리고 3장에서는 발달 경로 문제를 집중적으로 다루었습니다. 발달 경로는 비고츠키 아동·청소년 발달론의 큰 줄기이자 이 책의 주안점 중 하나로 아동, 청소년 발달을 일관된 맥락 속에서 이해하는 한편 시기별 방향과 과제 설정하는 데, 이것이 매우 중요하다고 봤습니다.

2부 '아동 발달과 초등교육'에서는 발달론을 초등교육에 실제 적용하는 데에 초점을 두었습니다. 2부의 내용은 지난 2023~2024년에 진보교육연구소 비고츠키교육학실천연구모임과 전교조 초등교육과정모임 선생님들이 함께한 아동 발달론 학습 및 토론에 기초하고 있습니다. 당시 모임에서 학습하고 토론한 내용을 정리, 보완한 것이라 할 수 있습니다. 이 모임에서는 비고츠키 이론만이 아니라 일반 발달심리학과 뇌과학의 성과도 참고하면서 아동 발달을 보다 종합적으로 이해하고자 했습니다. 그리고 초등교육의 시기별 특성을 이해하고 과제를 설정하는 실천적 논의에 토론의 초점을 두었습니다. 그래서 2부 '아동 발달과 초등교육'은 학령기 아동의 시기별 특성과 과제 설정을 중심으로 하는 틀로 구성되어 있습니다. 그런 점에서 2부 '아동 발달과 초등교육'은 아동 발달에 대한 비고츠키의 논의를 소개하고 있기도 하지만, 무엇보다 교육 현장에서의 적용에 초점을 둔 실천적 제안이라고 할 수 있습니다.

반면 3부 청소년 발달론에서는 주로 비고츠키 논의 자체를 소개하는 데에 초점을 두었습니다. 3부의 내용은 2024년 여름 연구소에서 주최한 '비고츠키 청소년 발달론' 강좌의 내용을 저자들의 동의를 얻어 수록한 것입니다. 여러 저자들이 주제별로 비고츠키 발달론을 정리해서 소개하고 있습니다. 비고츠키의 청소년 발달론은 '질풍노도의 시기'로 대표되는 청소년에 대한 기존의 관점과 상당히 다릅니다. 비고츠키는 청소년기를 주체적 인간으로 발달하는 시기로 봅니다. 이러한 관점은 청소년에 대한 새로운 시각, 교육적 의미를 부여합니다. 또한 일반 발달심리학의 청소년 부분이 빈약한 것에 비해 내용 면으로도 더 체계적이고 풍부합니다. 따라서 제대로 정리해서 소개하는 것만으로도 매우 중요한 의미를 지닌다고 봤습니다. 또, 3부의 일부 장에는 「보론」과 「보충」 글이 수록되어 있습니다. 「보론」은 주로 필자의 견해를 담아 주제 내용을 보완하는 글이고, 「보충」은 본문에서 미처 다루지 못했지만 중요하다고 생각되는 비고츠키의 논의를 소개하는 글입니다.

그리고 뒷부분에는 초등학교와 청소년기의 시기별 발달 특성과 과제를 제안하는 「시론」 2편을 실었습니다. 이 시론들은 발달론에 입각한 교육과정 및 구체적인 과제 설정의 예시입니다. 아직 부족하고 수정, 보완될 점들이 있겠지만 의미 있는 출발이 될 수 있다고 생각합니다. 시기별 발달 상황과 과제는 앞으로 많은 사람들의 경험적 보고와 참여를 통해 지속적으로 보완되어 한 걸음씩 나아갈 수 있다고 생각하며 또 그래야만 할 것입니다.

- 진보교육연구소 비고츠키교육학실천연구모임

•차례•

•머리글• 입시에서 발달로 5

1부 ——————— 고등정신기능과 인간 발달

1장 고등정신기능이란 무엇인가 · 17
1. 기초정신기능과 고등정신기능 _18
2. 기초정신기능에서 고등정신기능으로 _20
3. 핵심적 고등정신기능에는 어떤 것들이 있는가? _21
4. 고등정신기능과 인간 역량의 발달 _29

2장 인간 발달은 어떻게 이루어지는가 · 31
1. 인간 발달의 기본 성격 _31
   문화적 발달 | 사회적인 것의 개인화 | 생물학적 요소와 환경적 요소의 짜임 |
   역동적 과정 | 역사적 가변성
2. 발달의 주요 기제 _49
   사회적 상호작용과 협력 | 말 발달 : "낱말 의미는 발달한다" |
   학교 : 인간 발달을 위한 체계적 노력의 장소

3장 고등정신기능 발달의 기본 경로 · 60
1. 기초정신기능의 발생 경로 : 정서-지각-기억-생각 _61
2. 고등정신기능은 기초정신기능 발달에 후행한다 _67
3. 앞선 고등정신기능은 이후 고등정신기능의 토대가 된다 _70
4. 전체 의식 구조의 발달 _72
5. 발달 경로의 교육적 의미 _77

2부 ─────────── 아동 발달과 초등교육

4장 학령기 발달 개요와 초등교육 시기 구분 · 87
1. 학령기 출발의 발달적 토대 _87
2. 학령기는 생각 발달의 힘을 키우는 시기 _90
3. 학령기의 핵심적 발달 기능 _95
4. 초등교육 시기 구분 _98

5장 초등 저학년 시기의 특성과 발달 과제 · 103
1. 시기적 특성 : 학교로 간 유아 _103
   학교라는 새로운 세상 | 선생님 말씀에 주의를 기울일 수 있어요 | 7세의 위기와 자아 형성의 시작
2. 발달 과제와 목표 : 성공적인 학생 되기 _117
   자발적 주의와 자기 규제의 튼튼한 발달 | 본격적 교수-학습을 위한 내용적 준비 : 기초 문해력과 수리력 | 사회정서적 역량과 공동체 생활 익히기 | 자아 형성의 토대 구축 : 자신과 타인에 대한 존중감 | 성공적인 학생 되기

6장 초등 중학년의 발달 특성과 과제 · 129
1. 시기적 특성 : 호기심 넘치는 어린이 _129
   생각 발달의 힘이 자라다 : 기본적 지적 기능의 발달 | 교과 학습의 본격화와 사회적 생활의 확대 | 자아의 성장 : "나는 친절하고 친구가 많은 OO이예요!"

2. 발달 과제와 목표 : 학습의 즐거움 익히기 _136
지속 과제로서 자발적 주의와 자기 규제 역량의 강화 | 문화적 기억의 발달과 확대 |
공감, 존중, 협력의 사회적 정서 발달 | 긍정적 학습자 되기

7장 초등 고학년의 발달 특성과 과제 · 146

1. 시기적 특성 : 아동기와 청소년 진입기의 특성 혼재 _146
왜 그렇지? | 청소년 진입이 빨라지는 아이들 | 두 특성의 혼재 | 학교 상급생이라는
사회적 상황

2. 발달 과제와 목표 : 학령기 발달의 풍부한 완성 _152
개념적 사고 발달의 토대 마련 | 청소년 진입의 변화 수용과 문화적 흥미의 창출 |
공동체적 가치와 태도의 확장 | 능동적 학습자 되기

3부 ─── 비고츠키 청소년 발달론

8장 성숙의 세 봉우리와 청소년기의 문화역사적 본질 · 165

1. 청소년기에 대한 상식적인 일반적 정의의 일면성과 문제점 _165
2. 청소년기에 대한 새로운 정의 _166
3. 청소년기의 문화 - 역사적 성격 _172
4. 청소년기의 기본적 특성 _175

9장 '13세의 위기'에 대하여 · 180
1. 이행기로의 이행기 _180
2. 위기적 증상 _182
3. 13세 위기의 신형성 _187
4. 13세 위기와 전체 청소년기의 관계 _193

10장 청소년기 발달의 방향과 동력 · 195
1. 청소년기 이행, 발달의 방향 _195
2. 청소년기 문화적 발달의 동력 _204
3. 청소년기 혼란과 갈등 문제와 발달의 가변성 _213

11장 개념적 사고의 중요성과 청소년기 개념 발달 · 219
1. 개념, 개념적 사고 _220
2. 개념적 사고의 중요성 _221
3. 청소년기 개념적 사고 형성 _224
4. 개념적 사고 형성과 학교 교육 _235

[시론] 급별·시기별 발달 과제
초등학교 발달교육과정 관점 잡기 _245
청소년기 시기 구분 및 시기별 특성과 과제 _273

1부 — 고등정신기능과 인간 발달

비고츠키교육학실천연구모임

1장

고등정신기능이란 무엇인가

발달은 '신체, 인지, 정서 등의 성장과 성숙'을 의미한다. 인간 발달이라고 할 때는 이 요소들의 '인간적 발달'에 초점을 두게 된다. 비고츠키는 인간 발달이란 "인간 특유의 자질, 특성을 형성하는 과정"이라고 말한다.

> 발달은 모든 인간적 속성을 지닌 인간 형성 과정이며, 인간 특유의 새로운 자질, 새로운 특성, 새로운 형성의 출현 (비고츠키, 『성장과 분화』, 살림터, 2015, 58쪽)
> 발달은 새로운 자질의 출현에 의해 성취되는 인간 형성 과정 즉 인격 형성 과정 (같은 책, 59쪽)

'인간적 자질과 특성'과 관련하여 비고츠키는 그 핵심을 '고등정신기능'에서 찾는다. 고등정신기능은 다른 동물들이 보유하지 못하는 인간만의 정신기능을 지칭하기 때문이다. 먼저 고등정신기능이 어떤 것인지 그 의미를 살펴본다.

1. 기초정신기능과 고등정신기능

인간의 정신기능은 크게 기초정신기능과 고등정신기능의 두 차원으로 구분된다.[1] 기초정신기능은 말 그대로 인간 정신 발달의 기초가 되는 정신기능이다. 기초정신기능은 '본능적 정서', '감각적 지각과 반응적 주의', '자연적 기억' 그리고 '시각적 사고'[2] 등과 같이 생물학적으로 타고나는 것들이다. 이들은 인간 정신기능의 원형을 이룬다. 기초정신기능은 인간만이 아니라 다른 동물들에게서도 찾아볼 수 있다. 생물학적으로 타고나기에 인간의 신체와 신경에 내장되어 있다가 발현된다. 예컨대 아기는 배고픔이나 엄마의 손길 같은 자극들에 본능적인 정서를 느끼고 반응한다. 사람들은 큰 소리나 강렬한 시각적 자극에 자신도 모르게 저절로 주의하게 된다. 기초정신기능은 이처럼 몸에 내장되어 있기 때문에 본능적이고 감각적으로 발휘된다. 기초정신기능은 유기체가 성장함에 따라 자연적으로 발달, 발현하며 자극에 대해 수동적이고, 반응적으로 발휘된다는 특징을 지닌다.

반면 '고등정신기능'은 기초정신기능에 토대를 두지만 기호, 언어 등을 매개로 문화적으로 발달하면서 출현하는 고차적 정신기능을 의미한다. 앞으로 우리가 주요하게 다루어야 할 '자발적 주의', '문화적 기억', '의식적 파악(메타인지)', '개념적 사고'와 더 고도화되고 복합적인 정신기능들인 '비판적 사고', '성찰', '창조성' 등이 여기에 해당한다. 그런데 '고등정신

---

[1] 정신기능을 기초적인 것과 고등한 부분으로 구분하는 것은 비고츠키만이 아니라 심리학에서의 일반적 구분이다. 일반 심리학에서도 인간만의 심리를 '고등 심리'로 규정한다. 비고츠키의 공헌은 고등정신기능의 의미를 분명히 규정하면서 고등정신기능으로의 발달 과정을 체계적으로 분석, 설명한 것이다.
[2] 눈에 보이는 '시각 장' 안에서 이루어지는 사고. 눈에 보이지 않는 추상적 관계나 본질을 파악하지 못한다.

기능'에서의 '고등'은 '대단히 높은 어떤 수준'을 의미하는 것이 아니라는 점에 유의할 필요가 있다. 여기서 의미하는 '고등'은 '기초'와 대비할 때 '고등'하다는 의미다. 즉 고등정신기능은 도달하기 어려운 어떤 특별한 정신기능이 아니라 인간이라면 누구나 도달할 수 있는 보편적 정신기능인 것이다. 동물에게는 없지만 인간이라면 누구나 지닐 수 있는 정신기능, 그렇지만 문화적으로 채색되어 고차화된 정신기능, 그것이 바로 고등정신기능이다.

기초정신기능이 본능과 감각에 의해 저절로 발휘되는 것이라면 고등정신기능은 의식적, 의지적으로 발휘된다는 특징을 지닌다. 예컨대 기초정신기능인 '감각적 주의'는 외부의 강한 자극에 자신도 모르게 이끌리는 모습으로 나타나지만 고등정신기능인 '자발적 주의'는 스스로의 필요에 의해 의지적으로 집중하는 모습으로 나타난다. 또한 기초정신기능이 유기체·신체적 성장에 따라 자연적으로 발현된다면, 고등정신기능은 사회적 상호작용과 언어, 교육 등 문화적 과정을 통해 발달한다.

〈 기초정신기능과 고등정신기능의 주요 형태와 특징 〉

	기초정신기능	고등정신기능
주요 형태	본능적 정서, 감각적 지각, 반응적 주의, 자연적 기억, 시각적 사고	사회적 정서, 언어적/범주적 지각, 자발적 주의, 문화적 기억, 개념적 사고
특징	자연적 발달 수동적, 반응적	문화적 발달 능동적, 의식적

2. 기초정신기능에서 고등정신기능으로

기초정신기능과 고등정신기능은 대비되기도 하지만 동시에 서로 연결된다. 기초정신기능이 고등정신기능의 토대가 되기 때문이다. 예컨대 자연적 기억이 없다면 문화적 기억도 가능하지 않다. 기초정신기능이 없다면 고등정신기능도 없으며, 기초정신기능이 미약한 상황에서는 고등정신기능으로 발달도 어렵다. 인간의 정신기능 발달은 기본적으로 기초정신기능이 고등정신기능으로 발달하는 과정이라 할 수 있다. '본능적 정서'에서 '사회적 정서'[3]로, '감각적 지각'에서 '언어적/범주적 지각'[4]으로, '반응적 주의에서 자발적 주의'로, '자연적 기억'에서 '문화적 기억'으로 그리고 '시각적 사고'에서 인간만의 고등한 '개념적 사고'로 발달해 나가는 과정이다. 기초정신기능에서 고등정신기능으로 발달하는 것은 단순히 기능이 좀 더 다양해지고 복잡해지는 양적 차원이 아니라 새로운 차원으로 발달하는 질적 변화다.

> 고등정신기능 발달의 역사는 그와 대응하는 기본적 기능의 직접적 연장이자 향상이 아니라 발달적인 흐름의 근본적 재편성이며 이 과정이 완전히 새로운 방향으로 더 나아가는 움직임입니다. (비고츠키, 『도구와 기호』, 살림터, 2012, 187쪽)

기초정신기능의 문화화, 그를 통한 고등정신기능의 발달은 인간 발달의 고유한 특징이며 고등한 인간적 정신 활동은 바로 고등정신기능을 통해 발휘된다. 따라서 정신기능의 발달이라는 측면에서 교육의 중요한 과

---

3 공감, 존중, 연대 등 복잡한 인간 사회 속에서 문화화된 고등 정서
4 감각적 지각을 넘어 언어와 개념을 통해 지각하는 것

제는 적절한 시기에, 적절한 과정을 통해 기초정신기능에서 고등정신기능으로 풍부하고 튼튼하게 발달할 수 있도록 이끌고 지원하는 것이 된다고 할 수 있다.

〈 기초정신기능에서 고등정신기능으로의 발달 〉

고등정신기능
언어적·범주적 지각, 자발적 주의, 문화적 기억
개념적 사고, 사회적·윤리적·심미적 정서, 의지적 행위

기초정신기능을 토대로 사회적
상호작용, 말 발달, 교육을 통해
새로운 심리구조 발생

기초정신기능
감각적 지각, 반응적 주의, 자연적 기억,
지각과 경험 의존적인 사고, 본능적인 기초적 정서

3. 핵심적 고등정신기능에는 어떤 것들이 있는가?

고등정신기능은 기초정신기능을 토대로 발달하며, 사회와 인간 활동의 복잡성 속에서 다양하게 분화되고 발달한다. 고등정신기능에는 많은 것들이 있지만 그 중핵을 이루며 발달적 의의가 큰 고등정신기능들은 다음의 몇 가지로 요약된다.

• **사회적 정서** : 인간은 생존조건에 대한 본능적 정서를 타고난다. 기쁨, 슬픔, 분노, 공포, 놀람 등의 정서는 생존조건에 대한 본능적인 정

서적 반응이라고 할 수 있다. 그런데, 사회적 삶을 살아가게 되면서 타인들과의 관계 및 세계와의 상호작용을 통해 생겨나는 고등 정서들이 있는데, 이를 사회적 정서라 한다. 예컨대 수치심, 부러움, 당혹감, 죄책감 등의 정서는 타인들과의 관계 속에서 형성되는 사회적 정서다. 일반 심리학에서는 본능적 정서를 1차 정서, 사회적 정서를 2차 정서로 구분하기도 한다. 사회적 정서는 영아기를 지난 초기유년기부터 생겨난다. 그리고 부러움, 수치심처럼 개인적이고 자기중심적인 것에서 공감, 배려 등 점차 사회적으로 더 넓어지고, 타인에 대한 것으로 확대되고, 내적으로 깊어지는 것으로 발달해 나간다. 특히 초등 입학 이후 사회적 정서는 질적으로 발전한다. 공감, 연민, 연대감 등 타인들의 정서도 이해하기 시작하는 것이다. 여기에는 학교라는 공동체 생활, 학교 학습을 통한 인지적 발달이 영향을 미친다. 사회적 정서는 개인의 삶은 물론이고, 타인과의 원활한 상호작용 나아가 안정적 학습에도 중요하다. 사회적 정서는 타고나는 것이 아니라 문화에 의해 학습, 형성되는 것이기 때문에, 생각과 행동을 통해 변화, 발달시킬 수 있으며 올바르고 풍부한 사회적 정서 발달은 중요한 교육적 과제가 된다.

• **자발적 주의** : 자발적 주의는 자신의 의지에 따라 주의를 조절하는 기능 또는 정신 역량을 말한다. 주어지는 자극에 본능적으로 반응하는 기초정신기능인 반응적 주의와 대비된다. 자발적 주의는 통제된 주의라고도 하며, 자발적 주의가 발달해야 특정 작업이나 자극에 정신 자원을 의식적으로 집중할 수 있다. 학교에서의 교수-학습도 자발적 주의가 어느 정도 발달해 있어야 가능하다. 따라서 자발적 주의는 본격적 교수-학습을 위한 전제 기능이 된다. 자발적 주의는 유아기 및 초등 저학년 시기가 발달의 적기다. 비고츠키는 학령기 초기에 자발적 주의가 튼튼하게 발달해야 함을 강조한다.

자발적 주의가 학령기 초기에는 매우 미약하다는 것입니다. … 사실 어떤 의미에서 전학령기에 교수-학습이 불가능한 것은 일차적으로 전학령기 어린이에게 자발적 주의가 불가능하기 때문 … 학령기 어린이에게 주로 발달하는 것은 지각과 연관된 의지적 주의입니다. (비고츠키, 『의식과 숙달』, 살림터, 2017, 247쪽)

한편으로 학령기 어린이의 주의는 처음에는 매우 미약하지만 학령기가 전개됨에 따라 어린이 정신 발달과 상관관계를 맺으며 다른 모든 기능 중에서 최대가 됩니다. (같은 책, 252쪽)

놀이는 유아 및 아동기 초기 자연스럽게 자발적 주의를 발달시키는 중요한 기제다. 또한 자발적 주의를 키우기 위해서는 집중이 필요한 작업에 내적 관심을 기울일 수 있는 환경 조성이 필요하며 본인의 노력도 중요하다. 예를 들어, 공부할 때는, 주변의 산만함을 없애고 교과서와 노트에 의도적으로 집중할 수 있도록 해야 한다. 자발적 주의의 발달은 지속적 집중, 문제해결 및 복잡한 인지 처리가 필요한 작업에 필수이기 때문에 이후의 인지 발달 전반에 큰 영향을 미친다.

• **자기 규제** : 자기 규제는 '자기 스스로' 욕구, 정서를 조절하여 상황에 맞는 행동을 취하는 발달 기능이다. 자기 조절이라고도 한다. 충동적인 반응을 억제하고, 스트레스를 관리하고, 집중하고 나아가 변화하는 상황에 적응하여 원하는 결과를 달성할 수 있는 능력을 포함한다. 자발적 주의가 발달하는 시기와 겹치며 자발적 주의와 함께 학교 학습의 전제 조건이 된다. 자기 규제는 감정 조절, 행동 제어, 인지 조절의 세 측면이 결합하는 복합적 기능이라고 할 수 있다. 자기 규제는 처음부터 되는 것이 아니라 '양육자의 규제-주변인의 규제-내면화 및 스스로의 규제'라는 일련의 과정을 거치면서 발달한다. 놀이는 자발적 주의만이 아니라 자기 규제 발달에도 큰 도움이 된다. 자기 규제는 동기를 유지하고 회복력

을 키우고 긍정적이며 생산적 방식으로 다른 사람과 상호 작용하는 데 중요하게 작용한다.

• **문화적 기억** : 인간의 기억은 자연적 기억을 넘어 사회적 환경과 언어, 교수-학습을 통해 문화화된다. 언어와 연결되고, 내용적 이해와 결합한다. 이를 통해 부족한 자연적 기억을 보완하며 질적으로 변화시킨다. 멀리 나간 길을 돌아올 때, 자기가 해 두었던 표식을 발견하면 돌아갈 길이 떠오르는 것에서 보듯 인간은 연관되는 어떤 매개의 도움을 받으면 훨씬 잘 기억할 수 있다. 또한 내용을 듣기만 하지 않고 이해하면 잘 잊어버리지 않는다. 그리고 다양한 기억술을 연마하여 기억 자체를 의지적으로 사용하는 방법을 터득해 나간다. 문화적 기억을 통해 인간은 기억력을 크게 강화하고, 기억 자체를 다루는 역량을 강화해 나간다. 그리하여 동물과는 비교할 수 없는 기억 역량으로 발전시킨다. 비고츠키는 문화적 기억을 크게 '언어적 기억'과 '논리적 기억'으로 구분했다.[5]

> 기계적, 초보적, 비매개적 형태의 기억이 학령기에 이르러 다른 형태의 기억에 자리를 내어 주는 것은 당연한 것입니다. 이 새로운 형태의 기억은 무엇보다 말로 된 언어적 기억이라는 사실입니다. … 이와 동시에 그 기억은 기억되거나 동화된 재료의 다양한 부분들 사이에 존재하는 의존성과 연결을 확립함으로써 주로 형성되는 논리적 기억과 점점 더 연결됩니다. (같은 책, 253쪽)

언어적 기억은 지각하고 경험한 것을 언어와 연결하고, 언어로 축약, 재구성해서 기억하는 것이다. 메모는 언어적 기억의 대표적 형태다. 논리

---

5 일반 심리학에서 기억을 단기와 장기기억, 절차적 기억과 서술적 기억으로 구분하는 것과는 구분 방식이 다르다.

적 기억은 인과관계에 기초해서 내용으로 이해하는 것이다. "아! 그렇구나"라고 이해하면 깊이 기억된다. 논리적 기억은 기억 강도가 훨씬 크다. 언어적 기억과 논리적 기억을 포괄하는 문화적 기억은, 학령기 발달의 가장 큰 부분을 차지하며 언어적 기억이 먼저 발달하고 이어서 논리적 기억으로 전진해 나간다. 기억은 생각 발달의 토대다. 기억한 것이 생각의 재료가 되기 때문이다. 문화적 기억을 통해 생각의 재료를 축적하고, 기억을 의식적/의지적으로 다루는 것을 익힘으로써 생각의 토대를 키워 나간다.

• **의식적 파악** : 의식적 파악은 '인지한 것을 인지'하는 정신기능으로 메타인지, 초인지라고도 한다. '메타인지'는 1970년대에 발달심리학자인 존 플라벨(J. H. Flavell)이 창안한 용어로 알려져 있으나, 같은 의미를 지닌 '의식적 파악' 개념을 비고츠키는 1930년을 전후한 시기부터 사용했다.[6] '인지한 것을 인지'한다고 할 때, 인지의 대상에는 지각, 기억도 포함되지만, 발달적 의의가 가장 큰 부분은 '생각에 대한 의식적 파악'이다. 일반 심리학에서는 지각과 주의, 기억, 생각에 대한 메타인지를 포괄적으로 다루는 경향이 크지만, 비고츠키는 생각에 대한 의식적 파악과 지각, 기억에 대한 의식적 파악을 질적으로 구분한다. 왜냐하면 눈에 보이거나 직접 경험한 지각, 기억과 눈에 보이지 않는 생각을 의식적으로 파악하는 것에는 큰 차이가 있기 때문이다.

---

6 비고츠키가 메타인지와 같은 의미의 의식적 파악 개념을 1930년을 전후한 시기부터 사용했으나 스탈린주의에 의해 탄압받으면서 수십 년간 묻혀 있었던 관계로 이 개념의 발달적 의의에 대한 해명이 비고츠키에서 비롯되었다는 사실은 잘 알려지지 않았다. 비고츠키 발달론은 1960년대 후루시초프 시절에 복권되고 1980년대부터 비로소 세계적으로 확산하기 시작했다. Ivan Ivic는 비고츠키가 메타인지 개념의 선구자라는 사실과 '의식적 파악' 개념의 교육학적 의의에 대해 자세히 논하고 있다. 「UNESCO가 추천한 비고츠키」(배희철, 『비고츠키와 발달교육』, 솔빛길, 2016) 참조.

비고츠키 교육학에서의 '의식적 파악'은 많은 경우 '생각에 대한'이 생략된 '(생각에 대한) 의식적 파악'을 의미한다. 눈에 보이지 않는 자신 내부의 생각을 의식적으로 파악하는 것은 매우 고등한 그야말로 인간만의 정신기능이다. 생각에 대해 의식적으로 파악되어야 아는 것과 모르는 것을 구분할 수 있고, 머릿속으로 개념과 개념을 비교, 분석, 종합하는 사고가 가능해진다. 즉 개념적 사고 발달의 기본 조건이 된다. 또한 자기 자신이 어떠한 생각을 하는 존재인지 파악하게 함으로써 '자아'와 인격 형성의 기초가 된다. '생각에 대한' 의식적 파악은 지각과 주의, 기억을 의식적, 의지적으로 사용하는 오랜 과정을 통해 학령기 말에야 형성되기 시작한다. 눈에 보이지 않는 머릿속 생각을 밖으로 드러내는 과정(글쓰기, 설명하기 등)은 의식적 파악 형성을 도울 수 있는 교육 실천이 된다.

> 의식적 파악은 의식 활동 자체가 그 대상인 의식 활동입니다. (같은 책, 282쪽)
>
> 전학령기 어린이에게 "너 이름이 뭔지 아니?"하고 물으면 어린이는 "콜랴"라고 대답합니다. … 그는 자신의 이름을 알지만 자신의 이름을 안다는 것을 의식적으로 파악하지는 못합니다. (같은 책, 283쪽)
>
> 학령기에 새로운 종류의 내관 혹은 자기 관찰이 발달한다는 사실입니다. 학령기 어린이는 언어화된 혹은 말로 표현된 내관이라 알려진 것에 의존합니다. (같은 책, 285쪽)
>
> 학령기 어린이 발달의 주요 특징은 지성 자체를 제외한 모든 기능들이 의식적으로 파악되고 의지적이 된다는 것입니다. (같은 책, 272쪽)

• **개념적 사고**: 추상적 개념을 체계적으로 이해하고 사용하는 역량을 의미한다. 개념적 사고는 시각적, 경험적 사고를 넘어 눈에 보이지 않는 추상적 개념을 인식하면서 발달하는 고등정신기능이다. 동물도 낮은

수준의 시각적, 경험적 사고는 가능하다. 그렇지만 의식적 파악과 추상적 개념 인식을 전제로 하는 개념적 사고는 완전히 불가능하다. 인간도 오랜 기간 시각적, 경험적 사고를 거치고, 풍부히 한 후에야 가능하다. 개념적 사고는 의식적 파악과 개념을 추상적으로 이해하는 역량[7]의 형성을 조건으로 하면서 청소년기부터 비로소 발달하기 시작한다.

> 개념적 생각을 숙달하는 청소년의 생각에 일어나는 이러한 변화는 고도로 내적인 구조 변화의 특성을 가지기 때문에 겉으로 분명히 드러나지 않는 경우가 많아서 관찰자의 눈에 잘 띄지 않는다. (비고츠키, 『흥미와 개념』, 살림터, 2020, 121쪽)
>
> 성 성숙기 생각 발달의 중심에는 개념의 형성이 있다. 오직 특정한 지적 활동 형식으로만 적절히 이해되고, 습득되고, 지각되고, 일반적으로 생각될 수 있는 특정 종류의 사고 내용이 있다. … 예를 들어 수학, 자연과학, 사회과학은 논리적, 언어적 생각 형태로 가장 적절하게 전달되고 표현될 수 있다. (같은 책, 122쪽)
>
> 개념 형성과 함께 청소년이 내용의 구성과 체계화 방법, 현실 측면을 반영하는 내용의 범위와 계열에서 완전히 새로운 것을 획득 … (같은 책, 277쪽)

개념적 사고는 그 자체로 추상적 개념을 인식하고, 개념들을 비교, 종합할 수 있는 정신기능인 동시에 비판적 사고, 성찰, 창조성 등 더욱 고차원적 사고와 역량을 뒷받침하는 기능이다. 비고츠키는 개념적 사고

---

[7] 이 때문에 피아제는 발달론에서 '추상적 사고'를 주로 강조했고 비고츠키는 개념의 체계성, 논리성 등을 강조하면서 '추상화'와 함께 '일반화'를 포괄하는 의미로서 '개념적 사고'라는 표현을 썼다.

를 '형식논리적 사고'와 '변증법적 사고'의 두 단계로 구분했다. '형식논리적 사고'는 내용적 정합성에 입각하는 것이고, 변증법적 사고는 서로 대립하는 것을 함께 이해하는 것이다. 예컨대 '이론과 실천', '현상과 본질', '총체와 구체' 등과 같이 대립하는 것을 함께 보면서 보다 복잡하고, 역동적 사고를 하는 것이다. '비판적 사고', '창조성', '성찰'의 발달도 변증법적 사고 발달과 관련성이 깊다. 비고츠키는 '형식논리적 사고'가 먼저 발달하고, 그것을 토대로 '변증법적 사고'로 나아갈 수 있다고 말한다. 그래서 청소년기에 개념적 사고가 발달하기 시작하지만, 변증법적 사고에 이르기는 쉽지 않으며 이후 지속적 생각 발달의 과정에서 이룰 수 있다고 본다.

> 청소년에게는 아직 변증법적 특성이 결여되어 있다는 사실, 주어진 문제를 이것 아니면 저것 식의 양자택일적 형태로 첨예화하는 경향 (같은 책, 262쪽)

지금까지 발달적 의의가 큰 핵심적 고등정신기능들을 간략하게 살펴봤다. 고등정신기능에는 이들 핵심 기능만 있는 것은 아니다. 고등정신기능은 인간 발달 과정에서 다양하게 분화되고, 발달해 나간다. '비판적 사고', '성찰', '문제 해결력' 등 여러 정신기능이 복합적으로 작용하는 총체적 정신기능이나 '상상력', '분석력' 등 특화되어 발달하는 정신기능들도 모두 고등정신기능에 해당한다고 할 수 있다. 그러나 다양하고 복합적인 고등정신기능은 핵심적 고등정신기능의 견고한 토대 위에서 발달한다. 이에 아동·청소년의 발달 경로를 이해하고 발달 과제를 설정할 때는 핵심적 고등정신기능을 중심에 두어야 하며, 이것이 더욱 풍부한 발달을 가능하게 하는 기반이 된다.

4. 고등정신기능과 인간 역량의 발달

고등정신기능의 발달을 통해 인간의 정신 역량은 다른 동물과는 차원이 다른 수준으로 발전한다. 우선 정서, 지각, 기억, 생각 등 개개 기능들의 질적 비약이다. 고등정신기능의 발달을 통해 인간은 동물들은 느낄 수 없는 문화적으로 채색된 풍부한 정서들을 누리고, 언어를 통해 세상을 더욱 풍부하고 명료하게 지각할 수 있다. 또한 동물과는 비교할 수 없는 많은 것들을 기억할 수 있으며, 눈에 보이는 것을 넘어 어떤 현상의 본질 등 고차원적 사고를 할 수 있다.

그리고 연결의 힘도 있다. 개개의 정신기능들은 분리되는 것이 아니라 서로 연결되어 하나의 전체적 정신 역량으로 작동한다. 예컨대 책을 볼 때, 사람들은 단지 보는 것만이 아니라 읽으면서 생각하고 느끼며, 기억한다. 책을 잘 읽기 위해서는 자발적 주의, 풍부한 정서, 문화적 기억, 상상력 등 여러 정신기능이 모두 필요하다. 거의 모든 인간 활동에서 고등정신기능들은 서로 연결되어 함께 작용한다. 뇌과학은 인간이 어떤 활동을 할 때 다양한 뇌 부위가 서로 연결되어 함께 작용한다는 사실을 밝혀냈다. 이렇게 연결되어 작동하는 전체 정신 역량은 새로운 차원의 정신 역량으로 발전된다.

우리가 일반적으로 교육의 궁극적 목표들로 설정하는 '비판적 사고', '성찰', '창조성' 등의 역량들은 개별 정신기능이 아니라 여러 고등정신기능들이 서로 연결되어 발휘되는 복합적, 총체적 정신기능이다. 이들 복합적, 총체적 정신기능들도 넓은 의미의 고등정신기능에 포함된다. 복합적, 총체적 정신기능들은 여러 고등정신기능이 서로 연결되어 발휘되는 역량이다. 따라서 '비판적 사고', '성찰', '창조성'과 같이 높은 수준의 복합적, 총체적 정신기능은 대부분 청소년기 이후 개념적 사고와 함께 발달하기 시작한다. 이처럼 고등정신기능의 발달은 개개의 기초정신기능들을 인간만의 고유한 정신적 역량으로 발달시키는 것일 뿐 아니라, 서로 연결되어 총체적으로 발휘되는 전체 정신 역량을 새로운 차원으로 발달시켜 나가는 과정인 것이다.

2장

인간 발달은 어떻게 이루어지는가

1. 인간 발달의 기본 성격

고등정신기능은 그 자체로 인간만의 정신적 자질이며, 다양하고 고차적인 인간 고유의 특성과 역량을 형성하는 토대가 된다. 그렇다면 이러한 의의를 지닌 고등정신기능은 어떻게 발달하는가? 비고츠키는 우선 고등정신기능은 오직 사회 속에서, 사람들과의 상호작용을 통해 발달한다는 점을 강조한다. 또한 인간은 누구나 무한한 가능성을 갖고 태어나지만 고등정신기능의 발달은 저절로 이루어지지 않는다는 점을 역설한다. 그리고 인간 발달에는 다양한 요소, 측면들이 함께 결합하는 것이라고 강조한다. 또한 발달 과정은 역동적이며 인간적 자질과 특성도 역사적 가변성을 지닌다고 말한다. 인간 발달의 성격과 과정에 대한 비고츠키의 논의는 인간 발달을 돕기 위한 교육적 노력에서 고려해야 할 중요한 요소들과 사항들을 살피는 데 있어 많은 시사점을 제공한다.

문화적 발달 : 고등정신기능 발달은 저절로 이루어지지 않는다

인간 발달의 가장 기본적 특성은 그 성격을 문화적이라 보는 것에서 파악을 시작한다. 언어와 지식, 고차적 사고와 사회적 행동 등 발달의 내용도 문화적이며, 발달을 둘러싼 배경도 문화적이다. 그리고 사람들과의 상호작용, 학습 등 그 과정도 문화적이다. 비고츠키는 인간 발달이 기본적으로 '문화적'인 것임을 전제한다.

> 어린이의 문화적 발달의 역사는 우리를 문화화의 문제로 곧장 인도한다. (비고츠키, 『역사와 발달 2』, 살림터, 2014, 430쪽)

인간 발달의 기본 성격이 문화적이라는 점은 어쩌면 당연하다. '문화적 발달' 개념에서 비고츠키가 특별히 강조하는 부분은 인간 발달이 저절로 되는 것이 아니라는 점에 있다. 문화는 유전으로 전달되지 않는다. 문화적 발달로서 인간 발달은 문화를 배경으로, 문화적 상호작용을 통해, 문화적 내용을 체화해 나감으로써 이루어진다. 이 과정에는 의식적이고 계획적인 행위가 개입된다. 비고츠키는 인간 발달에서 '자연적 과정'과 '의식적 과정'[8]을 구분한다. '자연적 과정'은 어떤 발달 기능이 자연스럽게, 저절로 형성되는 과정을 의미하며, '의식적 과정'은 의식적이고, 계획적인 활동을 통해 이루어지는 것을 의미한다. 어릴 때는 '자연적 과정'이 지배적이다. 심지어 말과 같은 문화적 내용도 자연적 방식, 즉 저절로

---

[8] 비고츠키는 '자연적 발달 노선'과 '문화적 발달 노선'을 구분한다. '인간 발달은 문화적 배경 속에서 진행되기 때문에 자연적 과정도 문화적 속성을 지닌다. 따라서 의식적 과정과 구분되는 자연적 과정은 일상적 과정에서 저절로 이루어지는 발달을 의미하며, '문화적 발달 노선'은 의식적, 계획적으로 발달을 도모하는 과정을 의미한다. 여기서는 내용적 문화발달과 개념상의 혼동을 피하기 위해 '문화적 발달 노선'을 '의식적 과정'으로 표현했다.

익힌다.

> 예를 들어 어린이의 경우 특징적으로 말의 숙달은 의미의 이해보다 앞서 일어난다. 이것이 언어에 대한 '자연적' 관계다. 어린이는 문화를 자연적인 것으로 숙달한다. 자연적 측면에 숙달하는 것이다. 어린이는 걷기를 배우는 것과 마찬가지로 말하기를 배운다. (비고츠키, 『성애와 갈등』, 살림터, 2019, 45쪽)

그러나 성장하면서 발달 과정은 점차 스스로의 목적 의식적 행위를 통한 것으로 나아간다. 좋아하는 것을 파고들고, 어떤 목표를 세우고 계획적으로 실천하는 것이 생겨나고 확대된다. 비고츠키는 청소년기부터는 당사자의 '의식적 과정'이 더 중요해지기 시작한다고 말한다.

> 어린이가 유기체적 발달 노선의 지배를 받는 데 비해, 청년기는 역사적 발달 노선[9]의 지배를 받는다. 이 두 노선이 교차하는 때가 바로 이행적 연령기다. (같은 책, 45쪽)

유아기까지는 전적으로 자연적 과정이 지배적이며, 아동기는 자연적 과정이 우세한 가운데 학교 학습을 통해 의식적 과정을 조금씩 익혀 나가다가, 청소년기부터는 의식적 과정이 지배적 상황으로 이행해 간다. 의식적 발달 과정에서는 본인의 의지와 계획, 노력이 중요하다. 그런데 자연적 과정이 우세한 시기에도 발달은 저절로 일어나지 않는다. 이 시기에는 환경과 지원으로서 타인들의 '의식적 도움'이 관건이기 때문이다. 아직 스스로 판단하고 행위하기 어려운 조건에서는 양육자와 교사 등 타인들의

---

9   비고츠키는 '문화적 발달 노선'과 '역사적 발달 노선'을 동일한 의미로 사용한다.

도움이 매우 중요하다. 말 발달, 초보적 의사소통과 사회적 상호작용 등 어릴 때의 발달이 대부분 그러하다. 그래서 어린이에게는 자연적 과정이지만 주변인의 의식적 노력이 결합하는 시기라고 할 수 있다. 이 시기에 발달을 위한 양육자와 교사, 주변인들의 의식적 노력이 부족하다면 어린이 발달은 지연, 축소될 수 있다.

당사자의 의식적 노력이 중요해지는 청소년기에도 교사와 교육시스템을 통한 타인들의 도움은 여전히 중요하다. 스스로의 발달을 의식적이고, 계획적으로 수행하는 것은 쉽지 않으며 아직 모든 영역에서 그렇게 하기는 어렵기 때문이다. 타인들의 의식적 도움과 스스로의 자발적 의지가 조화롭게 만난다면 더욱 효과적일 수 있다. 따라서 문화적 발달의 전 과정에서 발달은 저절로 일어나지 않는다고 할 수 있으며, 타인과 본인의 의식적 노력이 모두 필요하다. 다만, 자연적 과정이 우세할 때는 타인들의 지원이 관건이며, 의식적 과정의 비중이 높아지면서 타인의 지원과 본인의 노력이 함께 요청된다고 하겠다.

발달의 성격이 '문화적'인 것이고 이는 타인 및 본인의 의식적 지원, 노력이 필요하다는 사실이 주는 시사점에 대해 다음과 같이 말할 수 있다. 첫째, 문화적, 교육적 환경의 중요성이다. 전 사회적 차원에서 질 높고 풍부한 교육 환경이 공평하게 조성되어야 한다. 둘째, 교육에서 발달을 위한 도움이 올바르고 체계적으로 이루어져야 한다. 발달을 돕는 타인들의 의식적, 계획적 행위의 요체는 교육과정으로 실현되며, 교사에 의해 수행된다. 따라서 교육과정과 교사의 교육 실천이 발달에 입각해 정립되어 나아가야 한다. 이는 초중등교육만이 아니라 초기 발달을 좌우하는 영유아 시기도 해당한다. 현대 사회에서는 놀이 문화의 후퇴, 성인과의 상호작용 축소, 디지털 문화의 만연, 선행 학습의 유행 등 영유아 발달에 호의적이지 않은 조건들이 늘고 있다. 이로 인해 초기 발달이 제대로 이루어지지 않거나 왜곡될 위험이 오히려 증가하고 있다. 아동 발달에 대한 올바른 관점의 사회적 공유와 공보육과 유아교육 공교육화 등 유아 발달을 체계적으로 돕는 사회적 시스템이 필요하다. 셋째, 발달을 위한 스스로의 노력과 힘의 중요성이다. 발달을 위한 스스로의 힘을 키우는 것은 학령기 발달의 주요 과제 중 하나다. 그를 위해서는 목표 의식만이 아니라 학습의 즐거움을 익히는 것이 필요하다. 스스로의 힘을 키워가야 청소년기 이후, 나아가 평생 학습의 내적 힘을 형성할 수 있다.

사회적인 것의 개인화

발달은 어떻게 이루어지는가? 비고츠키는 인간의 문화적 발달은 '사회적인 것의 개인화'를 통해 이루어진다고 말한다. 그는 사회적 환경은 단지 발달의 배경이 되는 것만이 아니라 원천이라고 말한다. 비고츠키는 말을 포함하여 모든 고등정신기능의 기원이 사회에 있다고 말한다. 이렇게 사회 속에서 생겨나고 사회에 존재하던 것들을 개인들이 습득해 나가는 과정이 결국 인간 발달 과정이라고 본 것이다.

> 환경은 고등한 인간 고유의 특성과 활동 형태와 관련하여 원천으로 작용한다. 인간은 사회적 존재이며, 사회와의 상호작용 없이 혼자 힘으로는 인류 전체의 체계적 발달의 결과로 발달해 온 특성과 자질을 절대 발달시킬 수 없다. (비고츠키, 『성장과 분화』, 살림터, 176쪽)

환경은 무엇보다도 그 속에 우리가 역사적으로 발달된 인간의 속성과 특성을 찾을 수 있다는 의미에서, 이러한 인간 고유의 속성과 특질 발달의 원천입니다. … 각 개인은 특정한 사회적 집단의 일원이고, 특정한 역사적 시기에 특정한 역사적 조건 하에서 살아가는 특정한 역사적 단위라는 사실 덕분입니다. … 발달 과정에서 어린이는, 처음에는 환경과의 외적인 상호작용의 형태로 존재하던 것을 스스로에게 전용하여 자신의

내적 속성으로 만듭니다. (같은 책, 177쪽)

이런 과정을 보통 '사회화'라고 말한다. 그러나 발달은 내적 동인 없이 외부로부터 주입되는 것을 닮아가는 과정이 아니다. 고등정신기능의 원천이 사회에 있다는 것이 '외부의 것이 개인에게 그대로 복사된다'라는 것을 의미하는 것이 결코 아니다. 사회적인 것은 이후 각 개인의 것으로 체화되어 나간다. 사회적인 것이 내부로 체화되는 모습은 사람마다 다르고, 또한 체화한 것을 활용하는 모습도 다르다. 발달은 사회적인 것이 '각 개인에 내면화되면서 주체적인 것으로 변화되어 가는 과정'이다. 비고츠키는 발달 과정에는 사회적 국면과 개인적 국면이라는 두 국면이 있는데, 발달은 기본적으로 사회적 국면에서 개인적 국면으로 전환되는 과정이라는 사실을 강조한다.

> 우리는 문화적 발달의 일반적 발생 법칙을 다음과 같이 공식화할 수 있다. 어린이의 문화적 발달에서 모든 기능은 무대에 두 번, 두 국면에서, 즉 처음에는 사회적으로, 그런 다음 심리적으로 나타난다. 처음에는 사람들 사이에서 정신 간 범주로, 그런 다음 어린이 내에서 정신 내 범주로 나타난다. (비고츠키, 『역사와 발달 1』, 살림터, 2013, 490쪽)

사회적 기원을 지닌 고등정신기능은 각 개인에게 '자기 것'으로 내재화, 체화될 때 비로소 의미 있게 발휘될 수 있다. 비고츠키는 '사회적 국면에서 개인적 국면으로의 전환'이 모든 고등정신기능 발달의 기본 법칙이라고 말한다. 비고츠키는 손가락으로 무언가를 가리키는 '가리키기의 획득' 과정을 구체적 사례의 하나로 분석한다.

그에 의하면 '가리키기'는 그것이 비록 아기의 행위라 할지라도 가리킨다는 의미는 아기에서 나온 것이 아니다. 처음에는 물건을 쥐려는 아기의 본능적 행위였던 것이 사회적 상황에서 다른 사람들에 의해 '가리키는 몸짓'으로 규정되고, 오랜 과정을 거쳐 나중에 가리키는 행위의 몸짓이 아기의 것이 된다.

> 가리키는 몸짓은 처음에는 단순히 목표물을 잡으려고 하지만 성공하지 못한 움직임 … 어린이는 너무 멀리 떨어진 목표물을 잡으려고 노력하면서 계속 목표물을 향해 손을 뻗으며 손가락은 동작 방향을 가리킨 채로 허공에 떠 있다. … 엄마가 어린이를 도와주러 와서 그것을 가리키는 동작으로 해석했을 때, 상황은 급격하게 변한다. 가리키는 몸짓은 다른 사람에 대한 몸짓이 되었다. … 이것은 동작 자체의 기능을 변화시킨다. 즉 대상에 대한 동작으로부터 다른 사람에 대한 동작으로 바뀌어 의사소통의 수단이 되는 것이다. (같은 책, 483~485쪽)

언어도 처음에는 사회적 국면이 먼저이고 나중에 개인의 것이 된다. 몸짓이나 언어만이 아니라 도구 다루기, 규범과 가치, 사회적 행위 등 실제로 인간의 모든 행위와 개념들, 고등정신기능들은 사회적 상황에서 접하고 그것을 익히고 체화하는 과정으로 진행된다. 고등정신기능의 원천은 사회에 있으며, 사회적 관계로부터 개인 정신의 본질이 형성되는 것이다.

비고츠키는 사회적인 것이 개인화되는 과정을 좀 더 세부적으로 분석한다. 그는 '원시적 단계-소박한 단계-외적 기호의 단계-내적 변혁의 단계'라는 네 개의 단계를 거친다고 말한다. 예를 들면 '숫자 세기'의 경우 원시적 단계에서는 아직 수의 개념이 전혀 없으며 본능적으로 많고 적음을 느낀다. 소박한 단계에서도 여전히 수 개념은 없지만 반복적 습관을 익혀 "한 개", "두 개"라는 낱말을 어떤 사물들에 붙일 수 있다. 세 번째인 외적 기호의 단계에서는 이제 수 개념이 생겼지만, 아직 숫자 세기를 능숙하게 하지 못한다. 그래서 손가락이라는 외적 기호의 도움을 받아

숫자 세기를 한다. 어린이는 "한 개 더하기 두 개는 뭐지?"라는 질문에 한 개의 손가락을 편 다음 두 개의 손가락을 더하면서 "세 개"라고 말할 수 있다. 네 번째인 내적 변혁의 단계에서는 숫자 세기가 내면화, 체화되어 손가락의 도움 없이도 마음속으로 숫자 세기를 할 수 있게 된다. 이로써 어린이는 사회 속에 존재하던 숫자 세기 기능을 자신의 것으로 개인화할 수 있게 된다. 내적 변혁의 단계는 그 이전 단계를 거치지 않고 도달되지 않는다. 교수-학습의 대부분은 외적 기호의 단계에서 이루어진다. 외적 기호를 잘 사용할 수 있도록 도움을 주면서 아동 내부의 변혁으로 나아갈 수 있도록 지원하는 것이다.

이처럼 사회적인 것과 개인적인 것은 대립적인 것이 아니라 연결되는 것이다. 그래서 비고츠키는 어린이가 사회화될수록 개인화된다고 말한다.

> 학령기 어린이는 (유아에 비해)[10] 훨씬 더 사회화된 존재이면서 보다 개인화된 존재다. (비고츠키, 『역사와 발달 2』, 살림터, 2014, 529쪽)

비고츠키는 '사회화'와 '개인화'를 대립적으로 보지 않고 발달을 '사회적인 것의 개인화, 주체화' 과정으로 규정하면서 통합한다. 비고츠키의 이러한 관점은 교육적으로 매우 중요한 의미를 지니며, 다음의 몇 가지 시사점들을 제공한다.

첫째, 발달에서 사회적 상호작용과 협력의 중요성이다. 사회적인 것을 개인이 접촉하고, 익히는 과정은 오직 사회적 상호작용을 통해 가능하다. 또한 원활하고 효과적인 배움을 위해서는 서로의 협력이 요청된다. 사회적 상호작용과 협력은 인간 발달의 가장 근본적 기제다.

둘째, '사회화'와 '개인화'의 발달적 순서를 시사한다. '사회적인 것의

---

10   편집자 주

개인화'라는 말에서 보이듯 두 측면의 결합에서 기본적 순서를 설정할 수 있다는 것이다. 즉 사회적인 것의 접촉이 먼저고, 개인적 내면화와 주체적 사용이 나중이다. 따라서 큰 흐름에서는 사회적 측면이 강한 전수, 규범, 지식이 먼저고 그를 토대로 개인적 측면이 강한 발견, 자유, 사고력 발달이 이루어지는 과정을 겪는다고 할 수 있다. 이처럼 순서에서는 사회적 국면이 먼저이고, 개인적 국면이 나중이다. 그렇지만 궁극적 귀결은 개인화에 있다. 자기 것으로 체화할 때만 그것을 주체적이고 나아가 창조적으로 사용할 수 있기 때문이다.

셋째, 교육과정 이론에 통합적 관점을 제공한다. 교육계에는 '사회화/개인화'을 둘러싼 논쟁이 있어 왔다. 예컨대 '전수냐/발견이냐', '지식이냐/역량이냐', '규범이냐/자유냐' 등의 논쟁[11]이 이 문제와 관련이 있다고 할 수 있다. 비고츠키의 관점은 이러한 다소 논쟁적일 수 있는 문제에 대해 이분법적, 선택적 접근을 넘어설 수 있게 한다. '사회화냐/개인화냐'라는 식의 대립적 관점이 아니라 둘을 통합해서 보는 관점을 부여하기 때문이다. 최근 유네스코와 OECD 등에서 제출하는 새로운 교육론에서도 비고츠키의 관점과 동일한 맥락을 지닌 통합적 관점과 방향을 제시하고 있다.

> 지난 수십 년 동안 교육과정에 대한 토론은 '내용적 지식'과 '역량' 사이에서 좌우되었습니다. 프로젝트 기반 및 문제 기반 접근 방식으로 얻은 것을 포기하지 않으면서도, 이제 강력한 지식 접근 방식을 지원하는 일련의 새로운 역동적 조합을 구성할 때가 되었습니다. (유네스코, '함께 그려보는 우리의 미래',[12] 2021, 4장)

---

11 대체로 전수, 지식, 규범을 강조하는 입장은 사회화를 중시하는 경향을 띠며, 발견, 역량, 자유를 강조하는 입장은 개인화를 중시하는 경향을 띤다고 할 수 있다.

12 유네스코에서 2021년 11월에 발표한 미래교육 보고서. 정식 명칭은 〈Reimagining our futures together : The new social contract on the Future of Education〉

생물학적 요소와 환경적 요소의 짜임

인간 발달은 '문화적 발달'의 성격을 지니지만 생물학적 요소, 신체적 발달도 중요하다. 문화적 발달의 전제이자 토대가 되기 때문이다. 비고츠키는 발달 과정을 유전과 환경의 '짜임' 과정으로 본다. 문화적 자질인 고등정신기능은 생물학적 자질인 기초정신기능에 토대하면서 발달한다. 발달을 유전과 환경의 결합으로 보는 관점은 비단 비고츠키만이 아니라 현대 사회의 보편적 관점이다. 그런데 유전과 환경의 짜임에 대한 비고츠키의 논의는 단지 두 요소를 같이 본다는 것을 넘어 다음의 몇 가지 중요한 시사점을 제공한다.

우선, '유전' 문제를 바라보는 목적의 문제다. 비고츠키가 언급하는 유전 개념은 일반적 의미의 유전과는 그 의미가 다르다. 보통 '유전'이라는 말을 쓸 때 많은 경우는 개인차에 관심을 둔다. 그렇지만 비고츠키가 관심을 두는 지점은 인간의 보편적인 유전적 특성이다.

> 아동학이 차별적인 각각의 차이점보다 일반적인 인간의 유전적 특성에 더욱 관심이 있음을 의미합니다. (비고츠키, 『성장과 분화』, 살림터, 2015, 113쪽)

비고츠키가 유전 문제와 관련 인간의 보편적 특성에 관심을 두는 이유는 인간 발달을 누구나 도달할 수 있는 보편적 차원에서 접근하기 때문이다. 예컨대 말 발달은 청각과 구강구조 그리고 언어중추의 발달 등 생물학적 요소와 양육자 및 주변 인간과의 상호작용 등 환경적 요소가 결합하는 과정으로 설명되는데, 말 발달과 관련된 생물학적 요소들은 보

이다. 새로운 교육으로 2050년까지 세계를 바꾸자는 취지를 담아 '유네스코 2050'이라는 별칭으로 불리기도 한다.

편적으로 나타나는 인간의 일반적[13] 특질이다. 말뿐만 아니라 모든 고등정신기능의 발달 과정을 두 요소의 결합 과정으로 보며, 이러한 분석들에 등장하는 생물학적 토대가 비고츠키가 말하는 인간의 유전적 특성들이다. 그런 점에서 비고츠키의 유전 개념은 인간의 보편적인 '생물학적 조건'[14]으로 이해하는 것이 타당하다. 유전을 보편적인 생물학적 조건으로 볼 때 신경학적 손상이 없는 한 개인차는 크지 않으며, 누구나 풍부한 고등정신기능 발달의 가능성을 지닌다고 할 수 있다. 비고츠키는 신경학적 손상을 입은 경우에도 점자 등의 적절한 문화적 도구를 활용한다면 고등정신기능 발달의 경로를 충분히 밟아 나갈 수 있다고 본다.

보편적인 것으로서 접근하는 것 외에도 생물학적 조건으로 이해하는 것이 타당한 이유가 더 있다. 발달 과정에서 형성되는 생물학적 조건이 통상적 의미의 유전으로 환원되기 어렵기 때문이다. 예를 들면 뇌신경은 문화적 경험과 인지 활동을 통해 발달한다. 시냅스가 확대되고 수초화가 진행된다. 이렇게 발달한 뇌신경은 이미 유전과 환경의 결합체로서 새로운 생물학적 조건이 되지만 유전으로 환원되지는 않는다. 테니스 선수의 팔은 보통 사람들보다 길지만 유전이 아니라 후천적 활동의 결과

---

13 비고츠키는 생물학적 결손이 있는 경우에 발달을 돕는 별도의 매개가 필요하다고 봤다. 예를 들어 청각이나 시각 장애가 있는 경우 수화나 점자를 통해 통상적 말과 문자를 대신할 수 있다고 강조했다. 비고츠키는 생물학적 결손이 있는 경우 발달을 어떻게 도모할 것인가라는 문제에 대해 '손상학'이라는 분야를 펼쳤으며 이와 관련된 방대한 저작을 내놓기도 했다.

14 비고츠키도 유전의 개인차를 부정하지는 않는다. 구강구조와 언어 중추의 발달 등 언어 습득을 위한 생물학적 조건이 성숙하는 시기는 당연히 개인차가 있다. 그러나 생물학적 결손이 없는 한 대부분의 아동은 다소의 차이가 있더라도 비슷한 연령대에 언어 습득을 해 나간다. 대부분의 아동이 비슷한 시기에 걷기 시작하며, 언어를 습득해 나가며, 지각과 주의, 기억을 발달시켜 나간다. 유전의 개인차가 약간의 속도 차이를 가져올 수는 있지만 고등정신기능 발달의 기본 경로를 밟아 나가는 데 결정적 차이를 가져오는 것은 아니라고 보는 것이 비고츠키의 관점이라고 할 수 있다.

다. 환경과 문화적 활동은 인간의 몸도 변화시킨다. 인간의 보편적 특성으로서의 '유전'과 환경이 발달과 관계 맺는 방식에 대해 비고츠키는 다음과 같이 강조한다.

> 발달은 항상 역동적 과정으로 유전과 환경적 영향의 통합체로 나타납니다. (같은 책, 139쪽)

여기서 유전과 환경에 관한 비고츠키의 논의에서 중요한 또 하나의 시사점이 등장한다. 바로 '통합체' 개념이다. '통합체'라는 말은 유전적, 즉 생물학적 요소와 환경적 요소가 따로따로 있으면서 외부에서 영향을 미치거나 기계적으로 결합하는 것이 아니라, 두 요소가 하나의 내적 기능으로 새롭게 통합된다는 것을 의미한다. 예컨대 인간의 기억은 자연적으로 타고나는 감각적 기억력에 언어와 논리 그리고 기억술의 연마라는 활동이 결합함으로써 '문화적 기억'이라는 통합된 새로운 기능으로 변형된다.

비고츠키는 이렇게 발달 과정에서 나타나는 유전과 환경의 통합체에 대해 '유전과 환경의 합금'이라고 표현한다. 합금은 서로 다른 금속이 결합해 탄생하는 새로운 물질이다. 유전과 환경도 합금처럼 발달 과정에서 서로 결합하여 유전이나 환경으로 환원될 수 없는 새로운 발달 기능을 탄생시킨다는 것이다. 발달이 생물학적 요소와 환경적 요소의 통합체로 나타난다는 사실은 '미발달', '발달 지연' 혹은 정반대로 '영재성' 등의 문제를 유전으로 치부하지 않도록 하며, 문화적 환경과 교육과 학습의 중요성을 일깨운다. 하지만 일정한 난관을 부여하기도 한다. 발달의 어려움이 나타날 때 주된 원인이 생물학적 요소에 있는지, 문화적 과정에 있는지 금방 판별하기 어렵다는 것이다. 이러한 어려움은 특히 초기 발달에서 크며, 학령기 초기까지 이어진다. 따라서 적어도 학령기 초기까지는 아동의 발달 상황을 세밀히 관찰하면서 발달적 문제가 나타날 경우 그 원인을 분명히 규명할 필요가 있다. 그래야 올바른 처방과 대응 그리고 효과적 도움이 가능하다. 문제와 원인을 정확히 판별하기 위해서는 때로는 전문가의 도움이 필요할 수 있다.

발달은 항상 두 요소의 통합체로서 나타나지만 기초정신기능과 고등정신기능에 미치는 영향과 방식은 다르다. 또한 시기와 구체적 발달 기능에 따라 다르다. 두 요소의 결합 방식은 역동적이며 항상 변화한다. 그래서 비고츠키는 연령에 따라 변화하는 생물학적 조건과 문화적 상황에 대한 구체적 이해가 필요하다고 강조한다.

> 그 통합체는 일정하거나 안정적이지 않으며 단번에 주어지거나 포괄적으로 규정되지 않는, 분화되고 고유하게 구성되며 매번 구체적인 연구를 해야만 하는 변화하는 통합체입니다. 두 요인-외적인 두 개의 힘-환경과 유전을 결합함으로써 발달을 추동하는 기계적인 조합으로 이루어진 발달은 결코 존재한 적이 없습니다. (같은 책, 139쪽)

이러한 그의 생각은 발달 단계에 대한 구체적 분석으로 이어진다. 그는 발달 단계에 따라 변화하는 생물학적, 유기체적 조건과 사회문화적 환경을 함께 다루면서 두 요소가 어떻게 결합해 발달로 나타나는지 분석해 들어간다. 이 논의에서 비고츠키는 기초정신기능과 고등정신기능의 발달에서 두 요소의 영향이 다르다는 점을 강조한다. 기초정신기능에는 유전이 직접적 영향을 미치지만 고등정신기능에서는 전제 조건에 지나지 않는다고 말한다.

> 인간의 역사적 발달의 산물인 고등정신기능이 대체로 진화적 발달 과정의 산물인 기능들과는 유전에 대해서 다른 측면에 서 있음을 보여줍니다. (같은 책, 130쪽)

저차적 기능에 대하여 유전은 그 특성상 그리고 기능의 운명상 다소간 직접적 영향의 관계인 반면, 고등정신기능에 대하여 유전은 오히려 전제 조건의 관계를 갖습니다. 즉 고등기능이 발달하기 위해 필요하지만 유전적 경향성 자체는 전제조건에 지나지 않습니다. (같은 책, 132쪽)

생물학적 조건과 문화적 요소의 결합, 즉 유전과 환경의 결합으로서 발달 과정에 대한 그의 관점은 분석은 발달 단계에 대한 구체적이고 역동적인 분석으로 이어진다.

역동적 과정
인간 발달은 단선적으로 이루어지지 않는다. 발달은 여러 부분, 요소, 기능들이 함께 어우러져 발달하는 총체적 과정이며, 끊임없이 변화, 발전하는 역동적 과정이다.

아동 발달의 경로에서 단순히 처음에 주어진 것의 생장과 증대가 나타나는 것이 아니라 유기체 자체의 개별 측면들 사이의 관계의 재구조화, 유기적 체계의 변화와 재구조화가 일어난다. (같은 책, 188쪽)

연령기 구조는 정적이고 변하지 않는 움직이지 않는 그림이 아니다. 각각의 연령기에는 이전에 존재하던 구조로부터 새로운 구조로의 이행이 존재한다. 새로운 구조는 그 연령기의 발달 과정에서 구성되어 나타난다. … 전체와 부분들의 관계는 그 부분들의 변화와 발달뿐 아니라 전체로서의 변화와 발달을 결정짓는 역동적 관계다. 따라서 발달의 역동성에 의해서 특정 연령기의 구조적 신형성의 전환, 변화, 상호 연결의 출현을 결정짓는 모든 법칙들의 총합이 이해되어야 한다. (비고츠키, 『연령과 위기』, 살림터, 2016, 99쪽)

발달은 직선적 성장이 아니라 단계와 비약을 내포하는 주기성을 지닌 과정이다. 때로는 급격하게 비약하며, 때로는 완만하게 성장하면서 내실을 다진다. 비약은 질적 변화를 수반한다. 이 과정에서 생물학적 조건이 변화하며, 중심적으로 발달하는 기능도 변화한다. 그에 따라 사회문화적 환경과 상호작용을 하는 방식도 변화한다. 그러한 변화들이 각 발달 단계의 주요한 특징을 이룬다. 하나의 발달 단계 내에서는 완만한 성장을 이루면서 다음 단계로 비약할 발달의 에너지를 축적해 나간다. 비고츠키는 발달 단계와 발달 단계 사이에는 급격한 변화가 나타나는 이행의 시기가 있다고 봤다. 급작스러운 변화가 나타나는 이행적 시기는 당사자에게는 당혹감과 혼란을 야기하는데, 비고츠키는 이러한 특징을 포착해 '위기적 국면'이라 부른다.

〈 비고츠키의 발달 단계[15] 〉

신생아의 위기
유아기[16](2개월~1세)
1세의 위기
초기유년기(1세~3세)
3세의 위기
전학령기[17](3~7세) : 초기/후기
7세의 위기
학령기(8~12세) : 초기/후기
13세의 위기
사춘기(14~18세) : 초기/후기
17세의 위기[18]

---

15   출처 : 비고츠키, 『연령과 위기』, 살림터, 2016, 91쪽
16   비고츠키의 '유아기'는 통상적 용법으로는 '영아기'에 해당한다.
17   비고츠키의 '전학령기'는 통상적 용법으로는 '유아기'에 해당한다.
18   사춘기가 18세까지인데, 위기는 17세다. 이는 이 시기에 직업과 진로 선택이라는

발달의 역동성은 교육적 과제가 단계와 시기에 따라 달라짐을 의미한다. 발달을 둘러싼 생물학적 조건과 사회문화적 상황, 상호작용 방식이 변화하는데 교육 과제가 동일할 순 없다. 발달 단계와 상황에 맞게 설정되어 나가야 한다. 또한 '교육적 관찰'의 중요성을 제기한다. 변화하는 발달 상황을 제대로 파악해야 적합하고 효과적인 대응과 지도가 이루어질 수 있다. 교육적 관찰에 있어 '위기적 국면' 개념은 중요하다. 위기적 국면을 겪는 아동은 내적 혼란을 겪으며, 외적으로도 일시적이지만 적응하지 못하는 모습을 보인다. '미운 3살', '까무러칠 것 같은 7살' 등의 현상이 그것이다. 그러한 현상이 한편으로는 자연스럽고 일시적인 위기적 국면임을 올바로 이해한다면 훨씬 효과적이고 적절한 도움을 줄 수 있을 것이다.

발달의 역동성과 관련된 또 하나의 주제가 발달의 '가소성'이다. 가소성은 유연성과 변화 가능성을 의미한다. 최근 뇌 과학에서는 어떤 경험을 하면 뇌신경 시냅스가 발달하여 정신기능 강화로 연결되고 그렇지 않으면 반대로 축소된다는 사실, 심지어 어떤 발달 기능을 담당하는 뇌 부위가 손상을 입었을 경우 다른 부위가 그 기능을 담당하여 정신 활동을 수행한다는 사실을 밝혀냈다. 즉 활동과 경험에 따라 발달은 가변적이라는 것이다. 이러한 사실을 인식한다면 더딘 발달에 도움을 줄 수 있으며, 난관이 있더라도 우회할 수 있다. 또한 새로운 경험은 새로운 발달을 촉진할 수 있다.

발달의 역동성은 기본적으로 발달이 서로 다른 요소들이 상호 결합하는 과정이라는 것에서 유래한다. 서로 다른 요소들의 상호작용은 역동성과 변화를 수반할 수밖에 없기 때문이다. 발달 과정에는 유전과 환경, 사회화와 개인화, 말과 생각, 교수-학습과 발달, 나와 타인 및 공동체 등 이질적 요소들이 다양하게 결합하며 그 과정에서 매우 역동적 상황

커다란 과제를 부여받는 사회적 상황을 고려한 것으로 보인다.

들이 펼쳐진다. 발달에 중요한 영향을 미치는 이러한 역동적 과정들을 이해할 때 올바른 교육적 실천이 가능하다.

역사적 가변성

인간 발달을 이해할 때 중요한 점 중의 하나는 인간적 자질과 특성은 고정불변의 것이 아니라는 것이다. 개인의 자질과 특성도 변화하지만, 집단적 자질과 특성도 역사적으로 변화한다. 인간적 자질과 특성은 역사와 문화 속에서 생겨나고 발달해 온 것이며 따라서 가변성을 지닌다. 도구 제작, 언어 사용 등은 인간 발달에 진화적 수준의 영향을 미쳤으며, 사회의 복잡성 증가, 문자 발명, 예술 발달과 같은 문명적 변화들도 커다란 영향을 미쳐 왔다고 할 수 있다. 비고츠키는 인간적 자질과 특성이 원래부터 있는 것이 아니라 역사 속에서 생겨난 것임을 다음과 같이 강조한다.

> 역사적 문화적 발달의 노선은 원시의 반인(半人) 형태로부터 현재의 문화에 이르기까지 인류가 취해 온 역사적 경로와 상응한다. (비고츠키, 『역사와 발달 1』, 살림터, 2013, 87쪽)
>
> 문화는 특별한 행동의 형태를 창조하며, 정신적 기능의 활동을 수정하고, 인간 행동 발달 체계 내에 새로운 층인 상위 구조를 세운다. 역사적 발달의 과정에서 사회적 인간은 그의 행동 접근법과 방식을 변화시킨다. 그는 자연적 본능과 기능을 변형시키며, 문화적 행동에 고유한 새로운 형태를 발달시키고 창조한다. (같은 책, 95쪽)

인간 발달이 역사성을 지닌다는 점은 발달에 대한 요구가 시대와 문화에 따라 달라질 수 있음을 의미한다. 사회적으로 요청되는 발달 과제도 변화되며, 인간 개개인이 도달할 수 있는 발달 수준도 달라지게 된다.

사회가 발전하고 복잡해질수록 이전 시대보다 더 높은 발달, 더 광범한 교육을 요청한다고 할 수 있다. 예컨대 한 사회의 주체적 인간으로 살아가기 위해 요청되는 최소한의 교육이 근대 사회 초기에는 초등교육을 통한 문자 해독 수준이었다면 이후에는 중등교육이 보편교육으로 자리 잡았으며, 현대 사회에서는 어느새 고등교육이 보편화되고 있다고 할 수 있다. 또한 교육의 강조점도 달라진다. 근래만 보더라도 20세기까지는 학문적, 전문적 역량을 추구하는 경향을 띠다가 2000년대 이후로는 '창의력'이 강조되어 왔으며, 근래에는 '융합'이 떠오르고 있기도 하다. 최근 OECD '교육 2030'[19]과 유네스코 '함께 그려보는 우리의 미래' 보고서에서는 대전환 시대를 맞이해 '협력'과 '주체성' 그리고 '변혁적 역량'을 강조하는 것으로 나타난다.

시대 변화는 거시적 수준에서 새로운 역량을 요청하기도 하지만 기존 역량의 재구성을 요구하기도 한다. 유네스코 '함께 그려보는 우리의 미래' 보고서는 디지털화가 문자 발명에 비견될 만큼 문화적으로 중요한 변화라고 규정하면서 문자와 디지털을 함께 아우르는 복합적인 것으로 문해 개념을 재구성하자고 말한다.

> 교육의 미래를 위한 선택은 디지털 또는 인쇄본 읽기 중 하나로 제시되어서는 안 됩니다. 오히려 복합적 문해력을 형성하기 위해, 교사는 학생들이 선형 읽기와 표 읽기를 모두 접할 수 있도록 해야 합니다. 인쇄물과 디지털은 텍스트에 대한 보완 형식이자 둘 다 필수적인 것으로 간주되어야 합니다. (유네스코, '함께 그려보는 우리의 미래', 2021, 2장)

이처럼 인간적 자질과 특성은 역사적 가변성을 지닌다. 새로운 역량

---

19 2018년 OECD에서 시대 변화에 따른 새로운 교육론을 제출한 교육 보고서다.

이 요구되거나 강조 지점이 달라질 수 있고, 기존 자질들의 재구성이 요청되기도 한다. 그러나 시대가 변하더라도 기본적인 것, 그 토대는 달라지지 않는다. 핵심적 고등정신기능들은 인류 발달의 역사적 과정을 통해 확립되어 온 것이며, 새롭게 요구되는 어떤 자질이나 역량이 있다고 하더라도 이러한 핵심 기능들을 토대로 하기 때문이다. 최근 부각한 AI 기술을 활용하는 역량도 자발적 주의와 자기 규제, 문화적 기억, 개념적 사고 등의 핵심적 기능들을 토대로 형성될 수밖에 없다. 디지털 문해력 역시 문자 문해력을 기반으로 한다. 토대와 핵심으로서의 이 기능들이 제대로 발달하지 못한다면 올바른 AI 활용 역량이나 문자와 디지털을 포괄하는 복합적 문해력에 이를 수 없다. 따라서 핵심적 고등정신기능 발달의 중요성은 시대의 변화 속에서도 지속된다. 강조 지점의 변화나 새로운 과제들은 튼튼한 기초와 결합해야 하며, 그 연관 속에서 추구되어야 한다.

2. 발달의 주요 기제

인간 발달은 어떤 메커니즘, 어떤 장소를 통해 일어나는가? 비고츠키는 발달을 이끄는 핵심적 기제로 '사회적 상호작용'과 '말' 그리고 '체계적 교수-학습(교육과 학교)'을 강조한다.

사회적 상호작용과 협력

인간 발달의 가장 기본적 기제는 사회적 상호작용이다. 모든 인간적 자질과 특성의 발달은 오직 사회적 상호작용을 통해 이루어진다. 비고츠키는 발달을 일련의 상호작용적 과정으로 봤다. 인간은 태어나면서부터, 심지어 태어나기 이전인 태아기부터 사회적 상호작용을 시작한다. 주변의 환경, 사람들과 상호작용한다.

타인, 성인을 통한 경로, 이것이 이 연령기 어린이의 기본적 활동의 경로다. 모든 유아 행동은 절대적으로 사회로부터 꼬이고 사회적으로 짜여 간다. 이것이 어린이 발달의 객관적 상황이다. (비고츠키, 『연령과 위기』, 살림터, 2016, 173쪽)

발달은 고립적인 과정이 아니다. 말과 행동양식, 지식과 모든 인간적 자질과 특성들을 사회적 상호작용을 통해 형성하고 실현한다. 그것은 말과 인간 의식을 포함하는 모든 것이 사회적 상호작용의 산물이기 때문이다.

인간 의식은 사람들 간의 상호작용에서 출현하고, 성장하고, 변화합니다. … 상호작용을 통해서 그 기본 기능들을 키우고, 창조하는 것입니다. (비고츠키, 『의식과 숙달』, 살림터, 2017, 302쪽)
인간의 의식은 개별적 발달의 산물이 아니라 인간 사회의 역사적 발달의 산물입니다. (같은 책, 302쪽)

사회적 상호작용을 통해 인간 발달이 이루어진다는 사실은 협력이 발달의 기본 원리가 된다는 또 하나의 사실로 연결된다.

어린이의 고등정신기능의 성숙은 어른의 참여를 통해 이루어지는 협력 과정에서 발생한다. (비고츠키, 『생각과 말』, 살림터, 2011, 373쪽)

발달을 위한 상호작용은 어떤 것을 먼저 익힌 사람과 새로운 것을 배우는 사람 사이에서 일어난다. 발달을 위한 원활한 상호작용은 서로 협력적일 때라야 가능하다. 협력은 중요한 인간적 특성인 동시에 발달의 기본 원리이기도 한 것이다. 비고츠키는 또한 '모방'의 발달적 의의를 분명히 했다. 새로운 것을 스스로 배우는 최초의 과정은 모방을 통한 것이기 때문이다. 모방은 발달의 시작이며 발달을 위한 협력의 가장 기본적 형태다. 상호작용과 협력이 발달의 기본 원리라고 할 때, 이를 교육 현실에서 구현하는 노력이 필요하다.

첫째, 목적 공유 및 상호 존중의 교육 관계가 필요하다. 비고츠키는 학교에서의 교수-학습 과정 자체를 '체계적인 협력'으로 규정했다. 협력적 관계 맺기에는 두 가지 요소가 필요하다. 하나는 관계의 전제로서 목적의 공유가 필요하다는 것이다. 관계를 바라보는 목적이 서로 다르면 협력은 쉽지 않다. 교육의 목적은 마땅히 올바르고 풍부한 '발달'이 되어야 한다.

또한 발달 단계와 시기에 따라 달라지는 구체적 목표들이 교사, 학생, 학부모 사이에 공유될 필요가 있다. 또 하나의 중요한 요소는 호혜적 상호작용을 가능하게 하는 것, 즉 '상호 존중'이다. 교사는 학습자의 가능성을 믿고 발달을 돕고자 해야 하며, 학습자 역시 교사의 지도를 신뢰하고 존중하는 것이 필요하다. '협력을 통한 발달' 과정은 상호 존중이 있을 때 비로소 의미 있게 펼쳐질 수 있다. 비고츠키는 협력적 상황일 때 발달적 효과가 드높아진다고 말한다. 상호작용하는 사람들 사이에 공감대가 형성되고 긍정적 심리 상태일 때 학습 효과가 훨씬 높다는 사실은 뇌 과학을 통해서도 밝혀지고 있다. 또한 협력의 힘은 개체의 힘을 훨씬 뛰어넘는다. 협력적 상호작용 자체가 개인들에게는 효과적 근접발달영역을 창출하는 기제이기도 하다.

둘째, 상호작용의 활성화다. 발달은 상호작용의 활성화 속에서 원활하게 진행될 수 있으며, 발달 과정은 한편으로는 상호작용의 내용들이 상승적으로 재구성되는 과정이라고 할 수 있다. 상호작용의 문제와 관련해 우리는 교육이 기본적으로 대화적 속성을 지닌다는 점을 인식할 필요가 있다. 교육은 서로 주고받는 과정이다. 교사는 무엇인가를 제공하고 학생은 반응한다. 그리고 그 반응에 따라 다시 새로운 무엇인가를 제공한다. 교수-학습은 이렇게 끊임없이 주고받는 대화적 과정이라고 할 수 있다. 비고츠키는 이러한 대화적 속성을 파악하면서 교육에서 교수와 학습이 분리되지 않는 하나의 통일된 과정이 된다고 봤다. 비고츠키는 '교수-학습'을 '오브체니'라는 하나로 된 단어[20]로 지칭했는데 이는 '가르치는 것'과 '배우는 것'이 분리되지 않는 통합된 하나의 과정이라는 관점을 보여준다. 우리말에서도 '주고받다'는 통합된 하나의 단어다. 이러한 관점은 중요하다. 교수-학습을 하나의 과정으로 바라본다는 것은 교사 중심도, 학습자 중심도 아닌 상호작용을 중심으로 파악한다는 것을 의미한다. 분리된 관점에서는 학습자를 강제하거나, 혹은 교사를 닦달하면 교육이 향상될 것으로 잘못 이해한다. 그렇지만 통합적 관점에서는 교사와 학생 사이, 그리고 학생들 사이에서 의미 있는 상호작용이 얼마나 잘 전개되는가가 초점이 되며 상호작용이 잘 일어나기 위한 교육 개선을 추구하게 된다.

말 발달 : "낱말 의미는 발달한다"

발달의 기본 기제인 사회적 상호작용을 이끌고 상호작용의 내용을 채우는 가장 중요한 것이 바로 '말'이다. 비고츠키는 말이 인간 발달을 이끄는 중심축이 된다고 봤다. 말은 발달 과정에서 크게 두 가지 기능을 한다. 하나는 상호작용 속에서 이루어지는 의사소통의 도구가 된다는 것이다. 따라서 사회적 상호작용의 확대와 원활한 의사소통은 말의 발달과 함께한다. 또 하나는 생각 발달의 도구가 된다는 것이다. 생각은 말로 이

---

[20] 우리 사회나 영어권에서는 '가르치는 것'과 '배우는 것'을 별개로 보는 경향이 강하다. 그래서 필요할 경우 '교수-학습'이나 'Teaching and Learning'과 같이 조합된 단어를 쓰는데, 러시아에서는 '교수-학습'에 해당하는 'Овсенье'라는 단어가 있다. 이는 '교수-학습'을 가르치는 것과 배우는 것을 분리된 과정이 아니라 하나의 과정으로 이해하는 것이라 할 수 있다. 물론 러시아어에도 교수(профессор)와 학습(обучение)에 해당하는 단어도 별도로 있다.

루어진다. 생각 발달과 말 발달은 서로 연결되어 일련의 과정을 거치면서 상호 간의 고차적 발달로 나아간다. 새로운 말을 접하는 것은 새로운 생각 재료를 접하는 것이고, 따라서 말 발달은 생각 발달을 돕는다. 이 과정에서 생각 발달은 다시 말의 의미를 변화시킨다. 생각이 발달함에 따라 같은 단어도 그 의미가 달라진다.

아동은 '사회'를 '교과 제목'으로 사용하지만, 성인은 '집단적 공동체'의 의미로 사용하며, 사회학자는 더 심오한 의미로 쓴다. 이렇게 생각 발달에 따라 말의 의미가 달라지는 것을 두고 비고츠키는 "낱말 의미는 발달한다"고 표현했다. 비고츠키는 물질적, 기술적 도구가 문명 발달을 이끈다는 사실에 빗대어 기호(말)가 정신 발달을 이끄는 '정신의 도구'가 된다고 봤다. 말 발달을 통해 인간은 스스로의 정신적 운용을 숙달하게 되며, 직면한 과업의 해결을 위해 이들의 활동을 지휘해 나갈 수 있게 된다. 말 발달은 생각 발달과 상호작용의 핵심 수단이자 인간 발달의 핵심 기제다.

말 발달이 인간 발달의 중심축이라는 점에서 문해는 모든 교육의 핵심적 기초가 된다고 할 수 있다. 발달에서 차지하는 문해의 중요성은 이미 널리 공유되어 있다. 그런데 문해와 관련해서 쓰기의 중요성에 대해 특별히 강조될 필요가 있다고 생각된다. 비고츠키는 글말, 즉 쓰기의 발달적 의미를 특별히 강조한다. 비고츠키는 글말이 단지 "소리를 글씨로 옮기는 것"을 넘어서는 활동이라고 말한다. 왜냐하면 글말은 입말보다 훨씬 어렵고 복잡한 생각을 요구하기 때문이다.

입말을 능숙하게 구사할 수 있는 어린이일지라도 글말을 능숙하게 구사하기까지는, 즉 입말 발달 수준에 도달하기까지는 꽤 오랜 시간[21]이 걸린다. 글말을 익히는 것은 자연스럽게 입말을 배우게 되는 것과 달

---

21 능숙한 입말 이후 능숙한 글을 쓰기 위해서는 6~8년 정도 이상이 소요된다.

리 어려운 과정이며 실제로 어린이들은 이를 어려워한다. 글말을 배우는 것은 단순히 소리 나는 것을 쓰는 기능을 배우는 것이 아니다. 글말에는 소리가 없다. 글말은 생각과 표상의 언어다. 글말을 써야 하는 어린이는 생각을 해야만 한다. 그래서 글말은 생각 발달을 돕는다. 또한 글말은 직접적 대화자가 없는 담화다. 직접적 대화자가 없기 때문에 누구에게나 이해될 수 있게 풀어서 설명해야 한다. 그래서 입말보다 체계적이며 객관적이다. 또한 대화자에 구애받지 않기에 오히려 글말은 상황으로부터 입말보다 훨씬 자유로우며 더 창조적일 수 있다. 입말은 무의식적으로 익히고 사용하지만, 글말의 사용은 더욱 지성적으로 행동할 것을 요구한다. 이처럼 쓰기는 생각 발달에 크고 다양한 의의를 미친다.

> 연구는 글말의 발달이 입말의 발달을 반복하지 않는다는 것을 보여 준다. … 글말에 숙달한다는 것은 단순히 쓰기 기능을 배우는 것이 아니다. … 글말은 완전히 고유한 발화 기능이다. … 글말은 그 발달의 가장 낮은 단계에 있어서조차도 높은 추상적 기능을 요구한다. (비고츠키, 『생각과 말』, 살림터, 2011, 463쪽)

비고츠키는 쓰기의 이러한 발달적 의미 때문에 글말에 대한 교수-학습은 글말의 바탕이 되는 추상화 기능이 충분히 성숙하지 않은 상태에서 시작될 필요가 있다고 말한다. 글말이 요구하는 심리 과정의 특성(추상화, 체계화, 의식화)들이 글쓰기 교수-학습의 과정에서 형성되기 때문이다. 즉 입말이 어느 정도 능숙한 상황이라면 글말에 대한 교수-학습은 '근접발달영역을 창출'하는 주요한 활동이 된다는 것이다. 비고츠키는 글말과 문법의 교수-학습에서 글을 쓸 수 있게 되는 것 이상의 의미를 찾아냈다. 글말과 문법 덕분에 자신이 학교에서 하는 것을 의식적으로 파악하고 자신의 기능을 의도적으로 사용하는 것을 배운다.

이렇게 어린이의 능력이 무의식적, 자동적 측면에서 의지적, 의도적 그리고 의식적인 측면으로 이동하는 데 결정적 역할을 하는 것이 바로 글말과 문법의 교수-학습이라는 것이다. 쓰기에 발달적 의미에 대한 비고츠키의 규명은 '쓰기'가 점차 약화되고 있는 최근의 경향과 관련해 큰 시사점을 준다.

학교 : 인간 발달을 위한 체계적 노력의 장소

학교는 인간 발달에서 매우 특별하고 중요한 역할을 한다. 학교는 그 자체로 중요한 사회적 상호작용의 장이며, 발달을 이끄는 목적으로 수행되는 체계적 기제다. 복잡한 사회에서 일상생활 속 상호작용과 어떤 기능들의 자연발생적 터득만으로는 발달에 한계가 있다. 물론 어느 정도 말도 배우고, 일정 수준의 기능을 익히는 것은 가능하다. 그러나 목적의식적이고 체계적인 교수-학습이 없다면, 광범하고 높은 수준의 지식과 개념, 기술을 배우는 것은 불가능하다. 학교는 발달을 돕기 위한 한 사회의 '의식적, 체계적 노력'의 총화다. 비고츠키는 학교에서의 체계적 교수-학습이 지닌 발달적 의의에 대해 다음과 같이 강조한다.

> 과학적 개념의 발달은 교육과정이 진행되는 동안 이루어진다. 이 교육과정은 교사와 학생의 체계적인 협력이라는 특수한 형태로 나타난다. (같은 책, 373쪽)

> 특별하게 인간만이 가진 의식의 모든 자질들의 근원, 교수-학습을 통한 발달은 근본적인 사실이다. (같은 책, 480쪽)

> 어린이는 학교에서 자신이 혼자서 할 줄 아는 것을 배우는 것이 아니라 아직 할 줄 모르는 것을, 교사와의 협력을 통해, 교사의 지도 아래에서 성취할 수 있는 것을 배운다. (같은 책, 480쪽)

체계적 교수-학습은 오랜 시간을 거쳐 한 사회가 성취해 온 지식과 역량을 후속 세대에게 효과적으로 발달시키기 위해 필수다. 수천, 수만 년에 걸쳐 발전해 온 개념과 지식, 역량을 아동·청소년기의 짧은 기간에 학습하기 위해서는 핵심적이고 중요한 것을 발달적 순서에 맞게 체계적으로 구성해야 한다. 체계적인 교수-학습과 그 속에서의 협력적 상호작용을 통해서만 인간은 오랜 기간에 걸쳐 이루어온 문화적 발달의 성취를 개개인의 짧은 문화적 발달 기간에 담아낼 수 있다.

인간의 의식은 개별적 발달의 산물이 아니라 인간 사회의 역사적 발달의 산물입니다. (비고츠키, 『의식과 숙달』, 살림터, 2017, 302쪽)

비고츠키는 학교의 역할을 대단히 강조했다. 그것은 학교가 사회적으로 제도화된 보편적 교육 기관이라는 차원에서만이 아니라 가장 체계적이고 따라서 효과적 발달을 도모하는 역할을 잘 수행할 수 있다고 봤기 때문이다. 발달에 있어 학교의 주요한 역할을 다음과 같이 요약할 수 있다.

첫째, 학교는 조직화된 교수-학습을 통해 발달을 선도할 수 있다. 학교에서의 교수-학습은 근접발달영역에 놓인 일련의 발달 기능들을 촉발하거나 깨우는 역할을 함으로써 발달을 선도한다.

학습은 성숙하고 있는 단계에서 발견되는, 즉 근접발달영역에서 발견되는 모든 일련의 기능들을 일깨우고 그에 생명을 불어넣는다. 여기에 발달에서 엄청나게 중요한 학습의 역할이 있다. (비고츠키, 『생각과 말』, 살림터, 2011, 483쪽)

둘째, 학교는 학교만이 가능한 발달적 조건과 경험을 부여한다.

교수-학습은 다른 식으로는 발생하지 않았을지도 모르는 인지에서의 구조적 변화를 촉발합니다. 이런 입장이기 때문에 비고츠키는 학교 수업이 선도하는 역할을 강조했고 재구조화하는 효과를 내는 기제를 (의식적 파악과 의지적 숙달의 개념으로) 특정했습니다. (르네 반 데 비어, 『레프 비고츠키』, 살림터, 2023, 191쪽)

학교만이 제공할 수 있는 발달적 조건과 경험은 무엇인가? 우선은 '발달에 입각한 체계적 교수-학습' 그 자체다. 학교 교육은 오랜 역사를 통해 형성되어 온 체계 속에서 수행된다. 지, 덕, 체, 예 등 발달에 필요한 다양한 영역을 포괄하고, 발달 단계에 맞는 체계를 지닌다. 학교는 발달에 필요한 다양하고 체계적인 학습 체험을 제공한다. 체계성에 더해 비고츠키는 학교에서 이루어지는 '공동 학습의 경험'을 특별히 강조한다. 공동 학습의 경험은 발달 과정에서 매우 중요하다. 비고츠키는 개념 형성 과정이 기본적으로 타인과의 상호작용을 통해서만 가능하다고 본다. 개념 형성 과정이 공동의 경험 속에서 이루어진다는 점을 강조하면서 이를 '공동일반화'로 표현하기도 한다.

인간 의식은 사람들 간의 상호작용에서 출현하고, 성장하고, 변화합니다. 즉, 각자가 자기 머릿속에서 자신의 의식을 성장시키고 그 최종 산물을 의사소통하는 식으로 일이 일어나는 것이 아니라, 의식이 상호작용 과정을 통해서 그 기본 기능들을 키우고 창조하는 것입니다. … 공동일반화와 상호작용이 하나의 동일한 것의 두 측면 … 상호작용은 공동일반화와 연결되어 있을 때만 가능합니다. (비고츠키, 『의식과 숙달』, 살림터, 2017, 302쪽)

셋째, 학교는 인간 발달 자체를 중심 과제와 역할로 설정하는 기관이다. 따라서 발달적 관점으로 모든 아동, 청소년의 올바르고 풍부한 발달을 돕고 지원해야 한다. 비고츠키는 교육에 관한 모든 논의의 목표로 '인간 발달'을 그 전제로 삼았다. 비단 비고츠키만이 아니라 대부분의 교육 논의의 전제에는 목표로서 인간 발달이 있다. 사회에는 학교 이외에도 여러 종류의 학원과 사교육 등 다양한 교육 형태가 존재한다. 그러나 학교 이외의 다양한 교육 형태는 저마다의 특정한 목적들이 있으며, 따라서 발달에 있어 부분적이고 제한적이다. 오직 학교만이 전 과정에 있어 발달을 중심으로 교육을 수행할 수 있는 곳이다.

그런데 우리 교육의 실제 현실은 그렇지 못하다. 이념적으로는 발달을 내세우지만 입시교육에서는 그렇게 작동하지 않기 때문이다. 학교의 과제와 목표가 인간 발달에 있다는 점을 분명히 하면서 재정립해 나갈 필요가 있다. 입시 폐지 이전에 고교 교육을 변화시키는 것은 현실적 어려움이 많지만, 초등은 상당히 가능하며, 중학 과정도 어느 정도는 발달에 입각한 교육이 가능하다고 본다.

넷째, 역사적 주체의 형성이다. 교육은 개인적 과정인 동시에 사회적 과정이기도 하다. 교육은 사회적 차원에서는 한 사회를 구성하고, 운영하는 역사적 주체를 형성하는 과정이 된다. 교육을 통해 사회적 삶의 역량과 사회적으로 유용한 노동능력을 형성하며 사회적 주체가 된다. 교육은 사회를 유지하는 수단인 동시에 변혁의 수단이기도 하다. 교육은 역사를 통해 이룩해 온 사회, 문화적 성과를 유지할 수 있게 하는 동시에 변혁의 힘을 형성하는 과정이다. 학교는 그러한 역사적 역할 또한 수행해야 한다. 비고츠키는 개인적 발달과 역사적 주체 형성을 연결해서 바라봤다. 특히 청소년기는 역사적 주체로 성장하는 중요한 시기로 봤다.

개념 형성이 청소년 앞에 사회적 의식의 세계를 열어주고, 필연적으로 계급 심리와 이념의 집중적인 발달과 형성을 이끄는 것을 보게 될 것이

다. (비고츠키, 『흥미와 개념』, 살림터, 2020, 258쪽)

청소년 대중의 삶에서 결정적인 사건은 사회적 생산으로의 진입이며 … 이 삶으로의 결정적 진입은 고등 생각 형태의 발달을 요구한다. (같은 책, 259~260쪽)

역사적 주체 형성이라는 학교의 역할은 최근의 시대적 상황 속에서 특별히 부각되는 과제이기도 하다. OECD와 유네스코의 교육론에서는 지속가능한 세계를 건설하고 운영할 수 있는 변혁적 주체 형성의 과제를 핵심적인 것으로 제기한다. 그만큼 시대적 상황이 엄중하기 때문이라고 할 수 있다.

교육학은 오랫동안 지속되어 온 배제와 개인주의적 경쟁 방식을 대체하여, 협력과 연대의 원칙을 중심으로 변화해야 합니다. 교육은 공감과 연민을 키워야 하며, 자신과 세상을 변화시키기 위해 함께 일할 수 있는 개인의 능력을 키워야 합니다. (유네스코, '함께 그려보는 우리의 미래', 2021, 3장)

3장

고등정신기능 발달의 기본 경로

 발달에는 경로가 있다. 어떤 기능이 잘 발달하는 적절한 시기가 있고, 앞선 발달은 이후 발달의 토대가 된다. 체계적인 교육이 되기 위해서는 발달 경로에 맞게 급별, 시기별로 과제와 목표를 올바로 세우는 것이 필요하다. 비고츠키는 아동·청소년 발달을 논의하면서 비교적 분명하게 발달 경로 문제를 다루었다. 비고츠키 아동·청소년 발달론의 가장 큰 의의 중 하나는 고등정신기능의 발달 경로를 체계적으로 분석하고 설명한 것에 있다고 할 수 있다. 비고츠키가 제시한 발달의 기본 경로는 경험적 관찰에 의해 확인될 뿐 아니라, 현대 뇌 과학의 발견, 심리학의 최근 논의와도 기본적으로 일치한다. 발달 경로에 대해 비고츠키는 다음과 같이 강조한다.

 기능들이 나타나는 순서에는 규칙성이 있습니다. … 어떤 기능은 먼저, 어떤 기능은 나중에 오지만, 이러한 기능들은 무작위적으로 나타나는 것이 아니라 상호 간 내적 연결의 법칙에 따라 나타납니다. … 더 기초적인 기능일수록 더 일찍 성숙한다는 법칙이 있습니다. 예를 들어 지각은 기억보다 먼저 발달합니다. (비고츠키, 『성장과 분화』, 살림터, 2015, 39쪽)

발달의 기본 경로를 이해하는 것은 교육 실천에서 매우 중요하다. 한편으로는 해당 시기에 꼭 필요하고 중요한 발달 과제를 올바로 설정하기 위해서고, 또 한편으로는 경로에서 벗어나는 섣부른 잘못을 방지할 필요가 있기 때문이다. 적절한 시기를 놓치면 이후 발달에 많은 어려움을 야기하며, 반대로 이른 시기의 강요된 학습은 효과가 없다. 오히려 '학습 혐오'라는 치명적 부작용을 낳기 쉽다. 아마도 발달론의 부재가 낳는 여러 문제 중 가장 큰 문제 지점이 바로 발달 경로에 대한 올바른 인식 부재일 것이다.

발달 경로 문제를 바라볼 때 주의해야 할 점은 고정성과 가변성을 함께 보아야 한다는 것이다. 생물학적 성장에 규정당하는 기초정신기능은 발달의 순서와 시기가 기본적으로 정해져 있지만, 고등정신기능은 그렇지 않다. 문화적 과정에 영향받는 고등정신기능의 발달은 가변적이다. 그러나 고등정신기능은 기초정신기능에 토대를 두기 때문에 결국은 일정한 경로를 갖게 된다. 따라서 고정성을 지닌 기초정신기능의 규정을 받는 동시에 가변성을 지닌 것으로 고등정신기능의 발달 경로를 이해해야 한다.

1. 기초정신기능의 발생 경로 : 정서-지각-기억-생각

발달의 경로를 규정하는 일차적 요인은 기초정신기능이 일련의 발생 순서를 지닌다는 점에 있다. 몸에 내장된 정신기능인 기초정신기능은 생물학적 발생 순서를 지닌다. 생물학적 발생 순서라는 것은 생물학적 연령에 따라 저절로 발현된다는 것을 의미한다. 즉 몸이 성장함에 따라, 나이가 듦에 따라 발현되는 순서가 있다는 것이다. 정신기능의 가장 기본적 형태는 정서, 지각, 기억, 생각의 4가지[22]인데 신체가 성장하면서 정서-지각-기억-생각 순으로 발달하며, 그로 인해 발달 단계에 따라 중심적인 역할을 하는 기초정신기능들이 변화하게 된다.

비고츠키는 우선 출생 초기는 감정의 지배로 특징지어진다고 말한다. 이 시기는 생존을 위한 본능적 감정이 지배하는 시기다. 감정은 의식의 최초 형태다. 배고프거나 불편하면 울고, 만족스러우면 편안해한다. 이 시기는 생존을 양육자에 전적으로 의존하며, 양육자와의 정서적 상호작용이 일차적으로 중요하다. 이 시기 정서적 안정은 이후 발달의 가장 기초적 토대가 된다. 양육자와의 '정서적 애착' 형성의 중요성은 널리 알려져 있다. 감정은 인간 의식의 출발이라는 것에 그치지 않는다. 감정은 이후에도 지속적으로 변화, 발전한다. 비고츠키는 인간 의식의 발달이 감정을 통해 시작되고 감정으로 정점을 찍으며, 감정으로 마무리된다고 말한다.

> 유아의 정신생활은 개별 정신기능의 완전한 미분화와 원시적인 전체론적 체험의 배타적 지배로 특징지어지며, 감정과 충동의 지배적 영향 하에서 발달하는 일반적인 본능적 의식 체계로 규정될 수 있다. (비고츠키, 『연령과 위기』, 살림터, 2016, 206쪽)

> 우리는 감정이 어린이의 정신 발달과 인격 구성을 개시하고, 전체로서의 인격 발달을 완성시키고 정점을 찍으며, 그 과정을 마무리한다고 말할 수 있다. (같은 책, 207쪽)

신생아의 초기 감정은 그의 정신생활을 수면, 영양 섭취, 울음이라는

---

[22] '주의'도 주요한 정신기능의 한 형태이지만 비고츠키는 '주의'를 보조적 정신기능으로 분류한다. "상상이나 주의 같은 주변적 기능을 예로 들어봅시다. 그것은 저 연령기나 이 연령기에 중심적 위치에 있지 않습니다."(비고츠키, 『의식과 숙달』, 살림터, 2017, 242쪽)

좁은 범위 내로 제약한다. 유아기의 첫 단계에서 이미 감정은 외부 세계에 대한 수용적 관심의 기본 형태를 취하며 … 우리는 1세의 위기와 직면하게 되는데 … 이 위기는 감정적 생활의 급속한 발달로 특징지어지고, 감정에서 고유한 인격이 최초로 출현하는 것으로 두드러진다. (같은 책, 208쪽)

영아기 다음인 초기유년기[23]에는 지각 발달이 중심적 위치를 차지한다. 걷기와 말하기를 시작하는 초기유년기에 아동은 보고, 듣고, 만지는 감각이 빠르게 발달하며, 발달하는 지각을 통해 세상을 탐색해 나가기 시작한다.

초기유년기에 한 무리의 기능들이 나타납니다. 그 자체는 아직 충분히 분화되지 않았지만 다른 모든 기능들에 대해서 선도적인 위치를 차지합니다. … 정서적 지각이라고 나는 생각합니다. 즉, 정서 자체와 지각은 분화되지 않았지만, 이 기능들은 이미 유아기와 초기유년기의 경계에서 전체 의식의 나머지로부터 분리되는 것입니다. (비고츠키, 『성장과 분화』, 살림터, 2015, 198쪽)

3세 미만의 … 이 연령기 어린이의 모든 기능은 지각을 중심으로, 지각을 통해, 지각의 도움으로 나아간다고 말할 수 있을 것입니다. 초기유년기의 지각 기능처럼 그토록 눈부신 성장을 체험하는 기능은 없습니다. (비고츠키, 『의식과 숙달』, 살림터, 2016, 187쪽)

유아기는 기억이 급속하게 발달하는 시기다. 비고츠키는 만 3세 이

---

23 비고츠키는 만 1세에서 3세 이전까지를 초기유년기로 분류한다.

후의 유아기를 '전학령기'[24]로 표현하는데, 이 시기는 기억이 급속하게 발달하면서 주변 환경에 대한 이해를 확대해 나가는 시기다. 어휘가 빠르게 팽창하며, 관심을 가지는 것들에 대해 놀라운 기억력을 보인다.

초기유년기에 지각이 지배적인 위치를 점했듯이 전학령기에는 기억이 지배적인 위치를 점하기 시작하며 (비고츠키, 『성장과 분화』, 살림터, 2015, 213쪽)

어린이의 다른 모든 기능들이 … 기억과 관련하여 종속적이고 의존적인 위치에서 작용 … 전학령기 중반에는 심지어 지각 자체도 기억에 종속됩니다. (같은 책, 213쪽)

기억은 연구가 보여주듯 전학령기에 지배적 역할을 합니다. 전학령기에 기억이 지각의 위치를 차지하는 단순한 대체가 일어난다는 것을 의미하는 것은 아닙니다. 그럼에도 불구하고 전학령기 어린이의 기능 체계에서 중심적 역할을 차지하는 것이 그의 직접적 경험의 축적 및 가공과 연결된 기능, 즉 기억이라고 말한다면, 우리는 전학령기 어린이들을 바르게 이해한 것입니다. (비고츠키, 『의식과 숙달』, 살림터, 2016, 188쪽)

초등 시기에 해당하는 학령기는 생각 발달이 이루어지는 시기다. 비고츠키는 아동기라는 일반적 표현 대신 이 시기를 학령기로 규정했는데, 이는 학교 입학이라는 커다란 사건이 지닌 의미를 강조한 것이라 할 수 있다. 아동은 이미 발달해 온 정서, 지각, 기억을 토대로 학령기에 생각을 본격적으로 발달시켜 나간다. 학령기에 들어서는 아동에 대해 비고츠키는 '커다란 지각, 큰 기억, 매우 미약한 생각'을 지니고 있다고 표현하면서 학령기 교수-학습을 통해 생각이 본격적으로 발달해 나간다고 봤다.

---

24 비고츠키의 전학령기는 만 3세에서 7세까지의 시기가 해당한다.

그러나 이 시기 아동의 생각 발달에 대해서는 유념해서 이해할 필요가 있다. 생각이 발달하기 시작한다는 것이지 아직 잘하는 것은 아니며, 또한 어른의 생각 형태와는 상당히 다르다는 것이다. 아동은 아직 성인과 같은 추상적, 개념적 사고에는 이르지 못하며 시각적, 경험적 사고에 머문다. 개념적 사고의 발달은 청소년기 이후부터 시작된다. 비록 한계적이지만 이 시기 생각 발달의 토대와 힘은 빠르게 성장해 나간다.

> 학령기는 정신 발달이 집중적으로 일어나는 연령기이며, 비유적으로 말하자면 지적 기능과 어린이 생각이 의식 활동의 중심이 되는 연령기입니다. (같은 책, 241쪽)
>
> 물론 이것은 조건적으로 이해되어야 합니다. 첫째, '되었다'가 아니라 '된다'라는 말을 강조할 필요가 있습니다 … 따라서 지성은 처음에는 어린이 의식 활동에서 가장 강력하고 지배적인 계기가 아닙니다 … 그러나 학령기에 지성은 최대한 발달합니다. (같은 책, 241쪽)

연령이 올라가면서 기초정신기능이 자연적으로 발달하는 시기는 아동기까지다. 중등 시기에 해당하는 청소년기에는 개념적 사고라는 새로운 차원의 생각 발달로 나아가는데, 개념적 사고는 기초정신기능이 아니다. 개념적 사고는 학령기 때부터 발달하기 시작한 생각이 청소년기 추상적 사고가 가능해지면서 새로운 차원으로 발달한 '고등정신기능'에 해당한다. 개념적 사고를 통해 인간은 복잡하고 체계적인 생각, 창조적인 생각을 할 수 있으며 인간만의 문화적 정신 발달을 꽃피우게 된다.

> 우리의 연구에서 가장 중요한 발생론적 결론은 오직 과도기적 시기(청소년기)에만 어린이는 지적 발달의 세 번째 단계, 즉 개념적으로 생각하는 경지에 도달한다는 것이다. (비고츠키, 『생각과 말』, 살림터, 2011, 355쪽)

> 개념적 생각을 숙달하는 청소년의 생각에 일어나는 이러한 변화는 고도로 내적인 구조 변화의 특성을 가지기 때문에 … (비고츠키, 『흥미와 개념』, 살림터, 2020, 121쪽)
>
> 성 성숙기 생각 발달의 중심에는 개념의 형성이 있다. 오직 특정한 지적 활동 형식으로만 적절히 이해되고, 습득되고, 지각되고, 일반적으로 생각될 수 있는 특정 종류의 사고 내용이 있다 … 예를 들어 수학, 자연과학, 사회과학은 논리적, 언어적 생각 형태로 가장 적절하게 전달되고 표현될 수 있다. (같은 책, 122쪽)

살펴본 바와 같이 기초정신기능은 발달 단계에 따라 순서적으로 발현된다. 이는 기초정신기능이 생물학적 원천을 지니면서 생물학적 경로를 따라 발현하기 때문이다. 그러나 또한 이러한 발현 순서는 논리적 순서이기도 하다. 정서는 생존조건에 대한 반응인데 무력한 아기는 오직 정서의 표현을 통해 양육자로부터 생존에 대한 지원을 받을 수 있다. 정서가 가장 먼저 발달해야 아기는 생존할 수 있다. 그런 다음 지각 발달을 통해 세상을 탐색해 나갈 수 있다. 세상에 관한 탐색은 완전히 의존적인 존재에서 장차 독립성을 획득해 나갈 수 있는 첫걸음이다. 그리고 지각으로부터 얻은 정보를 저장하는 기억이 발달하게 된다. 지각한 것이 있어야 기억될 수 있다는 점에서 이는 당연한 순서다. 그리고 이후 기억된 내용은 생각의 재료가 됨으로써 생각 발달로 나아갈 수 있게 된다. 이처럼 정서-지각-기억-생각 발달이라는 순서는 생물학적 발달 순서일 뿐 아니라 인과관계를 지닌 논리적 발달 순서이기도 하다. 정서-지각-기억-생각의 발달 순서가 생물학적 순서이자 논리적 순서라는 것은 이 경로가 구조적이고 매우 견고한 순서라는 것을 의미한다. 기초정신기능 발달의 기본 경로는 바뀔 수 없다. 예컨대 기억이 먼저 발달하고, 나중에 지각이 발달한다거나 혹은 생각이 기억보다 먼저 발달하는 것은 가능하지 않다는 것이다. 이러한 정신 발달의 기본 경로는 현대 뇌 과학에서 밝혀낸 과정과도 일치한다. 기초정신기능의 발달 경로는 발달 단계를 규정하는 가장 기본적 요소가 된다. 이를 표로 단순화하면 다음과 같다.

〈 기초정신기능 발달 경로〉

연령/발달 단계	기초정신기능 발달
영아기(~1세)	정서
초기유년기(1~3세)	지각
전학령기(3~7세)	기억
초등학교	생각

표로 나타내기는 했지만 발달 경로를 지나치게 경직되게 이해해서는 안 된다. 개인차가 있으며 벽처럼 넘을 수 없는 경계가 있는 것은 아니다. 예를 들면 지각 발달의 시기인 초기유년기 어린이에게 기억과 생각이 전혀 없는 것은 아니다. 이 시기에도 그 맹아는 있다. 그러나 이때는 미분화된 의식의 한 측면으로 존재하며 그 기능이 미미하다. 중심적 발달 시기는 미분화된 의식에 섞여 있던 어떤 정신기능이 분화되면서 빠르게 발달하고 의식 구조에서 지배적 지위를 차지하는 상황을 의미한다. 그래서 초등학교 시기 생각 발달은 이미 '분화'되어 발달한 정서, 지각, 기억의 토대 위에서 전개된다.

2. 고등정신기능은 기초정신기능 발달에 후행한다.

생물학적 경로에 따라 발생하는 인간의 기초정신기능들은 자연적 상태에 머물지 않고 사회적 환경 속에서 '문화적'인 것으로 변모, 발전한다.

'정신기능의 문화적 발달'은 인간 발달의 가장 중요한 특성이다. 정신기능의 가장 근원적 기초인 정서는 본능적 반응에 머물지 않고 사람들과의 상호작용을 통해 사회적 정서로 발달한다. 예컨대 쾌, 불쾌 같은 감정은 생존조건에 대한 본능적 반응이지만 수치심, 자부심 같은 것은 타인들과의 관계 속에서 새롭게 발현되는 사회적 정서라고 할 수 있다. 심리학에서는 본능적 정서를 1차 정서, 사회적 정서를 2차 정서로 구분하기도 한다. 지각도 마찬가지다. 보고 듣는 감각이 먼저 발달한 이후 말을 배우면서 인간의 지각은 언어적인 것으로 변화한다. 말을 배우면서 인간은 어떤 대상을 지각할 때 대상 자체만이 아니라 언어와 결합된 형태로 지각하게 된다. 마찬가지로 기억도, 생각도 사회적 상호작용과 말을 통해 문화적인 것으로 발달해 나간다. 이렇게 문화화된 정신기능들은 인간만의 특별한 정신기능, 즉 고등정신기능이 되어 동물에 비해 훨씬 고차적인 기능을 발휘하게 된다.

고등정신기능은 당연하게도 기초정신기능의 발달에 후속한다. 어떤 정신기능들이 문화화되기 위해서는 그 원형이 되는 기초정신기능들이 먼저 발달해야 하기 때문이다. 사회적 정서는 본능적 정서 발달에, 언어적 지각은 감각적 지각 발달에, 자발적 주의는 반응적 주의 발달에, 문화적 기억은 감각적 기억 발달에 후속한다. 그리고 개념적 사고는 시각적 사고[25] 발달의 토대 위에서 발달한다. 이처럼 고등정신기능들은 그 원형과 토대가 되는 기초정신기능들이 발달한 이후에야 발달할 수 있다. 그

---

[25] 비고츠키는 인간의 생각구조를 혼합체, 복합체, 개념적 사고의 3가지 형태로 구분했다. 혼합체적 사고는 현상을 느낌, 이미지로 파악하는 것이고, 복합체적 사고는 현상을 눈에 보이는 시각과 경험으로 파악하는 것이다. 이 두 가지 생각 형태는 동물에게도 나타난다. 그러나 눈에 보이지 않는 연관 관계, 본질을 파악하는 개념적 사고는 인간만의 문화적인 고등정신기능으로 체계적 학습과 생각 훈련을 통해 비로소 발달할 수 있다.

시기는 대체로 기초정신기능이 어느 정도 성숙한 그다음 단계가 된다. 이를 그림으로 표현하면 다음과 같다.

〈 고등정신기능 발달 경로 1 〉

연령/발달단계	기초정신기능	고등정신기능	발달의 중심 노선
영아기(~1세)	정서		정서적 반응/ 대상 중심적 활동
초기유년기(1~3세)	지각, 주의	사회적 정서	말/상상 놀이
전학령기(3~7세)	기억	언어적 지각 자발적 주의	말/ 사회 역할극, 규칙 놀이
초등학교	생각	문학적 기억	학교에서의 학습
중고등학교		개념적 사고	동료와의 협력

사회적 정서는 초기유년기부터 형성되기 시작하며, 언어적 지각과 자발적 주의는 전학령기에 발달하기 시작한다. 그리고 문화적 기억이 학령기에 본격적으로 발달하며, 개념적 사고는 청소년기부터 발달하기 시작한다. 그런데 고등정신기능의 발달은 저절로 되는 것이 아니며 따라서 후속 발달이 기계적으로 이루어지는 것은 아니다. 문화적 환경 속에 사람들과의 상호작용을 통해서만 가능하다. 그래서 가변적이다. 즉 잘될 수도 있고, 그렇지 않을 수도 있다는 것이다. 이 과정에서 발달 단계에 따라 고등정신기능의 풍부한 발달을 돕는 활동들이 있다. 비고츠키는 그러한 활동을 선도 활동 또는 발달의 중심 노선으로 칭했는데, 영아기에는 양육자와의 정서적 반응, 감각 활동이, 초기유년기에는 말과 상상 놀이, 전학령기에는 말과 역할극, 규칙 놀이 그리고 학령기에는 학교 학습, 청소년기에는 학습과 동료와의 협력 활동이 그에 해당한다. 그리고 발달의 전 과정에서 항상 중요한 두 가지는 바로 사람들과의 상호작용과 말이다.

3. 앞선 고등정신기능은 이후 고등정신기능의 토대가 된다

고등정신기능의 발달은 단지 기초정신기능의 성숙에만 토대하지 않는다. 고등정신기능들 사이에서도 영향을 주고받는 연관 관계가 있다. 예컨대 자발적 주의는 문화적 기억력을 배가시킨다. 집중하는 것이 잘 기억되는 것은 당연하다. 따라서 자발적 주의가 튼튼하지 못하면 문화적 기억 발달이 원활하기 어렵다. 또한 문화적 기억이 풍부하고 튼튼하면 생각 발달의 힘이 강해진다. 기억은 생각의 재료가 되기 때문이다. 앞의 발달이 이후 발달의 토대가 됨으로써 고등정신기능들 간에도 이처럼 인과적 관계가 성립한다.

또한 고등정신기능 중에는 기초정신기능에 직접 토대하는 것이 아니라 오직 다른 고등정신기능에 토대하는 것들도 있다. 가장 대표적인 것이 '의식적 파악'이다. 자신의 생각을 인지하는 '의식적 파악'은 동물에게는 그 맹아조차 존재하지 않는다. 즉 원형이 되는 기초정신기능이 없다는 것이다. 의식적 파악은 기초정신기능에 토대하는 것이 아니라 자발적 주의와 문화적 기억 등 다른 고등정신기능에 토대한다. 자발적 주의와 문화적 기억을 통해 주의와 기억을 의식하는 것을 익힌 다음 생각을 의식할 수 있게 된다. 의식적 파악만이 아니라 높은 수준의 총체적 정신기능인 '비판적 사고', '창조성', '성찰' 등도 마찬가지다. 이들 고차적이고, 총체적인 정신기능들은 고등정신기능인 '개념적 사고'에 토대한다. 개념적 사고가 발달하지 않으면 비판적 사고, 창조성, 성찰 등의 발달은 가능하지 않다. 비고츠키는 개념적 사고가 더욱 고차적인 형태로 발전한 것을 '변증법적 사고'로 규정했는데 비판적 사고, 창조성, 성찰 등은 변증법적 사고와 관련이 깊다.

이처럼 고등정신기능의 발달 경로를 규정하는 과정은 복합적이다. 하나의 과정은 기초정신기능 발달을 토대와 조건으로 하기 때문에 그에 후행하는 과정이다. 그리고 또 하나의 과정은 고등정신기능들 간의 관계에 있어서도 이전의 발달이 이후 발달의 토대와 조건으로 작용함으로써 발생하는 과정이다. 이 두 과정을 함께 고려하면서 앞의 그림을 수정, 보완하여 고등정신기능의 기본 발달 경로를 도식화해 본다면 다음과 같이 표현[26]될 수 있다.

〈 고등정신기능 발달 경로 2 〉

연령/발달단계	기초정신기능	고등정신기능	발달의 중심 노선
영아기(~1세)	정서		정서적 반응/ 대상 중심적 활동
초기유년기(1~3세)	지각, 주의	사회적 정서	말/상상 놀이
전학령기(3~7세)	기억	언어적 지각 자발적 주의/자기 규제	말/ 사회 역할극, 규칙 놀이
초등학교		문학적 기억 의식적 파악	학교에서의 학습
중고등학교	생각	개념적 사고	동료와의 협력
대학/직장/사회		변증법적 사고	전문 교육(학문, 직업)/ 노동-사회적 실천

---

26   그림으로 도식화하는 것은 지나친 단순화의 위험이 있음을 주의해야 한다. 각 발달 단계에서의 주요 정신기능은 해당 단계에서 중심적이고, 빠르게 발달한다는 것이지 그때만 발달하고 멈춘다는 것은 아니다. 모든 정신기능은 그 이전에 맹아들이 있으며, 이후에도 지속적으로 발달해 나간다.

4. 전체 의식 구조의 발달

지금까지 발달의 경로를 각각의 발달 단계에서 주요하게 발달하는 정신기능 차원에서 살펴보았다. 그런데, 한발 더 나아가 전체 '의식 구조'라는 측면에서 살펴볼 필요도 있다고 본다. 인간의 의식은 정서, 지각, 기억, 생각이 각각 떨어져서 별도로 작용하는 것이 아니라 서로 연결되어 하나의 전체적 구조를 이루기 때문이다. 연결된 아동의 의식 구조는 발달 단계에 따라 중심적 발달 기능이 변화하면서 새로운 구조를 형성해 나간다. 앞선 단계에서 발달한 정신기능은 없어지는 것이 아니라 토대로 작용하면서 이후 발달하는 정신기능과 새로운 관계를 맺는다. 정서가 먼저 발달한 다음 초기유년기에 지각이 발달하면 '정서-지각'은 연결되어 이전과 다른 새로운 구조를 형성한다. 마찬가지로 전학령기(유아기)에 기억이 발달하면 '정서-지각-기억'이 서로 연결되면서 또 새로운 구조가 형성되고, 학령기에는 '정서-지각-기억-생각'의 연결구조로 나아간다. 이처럼 발달 단계에 따라 중심적 발달 기능이 변화될 뿐 아니라 아동의 의식 구조는 그 체계 자체가 구조적으로 달라진다.

> 심리적 발달 과정에서는 단지 각각의 심리적 기능들이 변화하고 성장할 뿐만 아니라, 주로 변하는 것은 이 기능들 간의 관계로서, 각각의 연령 단계마다 주어진 연령대의 기능 간 관계 체계의 고유성이 존재합니다.
> (비고츠키, 「성장과 분화」, 살림터, 2015, 190쪽)
> 전체로서의 의식 변화, 즉 개별 기능들 간 관계의 재구성하는 각 기능이 발달의 고유한 조건에 놓이도록 합니다. (같은 책, 191쪽)

뿐만 아니라 먼저 발달한 정신기능들은 그대로 있지 않고 문화적으로 채색되면서 고등정신기능으로 발달해 나간다. 그래서 학령기 즈음에는 단순한 '정서-지각-기억-생각'의 연결구조가 아니라 문화적 발달로 채색됨으로써 실제로는 '사회적 정서-언어적 지각-문화적 기억-시각적 사고'의 연결구조를 형성하게 된다. 즉, 발달 단계에 따라 아동의 의식 구조는 단지 더욱 복잡해지는 것을 넘어 새로운 차원으로 구조적 발달을 거듭해 나간다. 그야말로 참으로 눈부시고 놀라운 인간 발달의 역동적 과정이다. 학령기 및 청소년기까지 의식 구조 발달을 그림으로 나타내면 다음 그림과 같다.

< 의식 구조의 발달 경로 >

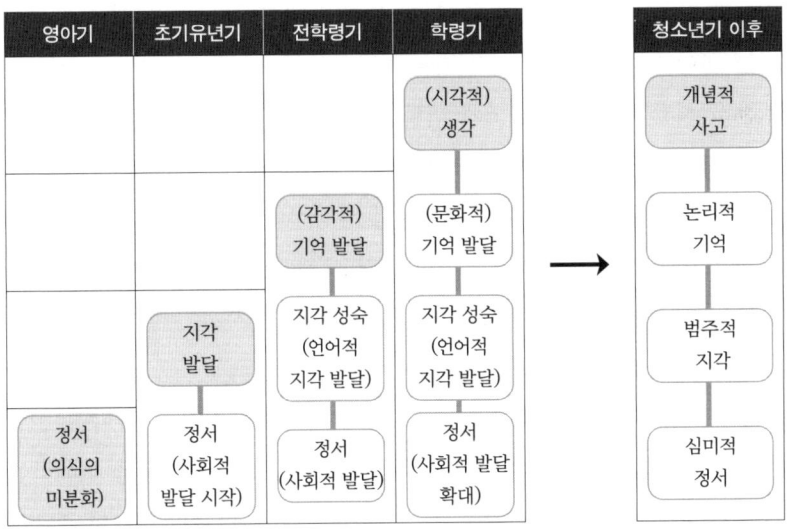

청소년기에는 새로운 기초정신기능이 출현하지는 않는다. 그렇지만 생각의 고등한 형태인 개념적 사고가 발달하면서 의식 구조 전체가 재구조화된다. 정서는 개념으로 채색되는 심미적 정서로 변화되며, 지각은 개념으로 대상을 인식하는 범주적 지각으로 변모하고, 기억은 언어적 기억을 넘어 인과적 이해를 기반으로 하는 논리적 기억으로 발달한다. 개념

발달이 기존의 정서, 지각, 기억을 새로운 형태로 변화시키면서 재구조화하는 것이다.

전체 의식 구조는 여러 정신기능이 결합해 있는 하나의 체계다. 의식 구조의 차이는 세상을 이해하는 방식의 차이로 나타난다. 비고츠키는 의식 구조에 따라 세상을 이해하는 방식을 크게 3가지로 구분했다. '혼합체', '복합체', '개념'적 생각 방식이 그것이다. '혼합체'는 정서가 지배적인 조건에서는 세상을 느낌, 이미지로 파악하는 것이고, '복합체'는 지각과 기억이 지배적인 조건에서 시각과 경험을 통해 세상을 파악하는 것이다. 그리고 '개념적 사고'가 발달하면 시각과 경험을 넘어 현상을 체계적이고 본질적으로 이해할 수 있게 된다고 봤다. 감정이 지배하는 영아기는 혼합체적 생각 방식의 시기에 해당하고, 지각이 발달하는 초기유년기부터 시각적, 경험적 사고에 머무는 학령기까지가 복합체적 생각 방식의 시기에 해당한다. 복합체적 생각 방식의 시기는 여러 발달 단계를 포함하기 때문에 구체적 발달 상황에서 상당한 차이들이 있다. 그렇지만 세계를 '눈에 보이는 방식'으로 바라본다는 점에서는 동일하기 때문에 '복합체'라는 동일한 범주로 묶인다. 그리고 추상적 사고가 발달하는 청소년기부터 개념적 사고의 시기로 들어선다.

지금까지 기초정신기능의 발달 경로, 후속해서 발달하는 주요 고등정신기능, 발달 단계에 따른 의식 구조의 변화 그리고 세상을 이해하는 생각 방식의 변화에 대해 압축적으로 살펴보았다. 발달의 경로와 관련해 이 책의 주요 주제인 아동기와 청소년기는 다음과 같이 요약할 수 있다. 아동기까지 모든 기초정신기능들이 발현되며, 아동기는 그를 토대로 발달적 의의가 큰 주요한 고등정신기능들이 발달하는 시기다. 그리하여 아동기는 복합체적 생각 방식 내에서는 가장 역동적이고, 가장 풍부한 발달을 이룩해 나가는 시기라고 할 수 있다. 반면 청소년기는 더 이상 새로운 기초정신기능이 발현되지는 않지만 아동기까지의 발달을 토대로 개념적 사고가 발달하기 시작하는 시기다. 그를 통해 세계를 체계적, 본질적으로 이해할 수 있게 되며, 정서, 지각, 기억도 새로운 수준으로 재구성해 나가는 질적 변혁의 시기라고 할 수 있다. 아동기와 청소년기 발달은 연결된다. 아동기 발달의 마무리는 곧 청소년기 발달의 시작이다. 아동기 발달이 튼튼할수록 청소년기 이후 발달도 깊고 풍부해질 수 있다.

〈 참고 : '발달 경로'의 보편성과 현대 뇌과학의 뒷받침 〉

'발달 경로' 개념은 비고츠키의 독자적 관점이 아니라 발달심리학의 보편적 개념이다. 발달심리학의 기본 개념인 '발달 단계'라는 말 자체가 발달에 경로가 있음을 전제한 단어다. 발달 단계론을 처음으로 정립한 피아제는 관찰을 통해 인지 발달에 따른 감각운동기-전조작기-구체적 조작기-형식적 조작기의 발달 단계를 제시한 바 있다. 이는 기본적으로 기초정신기능이 발현되는 순서에 의한 것으로 비고츠키의 발달 단계도 그 자체만으로는 피아제와 크게 다르지 않다.

비고츠키의 공헌은 피아제보다 더 나아간 것에 있다. 비고츠키는 문화적 발달을 통해 기초정신기능이 고등정신기능으로 발달해 나간다는 사실을 확립했고, 정신기능들 간의 상호 연관 관계에 대한 분석을 체계적으로 진행했다. 현대 발달심리학은 발달 경로에 대한 파악을 더욱 풍부히 해 오고 있다고 할 수 있다. 기초정신기능의 고등정신기능으로의 문화적 발달 개념도 일정하게 수용하고 있다. 예컨대 1차 정서와 2차 정서의 구분은 본능적 정서라는 기초정신기능의 사회적 정서라는 고등정신기능으로의 문화적 발달을 의미한다. 발달심리학에서도 각각의 기능들과 시기별 발달에 대해 더욱 풍부해진 이해 속에서 발달 경로에 대한 인식을 확대해 나가고 있다[27].

발달의 경로는 현대 뇌과학의 발전에 의해서도 확인된다. 다음은 연령별 뇌 발달과 그에 따른 적기 교육을 표로 나타낸 것이다.

---

[27] 하지만 일반 발달심리학에서는 각각의 기능별 고찰을 중심으로 하면서 고등정신기능들 간의 연관 관계에 대한 체계적 분석으로 나아간 경우가 드물다. 그 때문에 시기별 교육 과제와 목표를 설정하는 데 있어서 어려움이 따른다.

연령별 뇌발달과 적기 교육[28]

시기	발달 부위	기능 및 민감기	지표, 기준	대응 방향
~2세	전반적 발달 (18개월:언어중추 발달 시작)	정서적 교감 신체 활동과 오감	사물 탐색 말/걷기 시작 애착	오감 자극
~4세	변연계(4세완성) 해마 기억 기능(3세부터 본격 가동)	정서적 교감 주변 환경 탐색	정서조절 말발달 폭발(24개월 이후)	눈 맞추며 대화 놀이
~6세	전두엽 좌우뇌/뇌량 발달	사고의 연결(좌우뇌 연결 강화로 말과 표정 통합) 기억력 향상 도덕성 발달 시작	규칙 수용(억제 기능) 상상력 발달 친구와의 상호작용 (사회성) 대소근육 발달	놀이(역할극, 규칙 기반) 학습 준비
~12세	두정엽(수리) 측두엽(언어) 소뇌(운동기능) 좌우뇌 전문화	수리/문자학습 운동 기능 향상 2차 감정(정서의 질적 발달-배려, 존중, 공감, 부끄러움 등의 사회적정서)	학습 능력 확인 1~2인의 친한 친구 감정조절 능력 자존감 확인	학습 다양한 경험
~18세	전전두엽 변연계 활성화 후두엽(시각)	추상적 사고 감정변화 증폭 시각자극 민감화	판단, 의사결정	협력 활동 체계적 학습
~21세	전전두엽 완성	고차원적/변증법적 사고		

시기별 뇌 발달 및 활성화 과정을 발달의 기본 경로와 연관지어 간략히 살피면 다음과 같다. 태내에서부터 출생 초기 대략 만 2세 정도까지 뇌가 전반적으로 발달하고 정신기능의 맹아들이 형성된다. 이 시기까지는 본능적 정서가 지배하면서 오감(지각)이 발달하는 시기다. 비고츠키가 제기한 정서-지각의 발달 시기에 해당한다. 뒤이어 감정을 관장하는 변연계가 발달하면서 정서 조절이 조금씩 가능해진다. 만 3세 무렵부터 기억을 담당하는 해마가 본격적으로 가동하기 시작한다. 비고츠키가 제기한 본격적 기억 발달 시작 시기와 연관된다. 이후 유아기(만 6~7세까지)에 기억과 사고를 담당하는

---

28   표는 한겨레신문사 스페셜 사이트 〈베이비트리〉의 '연령별 뇌 발달과 적기 교육 (김영훈)'과 기타 자료를 참고해 필자가 재구성한 것이다.

대뇌피질의 전두엽이 먼저 활성화되면서 해마와 연합하여 기억이 크게 향상된다. 유아기의 이러한 뇌 발달은 이 시기 기억 발달의 토대 위에서 자기 규제와 자발적 주의 등 자신의 정서, 지각, 행동을 조절하는 기능이 형성되기 시작하는 것과 연결된다.

학령기에는 대뇌피질 중 수리와 언어를 관장하는 두정엽(수리)과 측두엽(언어)이 활성화되면서 수리 및 문자 학습이 가능해진다. 학령기 본격적 교수-학습과 그를 통한 '문화적 기억' 발달, 의식적 파악의 토대 형성과 연결된다. 그리고 청소년기 전전두엽의 활성화는 추상적, 개념적 사고 발달에 연관된다. 살펴본 것처럼 뇌 과학은 발달심리학에서 관찰되는 정신 발달 과정의 생물학적 요인과 특성을 밝히고 있다.

5. 발달 경로의 교육적 의미

'발달에 경로가 있다'는 사실은 올바른 교육 실천을 행하는 데 있어 매우 중요한 의미를 지닌다. 발달 경로는 연령에 따라 발달이 기계적으로 나타난다는 의미가 절대 아니다. 오히려 그 반대로 발달을 돕는 문화적, 의식적 노력을 강조하기 위함이다. 발달 경로를 올바로 이해할 때 발달을 돕는 활동을 체계적이고 효과적으로 할 수 있다. 기초정신기능은 생물학적 연령에 따라 자연적으로 발달하는 경향을 보이지만, 발달 조건에 맞는 적절한 문화적 환경 조성과 의식적 노력이 없다면 고등정신기능의 발달은 제대로 이루어질 수 없다.

발달 경로는 생물학적 요소와 문화적 요소의 짜임으로 이루어진다. 발달 경로에 대한 이해는 발달이 저절로 이루어진다는 생각으로 방치하거나, 반대로 자연적 발달을 무시한 채 억지 배움을 강요하는 두 가지 위험에서 벗어나 올바른 발달적 도움을 설정할 수 있게 해준다. 발달 경로에 대한 이해를 통해 우리는 발달 단계에 적합한 교육적 과제를 좀 더 명확하게 설정할 수 있으며, 경로에서 벗어나는 잘못을 피할 수 있다. '발달 경로' 개념으로부터 다음의 중요한 교육적 시사점들을 도출할 수 있다.

첫째, 올바른 단계별, 시기별 교육 목표와 과제 설정의 기준과 근거를 제공한다.

'발달 경로'는 발달 단계와 시기별 교육 목표와 과제 설정에 중요한 기준을 제시한다. 이와 관련된 의미 있는 것이 '최적기' 개념이다. 고등정신 기능의 발달 과정에는 가장 효과적인 발달의 시기인 '최적기'가 있다는 것이다. 예컨대 말 발달은 생후 1.5세부터 만 5세까지 어떤 시기보다 활발하다. '자발적 주의'와 '자기 규제'는 유아기 후반부와 학령기 전반부가 발달의 가장 중요한 시기다. 문화적 기억의 발달 적기는 본격적 학령기다.

발달의 일반 법칙에 따르면 각 발달 측면, 각 기능, 각 체계마다 그 자신만의 가장 집중적이고 최적인 발달 시기가 존재합니다. (비고츠키,『성장과 분화』, 살림터, 2015, 208쪽)

심리적 기능의 최적 발달 시기는 그것이 나머지 의식으로부터 처음으로 분화되어 지배적인 기능의 역할을 차지할 때입니다. (같은 책, 209쪽)

발달의 최적기에는 조금만 도움을 주어도 효과적으로 발달한다. 아동 또한 자기 역량이 빠르게 발전하고 점점 더 잘하게 되는 것을 좋아한다. 따라서 발달의 최적기 개념은 효과적이고 체계적 발달을 위한 교육적 과제 설정과 직결된다. 최적기를 벗어난 경우 발달 속도는 더뎌지고 훨씬 큰 노력이 필요하다. 예를 들어 동물에 길러졌다가 나중에 인간 사회로 돌아온 희귀한 사례들에서 보면 말 발달 시기를 놓친 경우 말을 배우는 것이 얼마나 힘이 드는지 잘 보여준다. 따라서 발달의 최적기에 해당하는 과제들은 해당 시기의 주된 교육 목표 및 과제가 되는 것으로 연결된다.

둘째, 발달 선도의 관점을 제시한다.

어떤 시기에 어떤 기능들이 발달한다는 것은 그 기능이 성숙되었다는 의미가 아니다. 그 시기에 빠르고 효과적인 발달을 할 수 있다는 것이다. 따라서 발달 단계와 최적기를 고려하는 교육활동은 발달을 효과적으로 선도하는 역할을 한다. 비고츠키는 발달을 선도하는 교수-학습이야말로 비로소 의미 있는 교수-학습이 될 수 있다고 강조한다. 이미 성숙한 기능에 머무는 학습은 발달적 의미가 없으며, 아직 발달하지 않은 기능을 강요하는 학습은 효과가 없다. 이미 성숙한 기능에 토대하면서 새롭게 발달하는 기능을 적절하게 자극하는 교수-학습만이 효과적이고 의미 있는 학습이다. 발달 경로는 발달 선도의 관점에서 이해되어야 한다.

셋째, 발달 단계와 기본 경로를 뛰어넘는 선행 학습의 위험성을 알려준다.

발달을 선도하는 학습과 발달의 단계와 경로를 뛰어넘는 선행 학습은 다르다. 발달 단계와 경로를 뛰어넘는 선행 학습은 무용하며 해악적이기도 하다. 발달 단계를 무시한 학습은 제대로 수행될 수 없으며, 억지로 강요받는 학습은 혐오를 불러오기 쉽다. 한국 사회에 광범한 부작용을 야기하고 있는 선행 학습의 문제도 많은 경우 '발달 단계와 경로 무시'의 문제로 바라볼 수 있다. 선행 학습은 예습이 아니다. '선행'은 발달 단계 및 경로에 맞지 않는 학습 과제를 수행하는 것으로 규정할 수 있다. 비고츠키의 개념으로 본다면 '근접발달영역 창출'이 가능하지 않은 학습인 것이다. 발달 단계를 뛰어넘어 강요되는 선행 학습은 효과가 전혀 없다. 아동은 아직 문법과 대수를 이해할 수 없다. 혹시 이해하고 있는 것처럼 보여도 그것은 기억의 표현인 경우가 대부분이다. 나아가 강요된 선행 학습은 학습 자체에 대한 거부와 혐오를 불러일으키기 쉽다. 자신이 이해하지 못하고 잘하기 어려운 것을 반복적으로 강요받게 될 때 거부감이 만들어지는 것은 당연하기도 하다.

때때로 어린 나이에 발달 단계를 뛰어넘는 천재들이 있는 것처럼 보이기도 한다. 그러나 나중에 보면 많은 경우 평범한 사람이 된 사례들이 대부분이다. 실제로는 발달 단계를 뛰어넘은 천재가 아니라 해당 단계의 기능인 기억력이 뛰어난 경우가 대부분이다. 음악이나 바둑 등 일부 분야에서 어린 나이에 뛰어난 재능을 보이는 경우가 있긴 하지만 그것은 총체적 정신기능이 아니라 해당 영역의 닫힌 분야에 한정되는 재능이다. 비고츠키는 진정한 천재는 발달 단계를 넘은 기능을 발휘하는 것이 아니라 해당 단계의 발달 기능을 튼튼하고 풍부하게 형성할 때 탄생하는 것이라고 말한다. 즉 단계와 경로에 따라 충실한 발달을 이루고 그것을 토대로 천재가 탄생할 수 있다는 것이다. 실제로 우리가 아는 대부분의 천재는 청년기 이후에 빛을 발한 사람들이다.

어른들의 조급함과 발달에 대한 무지함으로 인해 이 땅의 많은 아이들이 광범하고 뿌리 깊은 선행 학습의 고통에 시달리고 있다. 발달 단계와 경로를 무시한 선행 학습은 발달에 전혀 도움이 되지 않으며 자칫 학습에 대한 혐오만 불러일으켜 실제로는 건강한 발달을 망치기 십상이다.

넷째, 후속 발달에 대한 기본 관점을 제시한다.

현재의 교육활동이 원활하게 수행되지 않을 때, 많은 경우 그 원인은 토대가 되는 이전 발달이 제대로 이루어지지 않았기 때문이다. 이러한 경우에 무작정 나머지 공부와 반복 학습을 강요하는 것은 거의 효과가 없다. 토대가 되는 기능의 발달을 도모하는 활동이 먼저 또는 함께 이루어져야 한다. 이럴 때는 현재 학습과 부족한 토대 기능 발달을 함께 도모하는 개별 지도가 병행될 필요가 있다. 현재 학습의 어려움을 야기하는 토대 기능 부족은 이전 시기에 연유한다. 따라서 그 원인을 정확히 파악하는 것은 쉽지 않다. 토대 기능의 결손 정도가 심하고 원인을 파악하기 어려운 경우에는 전문가의 지원이 필요하다.

다섯째, 발달의 모든 시기가 중요함을 알려준다.

발달 경로 개념은 이전 발달이 현재 발달의 토대가 되며, 현재 발달은 이후 발달의 토대가 된다는 발달의 연속성과 연결된다. 이러한 관점은 발달의 모든 시기가 항상 중요함을 알려준다. 발달 단계와 시기마다 중요한 발달 과제들이 있으며 모든 시기에 풍부한 실현을 위해 최선을 다할 필요가 있다. 한편 발달 단계와 경로에 충실한 교육과 관련해 제기되는 문제 중에 '발달의 상한선과 하한선'의 문제가 있다. 이는 해당 단계의 발달 기능에 먼저 도달한 아이들과 아직 부족한 아이들에 대한 문제다. 이미 도달한 아이들에게는 다음 단계의 선행 학습이 아니라 더 풍부하고 광범한 학습이 다음 발달에 효과적이다. 왜냐하면 발달에는 상한선이 있기 때문이다. 즉 아무리 뛰어난 아이들도 발달 단계를 뛰어넘는 발달을 이룰 수는 없다는 것이다. 아직 추상적 사고를 할 수 없는 아동기에 복잡한 개념적 사고를 발달시키는 것은 한계가 있다. 비고츠키는 "일찍이 천재로 칭송받던 아이들이 성인이 되면 대부분 평범해"지는 사실을 지적하면서 진정한 천재는 "발달 단계를 뛰어넘는 것처럼 보이는 아이들이 아니라 해당 단계에서 튼튼하고 풍부한 발달을 이루는 아이들"이라고 말한다. 해당 단계의 발달적 과제를 더욱 풍부히 하는 것은 청소년기 이후 진정한 사고 발달의 토대가 된다.

반면 하한선은 정해져 있지 않다고 할 수 있다. 이미 성취한 발달이 후퇴하는 것은 아니지만 배움과 발달이 멈춘다면 해당 시기에 요구되는 발달과 실제 발달과의 거리는 더욱 멀어질 수 있기 때문이다. 후속 발달이 제대로 이루어지지 않는다면 요구되는 학습 수준은 계속 올라가기 때문에 괴리는 필연적으로 확대된다. 후속 발달을 촉진하는 과정은 두 가지라고 생각된다. 하나는 후속 발달을 도모하는 의식적 노력으로서 교사의 지도와 발달 지원 시스템이고, 또 하나는 동료와의 원활한 상호작용이다. 동료와의 원활한 상호작용은 자연스러운 모방 및 자기 학습과 결합함으로써 알게 모르게 효과적인 후속 발달을 가져오는 과정으로 기능한다. 이러한 과정은 뛰어난 아이들에게도 동료에게 나름의 시범을 보이거나 설명하는 활동을 통해 더욱 풍부한 발달을 가져온다. 활발한 상호작용은 모두에게 도움이 된다. 다소 느린 아동의 경우 발달적 지원은 상당한 효과를 발휘할 수 있다. 발달 단계에 맞는 지원과 지도는 다소 뒤처진 것을 효과적으로 보충할 수 있다. 비고츠키는 이를 두고 발달이 늦은 아동들의 근접발달영역이 더 넓다고 말한다. 발달의 긴 여정에서 볼 때 체계적인 지원이 이루어진다면 느린 발달은 크게 문제가 되지 않는다. 적절한 지원이 이루어진다면 원활하게 쫓아갈 수 있기 때문이다. 빠른 아이들은 당연히 문제가 아니다. 빠른 아이들은 좋아하고 잘하는 것을 더 풍부하게 익힐 여유가 생기며, 자신이 먼저 익힌 것을 함께 나누면서 튼튼한 발달을 이루어 나갈 수 있다. 문제가 되는 것은 '잘못된 발달'이다. 예컨대 자기 규제가 형성되는 시기에 '떼쓰기' 방식을 잘못 익혀 굳어진 행동양식이 되어버리면 이를 바꾸는 것은 훨씬 어려운 일이 된다.

여섯째, AI 등 새로운 사안들에 대한 접근 방향과 기준을 제시한다.

최근 AI가 대두되면서 AI를 활용한 학습이 필요하다는 주장이 일고 있다. 이 주장은 중요한 어떤 것이 등장할 때마다 반복되는 '유행성 주장'의 일종이라 할 수 있다. 얼마 전에는 코딩이 중요하다면서 '코딩 교육'이 제기되었고, 그 이전에는 '융합 교육', '스토리텔링 수학' 등도 있었다. 이런 주장들 대부분에는 발달의 관점이 거의 보이지 않는다. 그 때문에 막상 도입하려니 현실적 방안이 없거나 억지로 도입하더라도 얼마 가지 못하고 유실된다. 예컨대 '스토리텔링 수학'이 예전에 초등 저학년에 도입된 적이 있었는데, 그것은 발달 경로를 벗어난 과도한 것이었다. 스토리텔링 수학은 '글로 구성된 어떤 상황(스토리)을 수학식으로 전환해 학습하는 것'이다. 혹자들은 딱딱한 숫자만 나오는 것보다 재미있는 이야기와 결합하는 것이 아이들로 하여금 수학에 재미를 느끼게 하고, 창의성도 키우는 것이 될 수 있다고 생각했던 것 같다. 하지만 실제로는 전혀 그렇지 않았다. '스토리를 수학식으로 전환하는 것'은 일종의 '전이'다. 전이란 A라는 맥락에서 알게 된 것을 B라는 다른 맥락 속에서 적용하는 역량을 의미하는데, 수학식 자체는 매우 쉬운 것이지만 막상 스토리를 수학식으로 전환하는 것은 웬만한 어른에게도 쉽지 않은 과제다. 당연히 대부분의 아동은 할 수 없는 과제였다. 발달 단계와 경로를 무시한 채 초등 저학년에 도입되었던 '스토리텔링 수학'은 교육 현장에 커다란 혼란만 남긴 채 폐기될 수밖에 없었다.

　최근 AI 활용 학습 주장도 발달 경로의 관점에서 본다면 무분별한 형태로 제기되는 것으로 보인다. AI 활용 학습 과정에서 주로 접하게 되는 디지털 자료는 종이나 사람의 말보다 자극 강도가 매우 높다. 당장은 관심을 끌 수 있을지 모르지만 그것은 아동기 발달에 매우 중요한 자발적 주의 강화에 역행한다. 왜냐하면 자발적 주의가 강화된다는 것은 한편으로 자극 강도가 낮은 종이나 사람의 말에 주의를 기울일 수 있는 역량이 커지는 것을 의미하기 때문이다. 그런데 강한 디지털 자극에 익숙해져 버리면 이후에 낮은 자극 강도에 반응하기 매우 어려워진다. 따라서 디지털 자극에 대한 노출은 적어도 아동기까지는 제한되어야 하며 청소년기 이후로 차츰 활용해 나가는 것이 타당하다.

　또한 디지털 텍스트의 내용과 성격도 고려되어야 한다. 디지털 텍스트는 대체로 짧은 문장, 단편적 내용의 성격을 지닌다. 그래서 디지털에 빨리 익숙해지면 긴 글 읽기와 깊은 사고를 하는 데 어려움을 겪는 경우가 많다. 따라서 문자 문해력이 충분히 갖추어진 이후에 디지털 텍스트를 접하는 것이 필요하다. 그런 경우 디지털과 AI는 효과적인 매체가 될 수도 있다. AI를 능동적으로 활용하는 문제는 더욱 이후의 문제다. AI를 능동적으로 활용하기 위해서는 AI가 산출하는 내용들을 스스로 판단하고 수정, 보완할 수 있어야 한다. 즉 그러한 역량을 갖출 때라야 생산적으로 활용할 수 있다. 그렇지 못하다면 AI의 활용은커녕 그에 종속되기 쉽다. AI 전문가가 되는 것은 더더욱 이후의 일이다. 전문가가 되기 위해서는 기초 원리에 대한 깊은 이해가 있어야 한다. 기초 과학의 튼튼한 토대 위에서 AI 전문가가 제대로 배출될 수 있다는 이유가 그 때문이다.

발달 경로에 대한 관점은 어떤 새로운 사안이 불거졌을 때, 그 문제에 대한 올바른 교육적 접근을 가능하게 한다. 그것이 어떤 발달 기능에 연관되며, 어떤 발달 단계 및 상황에 적절할 수 있으며, 그 결과 어떤 발달적 효과를 기대할 수 있는지에 대한 관점과 기준 속에서 문제를 바라볼 수 있기 때문이다.

2부 아동 발달과 초등교육

비고츠키교육학실천연구모임

4장

학령기 발달 개요와 초등교육 시기 구분

이 장에서는 학령기[1] 발달의 전체적 흐름을 개괄하고 초등교육 시기 구분을 다룬다. 초등교육의 시기별 발달 상황과 과제를 다루기에 앞서 전체 흐름을 개략적으로 살피는 것이 필요하다.

1. 학령기 출발의 발달적 토대

먼저 학령기가 시작되는 시점의 발달 조건을 이해할 필요가 있다. 아동이 어떤 토대 위에서 학령기 발달을 시작하는지 파악해야 하기 때문이다. 이를 위해서는 학령기 이전인 영유아 시기의 발달 과정을 개략적으로나마 살펴야 한다. 다음은 영유아 시기 발달 과정에 대한 비고츠키

---

[1] 초등교육 시기를 지칭하는 말로 '학령기'와 '아동기'가 있다. 학령기나 아동기의 의미에 대해서는 학자와 나라에 따라 용법과 시기가 다소 다르기도 하다. 비고츠키는 만 8세부터 학령기로 칭했고 핀란드는 만 7세부터 학령기가 된다. 또 어떤 학자들은 유아기까지 포함하는 더 넓은 의미로 쓰기도 한다. 이 글에서는 두 단어 모두 초등교육 시기를 가리키는 것으로 맥락에 따라 혼용해 쓰고자 한다.

논의를 표로 정리한 것이다.

< 비고츠키 영유아기 발달 과정 >

연령/ 발달 단계	기초 기능	사회적 상황	주요 심리 특징 자아 형성	발달의 중심 노선	주요 고등 정신기능
출생의 위기		생리학적 분리	감각, 정서. 행동의 미분화		
영아기 (~1세)	정서	완전한 사회적 의존 외부 세계의 발견 비언어적 관계	원시적 우리 (나=우리)	정서적 반응/ 대상 중심적 활동	
1세의 위기		말의 자각 (원시적 말 출현)	원시적 우리 붕괴		
초기 유년기 (1~3세)	지각	제한적 의사소통 (말을 배우지만 공동일반화 미숙달) 직접적 환경에 의존적	나의 구분 but 자신의 의식과 타인의 의식 동일시	말/걷기/유사 놀이(상상 결여)	초보적 사 회적 정서 (부러움, 질투, 호기 심 등)
3세의 위기		욕망과 환경의 괴리	심리적 독립 시작: 부정성, 고집		
전학령기 (3~7세)	기억	감정/환경의 괴리 수용 의사소통 확대 -> 후반부에 반응적(수용 적) 학습 가능(공동일반 화된 표상 기억에 토대)	충족되지 않는 욕망 출현(놀이)	말/ 놀이(역할극, 규칙 놀이)	자발적 주의/ 자기 규제 (형성)

표에서 보듯이 영유아기를 거치면서 아동은 기초정신기능에 있어 정서-지각-기억의 발달 과정을 거쳐 오고 있다. 가장 먼저 영아기에 정서 발달이 시작되고, 초기유년기에 지각 발달, 유아기에 해당하는 전학령기에 기억이 크게 발달하는 과정을 단계별로 경과해 온 것이다. 이에 따라 학령기 어린이는 인지적 측면에서는 비교적 성숙된 지각과 자연적 기억을 지니게 된다. 비고츠키는 이를 두고 다음과 같이 표현한다.

우리는 어린이가 작은 지성, 커다란 기억 능력, 심지어 거대한 지각 능력을 지녔다고 말할 수 있습니다. (비고츠키, 『의식과 숙달』, 살림터, 2017, 241쪽)

아직 생각은 미약하지만, 초기유년기부터 먼저 발달한 지각은 상당히 발달했으며 유아기에 발달하기 시작한 기억은 제법 발달한 상태라는 것이다. 꽤 발달한 지각과 기억은 인지적 측면으로 볼 때 학령기 발달의 출발점이자 토대가 된다.

한편 이미 어느 정도 발달한 정서, 지각, 기억 등의 기초정신기능들은 자연적 상태에 머물지 않고 문화적으로 채색되어 왔다는 사실을 감안하는 것도 중요하다. 정서는 본능적 정서에 그치지 않고 부러움, 자부심 같은 초보적인 사회적 정서로 발전해 왔으며, 지각과 기억은 말을 배우면서 조금씩 언어화되고 문화화되기 시작한 상태다. 아동은 '이것', '저것'과 같은 지시적 언어를 사용할 수 있으며, 언어를 사용해 지각한 상황을 나름대로 표현할 수 있다. 유아기에 빠르게 발달해 온 기억을 토대로 한 급속한 어휘 증가를 관찰할 수 있다.

유아기에 아동은 그러한 정신기능 발달의 조건 속에서 성인과의 상호작용 및 놀이를 통해 중요한 고등정신기능인 '자발적 주의'와 '자기 규제' 기능을 조금씩 형성해 나간다. 놀이는 유아기 때 자발적 주의와 자기 규제 기능을 형성하는 가장 중요한 활동이다. 예컨대 숨바꼭질하는 아이는 제법 오랜 시간 어딘가에 자기 몸을 가만히 두는 행동을 하게 되는데 이는 평소보다 훨씬 높은 수준에서 활동에 대한 집중력과 자기 행동에 대한 통제력을 발휘하는 것이다.

유아기에 일정하게 형성된 자발적 주의와 자기 규제는 아동기 학교 학습의 전제가 된다. 물론 이러한 기능은 아직 충분히 성숙되지 않았으며 여전히 미약하다. 본격적 성숙은 학령기부터다. 이러한 발달적 조건 속에서 아동은 학령기 발달을 시작한다.

2. 학령기는 생각 발달의 힘을 키우는 시기

학령기는 이미 어느 정도 성숙한 지각과 기억을 토대로 생각이 자라나는 시기다. 비고츠키는 학령기가 기본적 생각 기능이 가장 빠르고 집중적으로 발달하는 시기라고 말한다.

> 학령기에 지성은 최대로 발달합니다. 기억이나 지각은 더 이상 그렇지 않습니다. 인간의 기본적 생각 기능을 숙달하기 위한 지적 기능 자체의 발달 최적기는 학령기입니다. 학령기는 정신 발달이 집중적으로 일어나는 연령기이며, 비유적으로 말하자면 지적 기능과 어린이 생각이 의식 활동의 중심이 되는 연령기입니다. (같은 책, 241쪽)

그렇지만 학령기 생각 발달을 이해할 때 유의해야 할 점이 있다. 우선, 생각을 위한 기능들이 발달한다는 것이지, 생각을 잘한다는 것은 아직 아니라는 것이다.

> 물론 이것은 조건적으로 이해되어야 합니다. 첫째, '되었다'가 아니라 '된다'는 말을 강조할 필요가 있습니다. … 따라서 지성은 처음에는 어린이 의식 활동에서 가장 강력하고 지배적인 계기가 아닙니다. (같은 책, 241쪽)

또 하나 유의할 점은 생각의 형태, 방식에서 어린이의 생각은 어른과는 다르다는 사실이다. 어린이의 생각 형태는 시각적, 경험적 사고로서 눈에 보이는 것, 자신의 경험에 지배받는 사고다. 어린이는 아직 성인과 같은 추상적, 개념적 사고에는 이르지 못한다. 또한 자신의 생각을 의식하지 못하는 '비의식적 생각'이다. 자신의 생각을 의식하면서 추상적, 개념적 생각으로 나아가는 것은 청소년기부터 비로소 시작된다.

> 피아제가 말하듯이 어린이에게는 자신의 생각에 대한 자각 행위가 전혀 없습니다. 즉 어린이는 학령기에 생각을 하고 복잡한 생각 조작을 할 수 있지만 자신의 생각을 의식적으로 파악하지 못하며 … 자신의 생각에 대한 자각 행위를 가지고 있지 않습니다. (같은 책, 268쪽)

아직 생각을 잘하는 것이 아니고, 생각의 형태도 다르다는 사실은 초등교육에서 무엇을 의미하는가? 그것은 생각 발달을 위한 토대를 갖추는 것에 초점을 두어야지, 아직 하기 어려운 생각을 전제로 하는 학습을 강요해서는 안 되며, 어른과 같은 방식의 생각을 기대하는 것도 위험하다는 것이다. 그런 학습은 효과적이지 않을 뿐 아니라 오히려 학습에 대한 싫증과 혐오를 낳기 쉽다.

인간은 자신이 잘하지 못하는 일을 강제 받는 상황을 멀리하기 마련이다. 더군다나 어떤 활동을 잘 수행함으로써 성취감을 느끼고 싶어 하는 아동기에는 더 큰 스트레스와 거부감을 불러온다. 생각 발달은 학령기만이 아니라 청소년 나아가 성인기까지 이어지는 기나긴 과정으로 전개된다. 학령기는 생각 발달의 초반부로서 '생각 발달의 힘'을 키우는 시기로 보는 것이 적절하다.

생각 발달의 힘과 관련하여 비고츠키는 학령기에 있어 '기본적인 생각 기능을 숙달하기 위한 지적 기능들'을 강조한다. 그러한 지적 기능에는 '자발적 주의', '문화적 기억', '의식적 파악'이 있으며, 그 모든 기능들을 관통하는 축으로 언어 발달이 있다. 이들이 바로 아동기에 발달하는 '기본적인 생각 기능'의 핵심이다. 이 기능들은 서로 연결되며 순서 및 경로가 있다. 우선하는 것이 '자발적 주의'다.

> 학령기 초기 단계에 가장 먼저 성숙하는 것은 자발적 주의입니다. (같은 책, 247쪽)

그다음은 '문화적 기억'이다.

> 기계적, 초보적, 비매개적 형태의 기억이 학령기에 이르러 다른 형태의 기억에 자리를 내어 주는 것은 당연한 것입니다. 이 새로운 형태의 기억은 무엇보다 말로 된 언어적 기억이라는 사실로 특징지어집니다. 어린이는 사태 자체를, 인상 자체를 기억할 뿐 아니라, 그 인상과 사태를 낱말로 기록합니다. 이와 동시에 그 기억은 기억되거나 동화된 재료의 다양한 부분들 사이에 존재하는 의존성과 연결을 확립함으로써 주로 형성되는 논리적 기억과 점점 더 연결됩니다. (같은 책, 252~253쪽)

자발적 주의와 문화적 기억 이 두 가지가 인지적 측면에서 학령기 발달의 중심을 이룬다.

> 학령기 어린이에게 있어 발달의 초점은 저차적 형태의 주의와 기억으로부터 자발적 주의와 논리적 기억으로의 전이다. (비고츠키, 『생각과 말』, 살림터, 2011, 419쪽)
>
> 우리는 주의와 기억의 영역에서 초등학생들이 의식적 파악과 자발적 행동의 가능성을 나타내는 것을 볼 뿐 아니라 이 능력의 발달이 바로 전체 학령기의 주요 본질을 형성함을 본다. (같은 책, 420쪽)

자발적 주의와 문화적 기억은 주의와 기억 자체를 발달시킬 뿐 아니라 지성화 즉 생각 기능을 발달시키는 것으로 연결된다.

이 연령기의 기본 기능들은 지성화됩니다. 달리 말해 의식적으로 파악하고 이해하는 것입니다. 어린이는 기본 기능들에 의식적으로, 지적으로 다가가기 시작합니다. 즉 어린이는 자신이 수행하는 활동을 이해합니다. (비고츠키, 『의식과 숙달』, 살림터, 2017, 244쪽)

자발적 주의와 문화적 기억이 학령기 생각 기능 발달로 나아간다는 점에 대해서는 좀 더 설명이 필요하다. 여기서 비고츠키가 말하는 생각 기능은 의식성, 의도성에 초점을 맞춘다. 자발적 주의와 문화적 기억은 자신이 행하는 지각과 주의, 기억 활동을 의식하고 이해하는 것과 연결된다. 그것을 의식할 수 있어야만 스스로 조절할 수 있기 때문이다.

학령기에 기억, 주의, 상상에 일어나는 일을 일반적 형태로 말할 때 가장 중요한 사실은 이들이 모두 지성화되고 의식화되어 의식적 주의, 의식적 기억 등이 된다는 것입니다. 이들은 의식화되는 만큼, 지성화되는 만큼, 고유한 특성을 획득하는 만큼, 바로 의지적이 됩니다. (같은 책, 244쪽)

자신의 주의, 기억을 의식하면서 어떤 의지를 갖고 수행한다는 것은 그 자체로서 하나의 생각 활동이라고 할 수 있다. 또한 동시에 여러 가지 '생각 활동'을 수반한다. 예컨대 자발적 주의는 "선생님 말씀을 잘 들어야지"하는 생각을 전제로 하며, 말씀을 들으면서 이런저런 연상, 상상도 하게 된다. 문화적 기억도 마찬가지다. 기억을 잘하려고 애를 쓰거나 혹은 들었거나 봤던 것을 끄집어내려 할 때는 필수적으로 생각 활동이 수반된다. 스스로 이해한 것은 훨씬 기억이 잘 된다. 이렇게 자발적 주의, 문화적 기억이 발달하는 과정은 지각, 주의, 기억을 의식하면서 생각 발달의 힘이 강해지는 과정이 된다. 다시 말해 아동기 생각 발달은 지각, 주의, 기억과 동떨어진 별도의 것이 아니라 지각, 주의, 기억을 통해 발달하는 생각이다. 지각, 주의, 기억을 통해 발달하는 생각, 그것이 곧 시각적, 경험적 생각을 특징으로 하는 아동기 생각의 기본 특징이다. 비고츠키는 다음과 같이 강조한다.

> 후속하는 모든 연령기에서 새로운 기능은 앞선 기능들을 통해서만 발달하고 지배적인 위치를 점하기 시작합니다. (비고츠키, 『성장과 분화』, 살림터, 2015, 215쪽)

그런데 주의, 기억은 눈에 보이거나 직접 경험하는 것에 대한 정신 활동이다. 이렇게 눈에 보이거나 직접 경험하는 것을 의식하는 것이 먼저 이루어지고 눈에 보이지 않는 생각을 의식하는 것은 나중에 이루어진다. 아동기를 거치는 거의 내내 어린이는 자발적 주의, 문화적 기억 발달을 통해 지각, 주의와 기억에 대해 의식하고 조절하는 정신 활동을 수행한다. 그리고 마침내 학령기 말에 '생각에 대한 의식적 파악'에 비로소 도달한다. 학령기 후반에 형성되는 '생각에 대한 의식적 파악'은 이후 개념적 사고 발달의 관문을 연다.

> 후기 학령기에 이르러 대수와 학교 개념에서 의식적으로 파악되고 이들 영역에서 자유롭고 의지적인 행위가 일어나는 것입니다. (비고츠키, 『의식과 숙달』, 살림터, 2017, 295쪽)

이렇게 학령기에 가장 먼저 '자발적 주의'가 발달하고, 이후 '문화적 기억'을 풍부하게 발달시키면서 후반부에 '생각에 대한 의식적 파악'에 이르게 됨으로써 아동은 청소년기 이후 본격적인 개념적 사고 발달 획득을 위한 '힘'을 갖게 되는 것이다.

아동기에 발달하는 '생각 발달의 힘'과 관련되어 '생각 기능'과 다른 차원에서 강조되어야 할 중요한 부분이 있다. 바로 '말'이다. 언어는 생각의 수단이자 재료가 된다. 아동기에 많은 어휘를 획득하고, 어휘를 이해하는 것은 생각의 토대를 기르는 가장 중요한 과정이다. 학령기는 일생 중 어휘가 가장 빠르게 확대되는 시기이기도 하다. 비고츠키는 말 발달이 인간 발달을 이끄는 가장 중요한 축이라고 말한다. 앞서 언급한 여러 기능들 - 자발적 주의, 문화적 기억, 의식적 파악 - 의 발달도 말 발달과 결합한다. 언어는 집중해야 할 대상을 지정하며, 인간은 언어를 매개로 무언가를 기억한다. 의식적 파악이란 결국 어떤 언어적 개념을 마음속에 떠올리는 것이다. 비고츠키는 생각 발달이 말 발달로부터 온다는 점을 강조한다.

최근 상황과 관련, 아동기의 '생각 발달의 힘'으로서 '말'과 관련 특히 강조되어야 할 지점은 '어휘'와 '쓰기'다. 최근 아이들의 어휘가 줄어들고 쓰기가 도외시되는 현상이 나타나고 있다. 성인과의 상호작용이 감소하고 생각 발달에 호의적이지 않은 디지털 환경의 영향도 있는 것으로 보인다. 어휘는 생각의 기본 재료이며, 쓰기는 생각의 훈련 과정이다. 보다 풍부한 어휘와 쓰기를 포함한 말 발달을 아동기 발달의 중심적 과정으로 새롭게 강조해야 한다.

3. 학령기의 핵심적 발달 기능

인간 발달은 매우 심오하고 복잡한 것이지만 핵심적인 것들을 파악하는 것이 필요하다. 그럴 때 발달을 위한 노력과 실천이 보다 명확한 목표와 방향을 가질 수 있기 때문이다. 아동기에 발달해야 할 핵심적 발달 기능은 다음의 5가지로 요약된다고 할 수 있다.

- 자기 규제
- 자발적 주의
- 문화적 기억
- 의식적 파악(메타인지)
- 사회정서적 역량

이 다섯 가지는 앞서 언급한 학령기 생각 발달을 이끄는 '자발적 주의', '문화적 기억', '의식적 파악'의 세 가지 기능에 '자기 규제'와 '사회적 정서'를 더한 것이다. '자기 규제'와 '사회적 정서'는 타인들과 함께 살아가고 긍정적으로 상호작용하기 위해 필수적으로 요청되는 발달 기능, 역량이다. 가지 수는 많지 않지만, 여기에는 개념적 사고를 제외하고 1장에서 다룬 발달적 의미가 큰 핵심적 고등정신기능 대부분이 포함된다. 그야말로 핵심적 고등정신기능의 상당 부분이 아동기에 형성된다고 할 수 있다. 아동기까지의 발달을 토대로 인간은 청소년기부터 개념적 사고 발달을 축으로 주체적 인간이 되기 위한 발달을 이어간다.

아동기에 강화되거나 새롭게 형성되는 핵심적 발달 기능들은 모두 학업 및 아동의 원활한 삶과 직결된다. 자기 규제와 자발적 주의는 교수-학습의 전제 기능이며, 문화적 기억은 교수-학습의 주된 내용이자 결과다. 학령기 말에 형성되는 의식적 파악은 개념적 사고 발달을 가능하게 하는 다리가 된다. 유아기부터 형성되기 시작하는 사회정서적 역량은 아동기 내내 확대, 강화되어 원활하고 호의적인 교육 관계 및 공동체 생활을 영위할 수 있게 한다. 이 모든 고등정신기능들의 발달은 총체적으로 아동의 자아 형성 과정으로 모인다. 물론 아동기까지의 자아는 아직 성인과 같은 독립적, 주체적 인격과 세계관을 지닌 자아는 아니다. 아동기까지는 여전히 양육자와 외부에 의존적이며, 아직 개념적 사고에 바탕한 스스로의 가치관과 세계관을 형성한 것이 아니다. 그럼에도 아동은 이 시기에 자신과 세상에 대한 이해를 넓히면서 이후 주체적 인간이 되기 위한 토대를 구축해 나간다. 핀란드의 경우 초등학교 시기 교육 목표가 저학년은 '학생 되기', 중고학년의 경우 '학습자로 발전하기'인데, 이는 이 시기 아동의 자아 형성의 초점에 학교라는 새로운 환경에의 적응과 학습을 통한 발달을 두고 있음을 보여준다.

다음은 비고츠키의 학령기 발달의 주요 특성을 정리한 표다.

〈 비고츠키 학령기 발달 〉

연령/ 발달 단계	기초 기능	사회적 상황	주요 심리 특징 자아 형성	발달의 중심 노선	주요 고등정신 기능
7세의 위기		체험의 의미화 시작	원시적 자아(자기애의 시작): , 외적 행동/내적 느낌 분화(~척하기), 자기 규제의 수용		
학령기 (8~12세)	생각	• 학교학습 : 환경(세계)에 대한 지식, 정보의 확대, 교사 및 동료로 사회적 관계 확대 • 환경에 대한 능동성 확대 • 자기 심리의 공동일반화 시작 – 의사소통의 확대	• 자기 존중 강화 • 환경에 대한 능동성 확대 지각과 기억에 대한 의지적 조절 • 사회정서 발달 : 존중, 공감, 배려 등	학교에서의 학습 말하기, 쓰기 생각하기 신체 및 미술, 음악 활동	자발적 주의/ 자기 규제(성숙), 문화적 기억 의식적 파악
13세의 위기		교사→동료와의 관계로 중심 이동	자아의 분열(심리적 독립, 인지적 의존)		

표에 요약된 지금까지의 논의를 간략히 정리하면 다음과 같다. 유아기를 거치면서 초보적으로 형성되었던 자기 규제와 자발적 주의 기능은

학령기에 성숙해 나간다. 더욱 성숙해지는 자기 규제와 자발적 주의는 본격적이고 체계적인 교과 학습의 조건이 된다. 그리고 본격적인 학교 학습을 통해 세상에 대한 이해가 확대되며 문화적 기억이 크게 발달해 나간다.

이러한 과정을 통해 생각 발달의 힘이 강해지고 학령기 말에는 내면의 생각을 파악하는 의식적 파악(메타인지) 기능이 형성된다. 한편 학교에서의 공동체 생활과 동료와의 상호작용을 통해 사회적 규범이 형성되고 사회적 정서가 한층 발달해 나간다. 또한 인지적 발달과 사회적 발달의 종합으로서 아동은 초등 시기 자아 발달의 기초를 다져 나간다. 자기 인식이 강화되고, 자존감을 형성해 나간다.

아동기 여러 정신기능의 발달과 그를 통한 '생각 발달의 힘' 성장은 이후 개념적 사고 발달과 인격과 세계관 형성의 토대가 된다. 아동기 발달이 튼튼할수록 청소년기 이후 본격적이고 체계적인 개념적 사고 발달과 인격 형성이 풍부하게 꽃필 수 있다.

4. 초등교육 시기 구분

학제와 발달 단계

학제에서의 학교 급별과 발달론에서의 발달 단계는 대체로 조응한다. 유아기는 유치원, 아동기는 초등학교, 청소년기는 중고등학교에 대체로 연동된다. 그것은 급별에 따라 달라지는 교육 수준이 기본적으로 아이들의 발달 조건을 반영할 수밖에 없기 때문이다. 초등교육은 발달 단계에 있어 아동기에 해당한다. 그런데 엄밀하게 본다면 발달론에서의 아동기와 초등교육이 행해지는 시기는 일치하지 않는다. 다음은 일반 학제와 비고츠키, 피아제의 발달 단계를 비교한 것이다.

〈 일반 학제 / 비고츠키 / 피아제 발달 단계 시기 비교 〉

일반 학제	영아기 0~2		유치원 3~5		초등학교 6~11		중고등학교 12~17
비고 츠키	영아기 0~1	초기 유년기	전학령기 3~7	7세 위기	학령기 8~12	13세 위기	청소년기 14~18
피아제	감각운동기 0~2		전조작기 2~7		구체적 조작기 7~11		형식적 조작기 11~

(*숫자는 만 연령. 그리고 비고츠키 연령 구분에서 음영 부분은 이행기를 나타냄)

표를 보면 일반 학제의 연령기와 비고츠키, 피아제의 발달 단계가 대체로 조응하지만, 어긋나는 부분이 일부 있다. 바로 초등학교 시작 부분이다. 우리나라 학제에서는 만 6세에 초등학교에 입학하지만 비고츠키는 만 8세, 피아제는 만 7세부터 아동기로 규정하고 있다. 다시 말해 초등 저학년은 발달론에 따르면 아직 유아기 후반에 해당하는 시기인 것이다.

실제로 모든 나라가 만 6세에 입학하는 것은 아니다. 비고츠키가 활동한 러시아는 만 8세에 초등학교에 입학[2]하며, 핀란드는 만 7세가 초등 입학 연령이다. 그러나 우리나라를 포함해 많은 나라에서는 만 6세에 입학을 한다. 왜 그럴까? 그것이 가능한 것은 만 6세가 발달적으로는 아직 유아기이지만 그때쯤 되면 대체로 '반응적 학습'이 가능해지기 때문이다.

반응적 학습이란 자기가 하고 싶은 것만 하는 '자생적 학습'에 대비되는 개념으로 교사의 요청, 지도에 부응하여 어떤 활동을 할 수 있음을 의미한다. 즉 본격적인 교과 학습은 아직 어렵지만 낮은 수준의 교육적 프로그램을 수행하는 것이 가능하다는 것이다. 그 이전까지 아동은 오

---

2 대신 초등교육 기간이 4년이다.

직 자기가 하고 싶은 활동만 할 수 있다. 결국 이 무렵 반응적 학습이 가능하다는 것을 경험적으로 겪으면서 많은 나라에서 만 6세에 초등학교에 입학하는 관례가 형성되었다고 할 수 있다. 그러나 유의해야 할 점은 여전히 이 시기는 발달적으로는 아직 유아기로서 본격적 교과 학습을 하기에는 무리가 따른다는 사실이다. 이 점은 초등 저학년 시기를 올바로 인식하는 데 있어 매우 중요한 시사점을 준다. 즉 아직 본격적 학령기가 아니며 여전히 유아적 특성이 지배적인 시기라는 점이다. 초등 저학년이 유아적 특성을 고려한 교육활동이 되어야 하는 이유가 여기에 있다.

또 하나의 중요한 지점은 초등 고학년에서 나타나는 시대적 변화와 관련된 현상이다. 발달론에서의 청소년기와 학제의 중등학교 시기는 기본적으로 일치하지만 현대 사회에 접어들면서 청소년 진입 시기가 빨라지고 있다는 것이다. 비고츠키는 청소년으로의 이행 시기를 '13세의 위기'로 표현한 바 있다. 이는 당시에 만 13세 전후로 다수의 아이들이 청소년기에 진입하기 시작했었다는 점을 보여준다. 그러나 여러 관찰과 보고에 의하면 현대 사회에 접어들면서 최근 청소년 진입 시기는 100년 전보다 약 2년 정도 빨라졌다고 한다.

> 오늘날 청소년들은 사춘기의 조기 발현이란 문제를 겪고 있는데, 그들의 유년기는 그 부모에 비해 평균 2년 정도 짧아졌다. (Karen J. Gilmore & Pamela Meersand, 『아동청소년 정신 발달』, 학지사, 2018, 222쪽)

즉 이제는 초등 고학년 시기부터 상당수의 아이들이 청소년기로 진입하고 있다는 말이다. 이러한 사실은 이미 교육 현장의 경험과 현실에서 확인되고 있다.

살펴본 것처럼 발달론에 비추어 본다면 아이들은 아직 유아기를 벗어나지 않은 시기에 초등학교에 입학하고, 미처 졸업하기 전에 청소년기에 진입하는 현상이 나타나고 있다. 그 때문에 초등 저학년은 유아기적 특성을 고려해야 하며, 고학년에서는 청소년기에 진입하기 시작한 아이들이 상당수 있다는 조건을 감안해야 한다.

초등교육 시기 구분

초등교육은 전체로서 하나의 급별을 이루는 교육 단계이지만 발달적 특성에 따라 좀 더 세부적인 시기 구분이 가능하며 또한 필요하다. 앞서 언급한 지점들을 감안하면서 발달 특성 및 그에 따른 교육 과제에 따라 초등교육을 크게 저학년-중학년-고학년 3개의 시기로 구분하는 것이 적절하다고 할 수 있다.

유아기의 특성을 지닌 초등 저학년

초등 저학년은 발달적으로는 본격적 '학령기'가 아닌 아직 '유아기'에 해당하는 시기로, 초등 1~2학년이 해당한다. 초등 저학년은 아직 유아기적 특성이 많이 남아 있고 본격적 교과 학습을 하기에 자기 규제 및 자발적 주의가 부족하다는 점을 고려해야 한다. 그러나 '학교 입학'은 그 자체로 아동 발달을 규정하는 매우 중대한 계기다. 학교라는 사회적, 집단적 활동이 시작되고, 외부로부터 주어지는 교수-학습에 대한 반응적 학습이 시작된다. 따라서 '학령기'의 특성 또한 일정하게 지니게 되는 것으로 볼 수 있다. 그래서 초등 저학년은 유아기적 특성과 학령기적 특성을 함께 지니고 있음을 고려하는 것이 필요하다. 내적 인지 발달은 주로 유아기적 특성, 사회적 상황 및 외적 과정은 학령기적 특성을 주로 고려하는 것이 적절할 것이다.

본격적 학령기인 중학년

초등 3학년 이후는 본격적 학령기에 해당하는 시기다. 발달론에서의 학령기와 일치하는 시기로서 심리적, 인지적, 신체적으로 가장 안정적이며 전형적인 학령기적 특성이 나타난다. 이 시기 아동은 초등 저학년 때까지 형성된 자기 규제 및 자발적 주의 기능을 토대로 본격적인 교과 학습을 진행한다. 세상에 대한 충만한 호기심이 표현되며, 이는 교과 학습의 주요 동력이 된다. 안정적 아동기로서 이러한 안정성은 대체로 초등 5학년 1학기 정도까지 지속되는 것으로 보인다. 그러나 5학년 2학기 정도부터 청소년 진입기에 들어서는 일부 아동들이 생기면서 학급 분위기가 변화하기 시작한다는 교육 현장 보고들이 많다.

청소년 진입 아동이 나타나는 고학년

이 시기는 청소년기 진입의 특성을 함께 고려해야 하는 시기다. 시대가 변화함에 따라 예전보다 성적 성숙(월경, 몽정의 시작)의 시기가 빨라지게 된다. 초등 5학년부터 변화가 나타나고 6학년에 이르면 상당수의 아이들이 청소년 진입기에 들어서게 된다. 신체 성장과 변화를 겪으며 성적 문제에 관심을 나타내는 학생들이 많아지면서 전반적인 분위기가 이전 시기와 많이 달라진다. 그렇지만 한편으로 여전히 일부 아이들은 아직 청소년기에 진입하지 않은 상태이기도 하다. 즉 이 시기 아동 집단은 아동기적 특성과 청소년 진입의 특성이 함께 혼재되어 있다. 따라서 이 두 가지 특성이 혼재되어 있다는 사실을 고려하는 교육 방향이 필요하다.

5장

초등 저학년의 특성과 발달 과제

1. 시기적 특성 : 학교로 간 유아

초등 저학년의 가장 중요한 시기적 특성은 아직 유아기적 특성이 많은 어린이들에게 학교 입학으로 인한 학령기 환경이 부여된다는 것이다. 이는 어린이에게 닥친 변화가 매우 크기 때문에 쉽고 빠르게 적응하기에 만만치 않은 과제가 될 수 있음을 의미한다. 또한 당장의 조급한 학습보다 이후 학습을 위한 토대를 튼튼히 쌓는 것에 주력해야 하는 시기임을 의미한다. 학교에 입학은 했지만, 아직 유아기에 놓여 있는 어린이들은 미처 본격적 교과 학습을 위한 발달적 조건들이 제대로 형성되어 있지 않은 상태다.

이 시기 아동은 무엇을 어떻게 해야 할까? 우선은 학교라는 새로운 공간, 새로운 생활에 안정적으로 잘 적응하는 것이 필요하다. 특히 교사 및 친구들과의 긍정적이고 호의적 관계 맺기가 중요하다. 이후 본격적인 교과 학습을 위한 준비가 이루어져야 한다. 한편으로는 자기 규제와 자발적 주의 기능이 발달, 강화되어야 하고 또 한편으로는 문자 및 수리의 기초를 터득해 가야 한다. 그래야 이후 본격적인 교과 학습을 원활하게 잘 수행할 수 있다. 이 시기를 거치면서 어린이는 유아에서 아동으로 본격적으로 발달해 나간다.

학교라는 새로운 세상

비고츠키는 인간 발달이 내적인 심리적, 인지적 변화와 외적인 사회적 상황이 만나면서 이루어진다고 봤다. 학교 입학은 어린이에게 있어 삶의 근본적 변화를 야기하는 엄청난 사건이다. 새로운 공간과 사회적 관계, 활동에 적응해야 하며, 이는 어린이에게 새로운 심리와 행동을 발달시킬 것을 요청한다.

사회적 상호작용 증대

학교에 입학함으로써 아동은 공식적인 사회적 소속이 생기고 새로운 사회적 관계가 형성된다. 유치원이나 어린이집 시기에 비해 교사와의 관계, 또래 관계가 새로운 수준에서 변화, 확대된다. 놀이는 여전히 어린이에게 매우 중요하다. 또래 관계를 기초로 한 놀이가 지속되며 연합, 협동, 사회극 놀이 등 놀이의 수준이 이전 시기에 비해 상승한다. 이 모든 것은 어린이에게 사회적 상호작용의 양적 증대, 질적 변화를 의미한다. 사회적 상호작용이 증대함에 따라 사회성이 함양되며, 사회성 발달은 심리적 안정감과 학업 수행에도 영향을 준다.

공동체 윤리 발달의 시작

학교 입학은 학교라는 공동체 속에서 익혀야 할 규칙, 규범을 새롭게 요청하는데, 이 시기는 아동이 나름의 윤리적 지침을 처음으로 형성해 나가는 시기다.

전학령기에 이르러 최초로 어린이의 내적인 윤리적 선례들이 생기고 윤리적 지침이 형태를 갖춥니다. (비고츠키, 『의식과 숙달』, 살림터, 2017, 192쪽)

비고츠키는 윤리적 발달에서 성인의 역할과 그리고 언어의 중요성을 특별히 강조한다.

비고츠키식 접근에서 도덕성 발달은 정신 간 기능의 국면을 거쳐 고등정신기능을 내면화하는 것이다. … 도덕 경험과 언어의 관련성을 고찰하는 가운데 중요한 또 하나의 사실은, '언어의 기능이 어떤 일련의 사건들에 도덕적 의미를 부여한다는 것이다'(Tappan & Brown, 1989, p. 188). '언어는 그 사회의 문화, 가치체계를 함유하는 사회적 산물이기에 언어로 표현함으로써 도덕 발달을 이룬다는 것은 사회·문화적 맥락을 떠나서는 생각할 수가 없는 것이다. 그러므로 근접발달영역 내에서의 도덕성 발달은 언어를 매개로 하여 부모와 교사 그리고 다른 유능한 동료의 안내된 인도와 참여를 통한 일련의 상호작용의 맥락 안에서 일어날 수 있다(Tappan, 1998, p. 152). 따라서 비고츠키식 접근에서의 도덕교육은 아동들이 고등정신기능에 이르기 위해서 그들의 부모와 교사 그리고 더 유능한 동년배에 의해 도움을 받게 되는 안내된 참여의 과정을 통해 근접발달영역을 만드는 것이라 할 수 있다. (최미옥, '비고츠키의 발달이론에 비추어 본 언어와 도덕성 발달의 관계', 2004)

이 시기 도덕성 발달에서 유념해야 할 부분은 아직은 충분한 이해에 기초한 자율적 도덕성 형성이 아니라는 점이다. '자율적 도덕성'은 한참 이후의 발달 과정에서 가능하다. 비고츠키는 타인의 규제와 행동이 먼저

이고 이해와 자율적 규제는 나중에 일어난다고 봤다.[3] 일반 발달심리학에서도 같은 입장을 취한다.

> 이 단계는 구체적 조작기와 맞물려 등장하게 된다. 약 5~10세 아동이 이에 속하는데, '타율적'이라는 용어에서 알 수 있듯이 이 시기에는 권위 있는 성인에게 복종하는 것이 좋은 것이라는 신념을 가지고 행동한다.
> (송현주 외, 『최신발달심리학』, 사회평론아카데미, 2020, 360쪽)

교육 프로그램이라는 새로운 활동

학교에서 행해지는 가장 주된 활동은 체계적 교수-학습이다. 그렇지만 초등 저학년 시기 아동은 아직 본격적인 교과 학습을 수행할 수 있는 토대가 충분히 갖추어 있지 않다. 그럼에도 이 시기 어린이들이 교사의 지도 속에서 주어진 교육 프로그램에 참여할 수 있는 것은 반응적 학습이 가능하기 때문이다. 반응적 학습이 가능한 이유에 대해 비고츠키는 "말 발달에 의해 타인과의 의사소통 및 표상화가 가능"[4]하기 때문이라고 말한다. 간단히 말하면 말로 하는 의사소통이 가능하기 때문이라는 것이다. 즉 교사의 말을 알아듣고 자기 의사를 표현할 수 있다는 의미다.

반응적 학습이 가능하다고 해서 본격적인 교과 학습을 원활하게 수행할 수 있다는 것은 아니다. 초등 저학년 시기 수행해야 할 교수-학습 형태는 본격적인 교과 학습이 아니라 그 이전에 갖추어야 할 자발적 주의, 자기 규제, 기억 향상을 위한 다양한 활동이다. 그리고 기초적 문해

---

3   피아제, 콜버그도 이 문제에 대해 유사한 입장을 취한다. 피아제는 이 시기를 '타율적 도덕성' 형성 단계로 봤으며, 콜버그의 도덕성 발달 단계에서는 '인습적 도덕'의 초기 단계에 해당한다. 도덕성 발달 단계에 대한 비고츠키, 피아제, 콜버그 3인의 견해에 있어 기본 틀은 거의 비슷하며, '인지적 발달'이 중요한 역할을 한다는 것도 공통적이다.
4   비고츠키, 『의식과 숙달』, 살림터, 2017, 190~191쪽

와 수리 익히기다.

비록 본격적 교과 학습이 아니라 하더라도 정해진 시간, 주어진 활동 프로그램을 몰입해서 수행하는 것은 저학년 아동에게 쉬운 것만은 아니다. 활동 수행에 어려움을 겪거나, 금방 싫증이 날 수도 있고, 이내 관심이 다른 곳으로 향하기도 한다. 이와 관련해 두 가지가 중요하게 고려되어야 한다. 하나는 이러한 교육활동을 수행하는 과정을 통해 아동들의 발달 기능이 점차 강화되어 가야 하며, 또 하나는 활동 수행 과정이 아동에게 긍정적으로 다가가야 한다는 것이다. 긍정적으로 다가간다는 것은 한편으로 흥미, 관심을 동반해야 한다는 것뿐 아니라 그 활동을 통해 자신의 역량이 성장, 발달하고 있다는 효능감을 느낄 수 있다는 것을 의미한다. 교육활동에 지속적으로, 원활하게 참여하며 실제 효능감을 느낄 때 긍정적 자아감도 형성될 수 있다.

선생님 말씀에 주의를 기울일 수 있어요

초등 저학년은 자연적 기억 발달이 지속되는 가운데, 자발적 주의와 자기 규제 발달의 최적기가 되는 시기다.

자연적 기억 발달의 지속

유아기(전학령기)는 자연적 기억이 빠르게 발달하는 시기인데, 아직 유아기 후반부에 놓여 있는 초등 저학년 시기에도 자연적 기억 발달은 여전히 지속된다.

> 기억이 지배적인 위치를 점하기 시작하며, 어린이의 다른 모든 기능들이 … 기억과 관련하여 종속적이고 의존적인 위치에서 작용 … 심지어 지각 자체도 기억에 종속됩니다. (비고츠키, 『성장과 분화』, 2015, 살림터,

213쪽)

　어린이의 기능 체계에서 중심적 역할을 차지하는 것이 그의 직접적 경험의 축적 및 가공과 연결된 기능, 즉 기억 (비고츠키, 『의식과 숙달』, 살림터, 2017, 188쪽)

　기억이 발달하는 중이지만 저학년 어린이의 기억은 아직 연약하다. 잘 잊어버리며, 기억하더라도 정확하지 않다. 따라서 기억이 연약하다는 사실을 고려해야 하며, 기억력 강화를 위한 교육활동 전략이 필요하다. 핀란드의 경우 초등 저학년에서 기억력 강화는 주요한 교육 과제 중 하나다.

　학생들은 함께 작업하고, 독립적이며, 자신의 학교 과제에 대한 책임을 지도록 안내됩니다. 언어적, 사회적, 운동적 기능과 기억력의 발달과 각 개인의 발달 리듬에 특별한 주의를 기울입니다. (핀란드 교육부, 〈2014 기본교육과정〉 1-2학년 교육 목표 중)

　자연적 기억 발달을 토대로 아동의 기억 형태는 점차 언어적 기억으로 이동해 나간다. 본격적 교과 학습은 아직 어렵지만 이 시기 다양한 교육활동과 적절한 수준의 학습은 아동의 언어적 기억 발달에 도움이 된다.

자발적 주의와 자기 규제(자기 조절) 발달의 적기
　'자발적 주의'와 '자기 규제'는 원활한 학교생활과 이후 본격적 학습을 가능하게 하는 가장 중요한 기능이다. 그렇지만 이 시기 어린이들은 아직 이러한 기능들이 미약하다.

자발적 주의가 학령기 초기[5]에는 매우 미약하다는 것입니다. … 사실 어떤 의미에서 전학령기에 교수-학습이 불가능한 것은 일차적으로 전학령기 어린이에게 자발적 주의가 불가능하기 때문 … 한편으로 학령기 어린이의 주의는 처음에는 매우 미약하지만 학령기가 전개됨에 따라 어린이 정신 발달과 상관관계를 맺으며 다른 모든 기능 중에서 최대가 됩니다. (비고츠키, 『의식과 숙달』, 살림터, 2017, 252쪽)

주의는 지적 발달 자체에 봉사해야 합니다. … 각각의 기능들 역시 지성화된다는 것을 의미합니다. (같은 책, 242쪽)

'자발적 주의'와 '자기 규제'가 미약하기 때문에 아동들은 긴 시간 교사의 말을 경청하고 활동에 집중하기 어렵다. 이내 다른 것에 관심을 빼앗기고 주어진 활동에서 빈번히 이탈하기도 한다. 그렇지만 초등 저학년 시기는 또한 '자발적 주의'와 '자기 규제'가 효과적으로 발달하는 시기다. 비고츠키는 역할극과 규칙 기반 놀이를 통해 유아기 어린이들이 자발적 주의와 자기 규제 기능을 형성해 나간다고 강조한 바 있다. 초등 저학년 어린이들에게 놀이는 여전히 중요하며 또한 학교라는 환경 속에서 아동들이 몰입할 수 있는 교육활동 역시 중요한 역할을 할 수 있다. 아직 자발적 주의와 자기 규제가 부족한 아이들의 관심을 모으고 활동 의지를 북돋기 위해, 교사들은 '박수 치기', '스티커 활용' 등 다양한 전략들을 구사한다. 학교생활 속에서 간단한 규칙들을 익혀 나가는 과정 또한 상당한 기여를 할 수 있다. 초등 저학년 시기 아동은 놀이와 몰입하는 다양한 활동을 통해 조금씩 자발적 주의와 자기 규제 역량을 키워 나간다.

---

5 비고츠키가 말하는 학령기 초기는 만 8세 무렵으로 우리로 치면 초등 3학년에 해당한다. 비고츠키는 초등 3학년에서도 자발적 주의가 여전히 미약하다는 사실을 지적하고 있다.

발달 단계로 볼 때 유아기 후반에 해당하는 초등 저학년 시기가 기억 발달이 빠르게 이루어지고 자발적 주의 및 자기 규제가 형성되는 시기라는 사실은 매우 분명한 사실로 관찰되어 왔다. 이는 현대 뇌 과학에서의 과학적 발견과도 일치한다. 유아기에 해마, 전두엽이 발달하면서 기억 발달이 급격하게 이루어지고 자기의 지각과 행동을 조절할 수 있는 능력이 발달한다. 이러한 조건들을 이해하면서 교육적으로 원활히 활용할 필요가 있다.

4~6세 : 이 시기는 종합적인 사고를 담당하는 전두엽과 과제를 전체적으로 처리하고, 정서, 리듬 및 대근육 움직임을 담당하는 우뇌가 집중적으로 발달하는 시기다. (김유미, 「우리 아이의 뇌, 연령별 발달 과정」[6], 인터넷 잡지 <브레인미디어>, 2010)

문자, 수리 학습이 가능해지는 시기

유아기에 문자와 수리 학습이 교육적으로 과연 타당한 것인가에 대한 문제는 예전부터 논쟁이 되어 온 문제 중 하나다. 그런데 비고츠키는 이 시기에 문자 및 수리 학습이 필요하다고 본다.

학교는 전학령기 문화화에 무엇을 요구할까요? … 내가 보기에 학교는 문해를 요구합니다. (비고츠키, 『의식과 숙달』, 살림터, 2017, 195쪽)

문해는 그것이 어린이 발달에서 수행되는 학교 교과 학습을 위한 예비적 역할로 인해 학교 교육의 전제 조건이 되기 때문입니다. (같은 책, 202쪽)

---

[6] 사이트 주소 https://www.brainmedia.co.kr/BRAINSCIENCE/503

비고츠키가 이 시기 문자 및 수리 기초를 익히는 것을 강조한 이유는 두 가지다. 하나는 이후 본격적 교과 학습의 전제이기 때문이고, 다른 하나는 기초 문자 학습의 적기로 보기 때문이다. 이 역시 현대 뇌 과학의 과학적 근거와 연결된다. 뇌 과학에서는 만 7세 무렵부터 문자와 수리 학습과 관계 깊은 두정엽, 측두엽 발달이 개시된다고 밝히고 있다. 만 7세면 초등 저학년 후반부에 해당한다. 즉 초등 저학년은 기억력 발달이 지속되는 가운데 점차 문자 및 수리 학습이 가능해지는 시기라고 할 수 있다.

7세부터 15세까지는 측두엽과 두정엽의 발달이 활발해진다. 이처럼 초등학교에 들어갈 무렵 모든 감각을 종합하는 부위인 두정엽이 발달하여 수학과 과학을 비롯한 여러 종류의 새로운 학습이 가능해지고, 언어를 담당하는 측두엽의 발달로 글쓰기와 같은 본격적인 한글 학습 (김유미, 「우리 아이의 뇌, 연령별 발달 과정」, 인터넷 잡지 〈브레인미디어〉, 2010)

그러나 측두엽과 두정엽이 본격적으로 활성화되는 시기는 본격적 학령기, 즉 초등 중고학년 이후라고 할 수 있다. 초등 저학년은 본격적 교과 학습을 하기에는 아직 미흡하며 문자와 수리에 기초한 본격적 교과 학습은 중학년 이후에 전개되는 것이 타당하다. 따라서 초등 저학년에서의 문자 및 수리 학습은 이후 본격적 교과 학습을 위한 문자 및 수리 기초를 익히는 차원에서 이루어져야 하며, 아직 아동들이 유아의 특성을 주로 가진 상황에서 점차 본격적 학령기로 이동한다는 점을 유의해야 할 것이다.

소아신경과 전문의인 해리 추가니 교수는 4살까지는 뇌 신경세포의 포도당 소모량이 성인의 2배 정도이며, 4-10살에는 이 상태를 유지하다가 10살 이후에 급속히 감소한다는 사실을 밝혀냈습니다. 그에 따르면 4-10살의 왕성한 뇌 활동 시기에 교육이 잘 이루어져야 한다는 것입니다. 하지만 이것이 5살 아이가 15살 아이보다 더 많이 더 쉽게 배운다는 의미는 아닙니다. 퍼트리샤 라키시 박사는 시냅스의 안정화가 일어나는 10살 이후에 더 많은 학습이 이루어진다고 주장합니다. 10살 이전의 뇌가 왕성하게 활동하는 것은 사실이지만 이를 학습으로 연결시킬 수 있는 능력은 10살부터 시작한다는 것입니다. 따라서 10살 이전에 추상적으로 생각하고 판단할 수 있는 두뇌를 준비하여야 하고 10살 이후부터 본격적인 추상적인 사고가 필요한 학습이 이루어져야 합니다. (김영훈, 「연령별 뇌 발달과 적기교육」[7], 한겨레신문사 스페셜 사이트 〈베이비트리〉, 2015)

7세의 위기와 자아 형성의 시작

'7세의 위기'에 대하여

초등 저학년 시기 중요하게 유념해야 할 개념 중 하나가 '7세의 위기'다. 비고츠키는 유아기에서 학령기로 넘어오는 이행기를 '7세의 위기'로 규정한다. 개인차가 있겠지만 대부분 초등 저학년 시기 중 7세의 위기를 겪는다고 할 수 있다. 명칭에서 보이듯 이 시기는 위기 증상들이 나타난다. 비고츠키는 이 시기 위기 징후들로 '거들먹거리는 걸음걸이', '자기 나이보다 많거나 적게 행동하기', '유아기 때의 직접성과 즉각성의 상실' 등을 든다. 7세의 위기 이전에 아동들이 '~인 체'하는 행동이 주로 놀이 상황에서 나타난다면 7세 위기에서는 일상적 상황에서 나타난다고 할 수 있다. 그런 점에서 7세의 위기 때 나타나는 현상들은 기본적으로 어떤

---

[7] 사이트 주소 http://babytree.hani.co.kr/300613 (서비스 종료), 유튜브 '김영훈아카데미' https://www.youtube.com/watch?v=TuAaivryRsE 참조.

새로운 내적 발달의 표현이라고 할 수 있다.

> 7세 위기의 가장 핵심적 특징은 어린이 인격의 내적, 외적 국면의 분화의 시작이라 불릴 수 있을 것입니다. 위기 이전의 어린이에게 있는 순진함과 직접성의 인상의 밑바탕에는 무엇이 있을까요? 이 순진함과 직접성은 어린이의 외면과 내면이 같다는 것을 의미합니다. (비고츠키, 『의식과 숙달』, 살림터, 2017, 212쪽)

7세 위기의 요인에 대해 비고츠키는 '외적 행위와 내면 상태의 분화'를 지적한다. 그 이전에는 외적 행위와 내면 상태가 분화되지 않았기 때문에 느낀 대로만 행동하지만 7세의 위기 때는 내면 상태와 다른 외적 행동이 가능하게 된다는 것이다. 즉 내면 상태와 다른 것을 겉으로 '~인 체' 하는 것으로 표현하는 것이 이 시기부터 가능해진다. 한편 그 이전부터도 가능한 거짓말 하기는 처벌 회피 등 내적 욕구의 직접적 표현이기 때문에 외적 행동과 내면 상태의 분화가 아니다. 거짓말은 4세 무렵부터 가능한데, 이는 내가 아는 것과 다른 사람이 아는 것이 다를 수 있다는 것을 인식하면서부터다. 그 이전인 초기유년기까지는 자신과 타인의 의식을 동일시한다고 한다. 즉 자신이 느끼고 생각하는 것과 다른 사람의 것이 같다고 인식한다는 것이다.

비고츠키는 7세의 위기에서 나타나는 '내면과 외면의 분화'를 자아 형성 과정에서 중요한 국면으로 본다. 분화되는 내면, 즉 '자아'에 대한 인식과 태도 형성이 시작된다고 본 것이다. 그러나 자아 형성은 이제 시작이며 비고츠키는 이를 '원시적 자아'라고 부른다. 이 시기 자아에 대한 인식은 '나의 상태는 어떠한가?'에 대한 느낌 정도를 가지는 것부터 시작된다. 자기 정체성 즉 '나는 어떤 존재이다'에는 아직 이르지 못하며 그것은 이후의 일이다.

자신의 느낌을 인식하게 되면서 아동은 자기애와 자존감을 형성해 나가게 된다. 이상 징후들은 위기를 지나면서 사라진다. 그리고 이 시기 형성된 자기애와 자존감은 이후 자신의 '의지'를 형성하는 발달의 토대가 된다. 그럼으로써 이 시기 형성되는 긍정적 자존감은 학업 성취, 이후 삶의 여정에서 나타나는 난관을 극복할 힘이 된다.

자아 형성의 계기가 되는 '내면 인식'의 요인으로 비고츠키는 두 가지를 지적한다. 말 발달과 기억 발달이다.

> 직접성의 상실은 우리 행동에, 체험과 직접적 행동 사이에 끼어든, 지성의 계기가 도입됨을 의미하며 (같은 책, 212쪽)

여기서 인지적 계기는 기본적으로 말을 통한 표상화를 의미한다. 말 발달에 더해 학교학습은 그러한 인지적 계기의 도입을 더욱 강력하게 만든다고 할 수 있다. 또한 기억 발달도 주요 요인이다. 기억 발달에 의해 어떤 체험을 할 때 여러 번 반복되는 느낌을 '어떤 것'으로 묶을 수 있게 되는 것이다. 그리고 그것을 '좋다', '나쁘다' 등의 언어로 규정하게 됨으로써 이루어진다는 것이다. 이러한 과정을 비고츠키는 '느낌의 공동일반화'라고 표현한다. 공동일반화란 어떤 현상에 대한 일반화가 고립된 개인이 아니라 집단으로 이루어진다는 것을 나타낸다. 언어 자체가 공동일반화의 결과다. 어떤 체험에 대한 느낌의 표현도 마찬가지다.

> 7세의 위기와 함께 체험의 공동일반화 또는 감정적 공동일반화, 논리적 정서가 처음으로 발생합니다. (같은 책, 217쪽)
> 학령기 어린이에게는 느낌의 일반화가 일어납니다. 즉, 어떤 일이 여러 번 일어나면 그에게는 감정적 형성물이 나타납니다. 그 특성은 또한, 마치 개념이 개별 지각이나 회상과 관련된 것처럼, 개별 체험이나 감정과

관련이 있습니다. (같은 책, 218쪽)

비고츠키는 7세 위기에 나타나는 자존감, 자기애의 탄생을 유아기를 벗어나면서 학령기로 넘어가는 핵심적 과정으로 본다.

체험의 의미화

비고츠키는 7세의 위기 때부터 아동들이 어떤 사건들을 체험하는 방식이 달라지며, 그 영향 또한 달라진다고 말한다. 즉, 체험이 자기 자신에게 내적으로 의미화되기 시작한다는 것이다. 체험에서 지성적 계기를 포함하기 시작하면서 체험은 무의미적 체험에서 의미적 체험으로 바뀐다. 자신의 체험을 어떤 의미를 가지고 인식하게 된다. 따라서 다양한 체험도 필요하지만 '어떤 체험'을 겪느냐가 중요해진다.

7세에 우리는 구조화된 체험의 출현을 마주하게 되며, 그때 어린이는 "나는 기쁘다", "나는 슬프다"라고 말하는 것이 의미하는 바를 이해하기 시작합니다. 즉 어린이에게 자신의 체험에 대한 의미적 지향이 나타납니다. 3세 어린이가 타인과 그 자신과의 관계를 발견하는 것처럼, 7세 어린이는 자기 자신의 체험 자체를 발견하게 됩니다. 체험이 의미를 획득하며, 이 덕분에 체험의 공동일반화 이전에는 가능하지 않았던, 자아와의 새로운 관계가 나타납니다. … 7세의 위기와 함께 체험의 공동일반화 또는 감정의 공동일반화, 논리적 정서가 처음으로 발생합니다. … 7세의 위기에 전학령기 체험이 학령기 체험으로 변화된다고 말하는 것은, 학령기라는 새로운 발달 단계를 가능하게 하는 새로운 환경적, 인격적 계기의 통합체가 출현한다고 말하는 것을 의미합니다. (같은 책, 216~219쪽)

체험이 의미화된다는 사실은 중요한 몇 가지 사실들을 제기한다. 첫째, 의미를 부여할 수 있는 언어와 언어에 대한 이해가 중요해진다. 의미적 체험을 단지 '좋다', '나쁘다' 식의 정서적 차원으로 보는 것은 매우 제한적인 것이다. 지각하는 방식, 기억하는 방식의 변화라고 보아야 한다. 비고츠키는 '의미적 지각'이 나타난다고 말한다.

> 인간의 의미적 지각의 발달을, 체스를 둘 줄 모르는 어린이와 체스를 둘 줄 아는 어린이가 체스판을 보는 방식과 비교할 수 있습니다. … 지각의 본질적 특성은 구조성에 있습니다. … 체스판의 말들이 어떤 위치에 있느냐에 따라, 나는 그것을 다르게 바라봅니다. (같은 책, 215쪽)
>
> 개별 유아에게는 의미적 지각이 존재하지 않습니다. … 배고프다는 느낌과 내가 배고프다는 것을 아는 것 사이에는 큰 차이가 존재합니다. … 어린이가 체스 두는 법을 배우면 체스판이 재구조화되는 것처럼, 7세 어린이 체험의 전체 성격이 재구조화됩니다. (같은 책, 216~217쪽)

'의미적 체험', '의미적 지각', '의미적 기억', '공동일반화'라는 표현을 통해 비고츠키가 내면과 외면의 분화에서 지성적 계기가 도입된다고 말한 의미가 보다 분명해진다. 자신의 지각, 체험을 말을 통해 일반화(지성화)하고, 좀 더 지성적인 방식으로 지각하고, 체험하게 된다는 것이다. 학교가 더 많은 어휘, 본격적인 사회적 상호작용을 통한 공동일반화의 과정을 제공한다는 점에서 7세의 위기가 초등 입학과 연결되는 이유도 분명해진다.

둘째, 체험은 개별적이고, 상대적이라는 것이다. 외적 자극이 동일하다고 해서 내적 체험이 동일한 것이 아님을 인식할 필요가 있다. 비고츠키는 본질은 절대적 지표로 취해진 상황 자체가 아니라 어린이가 어떻게 상황을 체험하는가에 있다는 점을 강조한다. 그것은 동일한 환경이 서로 다른 어린이에 의해 서로 다르게 체험되기 때문이다. 즉 아이마다, 상황마다 다를 수 있는 것이다.

셋째, 긍정적 체험이 중요하다는 것이다. 부정적 체험의 반복은 부정적 자기 인식, 자존감의 약화로 연결된다. 따라서 건강한 자존감을 형성할 수 있는 긍정적 체험 과정이 되어야 한다. 여기서 주의해야 할 점은 긍정적 체험이 객관적, 과정적 체험으로 접근되어야 한다는 것이다. 비현실적 자기 인식은 어느 순간 깨질 수밖에 없다. 비현실적 자기 인식이 과도할 경우에는 오히려 나중에 큰 상처를 입는 원인이 된다. 따라서 사실에 기초한 긍정적 자기 인식 형성이 필요하다. 또한 체험을 과정적으로 접근해야 한다. 예컨대 '과도한 칭찬'처럼 당장은 긍정적인 것이 이후에는 부정적인 것으로 귀결될 수 있으며, 반대로 '교육적 훈육'은 당장은 부정적일 수 있다 하더라도 그에 의해 행동이 변화된다면 나중에는 긍정적인 것으로 전화된다. 이 같은 사실은 '긍정적 체험과 자아 형성' 문제가 상당히 복합적인 일련의 과정으로 이해하는 접근이 필요한 일이라는 것을 의미한다.

한편, 비고츠키는 '위기' 증상이 반드시 외적으로 표현되지 않을 수도 있다고 봤다. 청소년 진입기의 위기적 국면인 '13세의 위기'도 오히려 다수는 겉으로 보기에는 조용히 지나가는 것과 비슷하다. 그러나 겉으로 조용해도 내적 변화와 이행은 반드시 진행된다고 봤다. 그래야만 새로운 정신 구조가 탄생하기 때문이다. 7세의 위기에서 중요한 것은 '~인 체'하는 외적 징후보다 내적으로 진행되는 '의미적 체험'을 통해 자아 형성이 본격적으로 개시되기 시작한다는 점에 있다.

2. 발달 과제와 목표 : 성공적인 학생 되기

초등 저학년 시기의 발달적 특성과 사회적 상황 속에서 교육 목표와 과제, 방향은 어떻게 설정되어야 할 것인가? 초등 저학년은 유아기 발달이 완성되고 7세의 위기를 겪으면서 본격적 학령기로 접어 들어가는 매우 복합적이고, 역동적인 시기다. 세 가지를 고려해야 한다. 첫째, 여전히 많이 남아 있는 유아기적 특성이다. 둘째, 많은 아이들이 개별적으로 7세의 위기를 겪는다는 점이다. 셋째, 본격적 아동기 및 체계적 학습의 준비다. 이러한 고려 속에서 교육 목표와 과제는 이 시기 부여되는 발달적 가능성을 최대한 풍부하게 발현하고 사회적 상황에서 요청되는 바를 올바로 실현하는 것이 되어야 한다.

자발적 주의와 자기 규제의 튼튼한 발달

발달 기능 측면에서 초등 저학년 시기 강화해야 할 핵심적 기능은 '자기 규제'와 '자발적 주의'다. 이 두 발달 기능은 향후 본격적 교과 학습을 원활히 수행할 수 있게 하는 전제 기능이다. 자기 규제 및 자발적 주의는 학습만이 아니라 타인과의 상호작용, 긍정적 체험의 조건이기도 하다. 따라서 학습을 포함하는 학교생활 전반의 가장 중요한 토대가 되는 기초적 발달 기능이다.

자기 규제와 자발적 주의가 이 시기 도모해야 할 가장 핵심적 발달 기능이 된다는 것은 교육활동에서 무엇을 의미하는가? 우선 첫째, 이 시기 교육활동 프로그램의 주요 목표가 되어야 한다는 것이다. 둘째, '발달'이 활동 상황에 대한 관찰과 교육적 조치의 기준이 되어야 한다는 의미다. 교사는 물론이고 양육자도 발달이 자녀 행동 관찰의 기준이 되어야 한다.

이 시기 학습은 주로 기본적 표상들과 기초 문해 및 수리를 익히는 것으로 구성된다. 그리고 그 과정에서 자기 규제 및 자발적 주의의 향상을 도모해야 한다. 그런데 발달 기능 형성이 핵심적 과제라는 점을 분명히 하지 않으면 관찰 및 교육 행위의 기준이 잘못 설정될 수 있다. 기본적 표상들과 문해를 얼마나 더 많이 잘 아느냐, 즉 얼마나 당장의 성적이 우수하냐는 것을 기준으로 바라보게 할 수 있다는 것이다. 지금까지의 대부분의 오랜 관행은 발달 기능이 아니라 아동이 얼마나 '더 많이, 더 잘 아느냐'라는 것을 기준으로 대해 왔다. 이러한 방식은 특히 저학년 아동의 발달 상황을 제대로 인식하는 것을 어렵게 할 뿐 아니라 발달을 왜곡하기도 한다. 아동이 감당하기 어려운 많은 양의 어려운 내용을 강요한다든지, 심지어 발달 단계를 뛰어넘는 선행 학습을 하게도 한다. 아동에게 많고 어려운 내용 습득을 강요하면 이 시기 가장 중요한 자기 규제 및 자발적 주의 발달을 방해하고 심지어 학습 활동에 대한 혐오를 야기할 수도 있다. 내용이 많고 어려우면 아동은 싫증 내고, 집중을 이내 흐리기 때문이다. 나아가 잘 해내지 못하는 일을 반복적으로 강요당하면 학습 자체를 혐오하는 내적 정서가 축적된다.

아동의 발달 상황에 맞는 적절한 양과 난이도로 교육활동이 구성되고 아동이 얼마나 능동적으로 활동에 참여하는가를 체계적으로 관찰할 필요가 있다. 초등 저학년 시기 이러한 교육 운영을 통해 최대한 많은 아동이 튼튼한 자기 규제, 자발적 주의 역량을 발달시키고 이후 본격적인 교과 학습에 능동적으로 참여해 나갈 수 있게 해야 한다.

발달 기능 중심으로 교육 프로그램을 운영하고, 아동들의 활동을 관찰할 때, 교사들의 지도와 지원에도 불구하고 지속적으로 활동에 잘 참여하지 못하는 아동들이 있다. 이 경우에는 집중적이고 특별한 지원이 필요하다. 발달 지연, 미발달의 원인은 다양하며, 아이마다 상황도 다양하다. 따라서 이 경우에는 보다 심층적이고 전문적인 진단과 처방이 필요하며, 그것은 교사의 통상적 활동을 넘는 체계적인 지원 시스템이 마련되어야 함을 의미한다. 핀란드와 독일 등 교육 선진국에서는 이 문제를 담당하기 위한 체계적인 지원 시스템이 구축, 운영되고 있다.

아직 우리나라는 그러한 시스템이 존재하지 않는다. 발달 지연, 미발달 현상이 확대되면서 최근 일부 교육청에서 시범 사업을 수준으로 발달 지원 사업을 하기도 하나, 혜택을 받을 수 있는 아동은 매우 제한적이다. 하루속히 모든 아동이 혜택을 받을 수 있는 체계적이고 전문적인 발달 지원 시스템이 구축될 필요가 있다.

두 발달 기능은 단지 인지 발달의 차원만이 아니라 사회성, 도덕성 발달 및 자아 형성과도 연관된다. 자발적 주의, 자기 규제가 미비할 경우 원활한 상호작용에 어려움을 야기하고 규칙, 규범 적응도 어려움이 생긴다. 이는 주변으로부터의 부정적 반응과 비난의 요인이 된다. 그에 따라 '부정적 자기 인식'으로 연결되어 긍정적 자아 형성에 장애가 된다.

본격적 교수-학습을 위한 내용적 준비 : 기초 문해력과 수리력

본격적 교과 학습을 위한 초등 저학년 시기 준비 과제는 자기 규제, 자발적 주의의 강화와 함께 기초 문해력과 수리력을 갖추는 것이다. 자기 규제, 자발적 주의가 본격적 학습을 위한 발달 기능 차원의 준비라면 기초 문해력과 수리력은 내용적 준비다. 기초 문해력과 수리력을 갖추어야 이후 교과에 대한 내용적 이해와 학습이 가능하다.

> 학교는 어린이가 교수-학습에 대해 준비할 것을 요구합니다. … 내가 보기에 학교는 문해를 요구합니다. 교과 교수-학습이 가능해지려면 나중에 교수-학습 과목이 될 것에 대한 일반화된 표상을 분화시킬 필요가 있습니다. … 전학령기 두 번째 단계에서의 교수-학습이 첫 번째 단계의 교수-학습과 비교해서 뚜렷이 분화된다는 것입니다. … 이 과업은 반응적 교수-학습 자체를 가능하게 하는 준비, 즉 문해의 교수-학습입니다. (같은 책, 201쪽)

기초 문해력과 수리력을 익히는 것은 분명한 발달적 목표 아래 어린이의 특성에 맞게 체계적 순서를 지녀야 한다. 비고츠키는 이 시기 교육 내용에 대해 다음과 같이 말한다.

> 그것은 어린이를 특정한 목적으로 인도할 목적으로 세워져야 하며, 매년 이 목적을 향한 길로 일정한 걸음을 내딛도록 해야 합니다. 이 프로그램은 보편교육 작업을 위한 통합적, 체계적 주기를 가지는 프로그램이 되어야 합니다. … 이와 동시에 이 프로그램은 어린이의 프로그램이 되어야 합니다. (같은 책, 193쪽)

그러나 아직 유아기적 특성을 지닌 초등 저학년 시기의 문해력과 수리력 학습은 이후의 본격적 교과 학습과는 구별되어야 한다.

> 전학령기 프로그램은 분명히 학교 프로그램과는 구별되어야 합니다. … 유치원을 유아 학교라 부르며, 유아 학교에 닥칠 수 있는 최악의 운명은 유아 학교가 작은 학교로 변형되어 버리는 것이라고 말합니다. 그것은 어린이의 정서적 흥미와 일반화된 표상과 연결된 어린이의 생각 특성에 맞는 순서로 어린이에게 제공되어야 합니다. (같은 책, 193쪽)

비고츠키에 의하면 유아교육이 학교 교육처럼 되어서는 안 된다고 하는데, 이는 전학령기 후반부[8]에 해당하는 초등 저학년에 적용되는 언급이라고 할 수 있다. 비고츠키는 아동의 흥미와 관심과 연결되는 학습,

---

[8] 비고츠키의 전학령기는 유아기에 해당한다. 따라서 비고츠키가 여기서 말하는 전학령기 프로그램은 반응적 학습이 가능한 유아기 후반부 교육 프로그램을 의미하며 그 시기는 우리의 초등 저학년 시기다.

놀이 같은 학습을 강조한다.

사회정서적 역량과 공동체 생활 익히기

초기유년기부터 조금씩 발달하기 시작한 사회적 정서는 초등학교 입학을 계기로 새로운 차원으로 발달해 나간다. 아동을 둘러싼 사회적 관계와 상호작용이 크게 확장되고 그러한 환경에 반응하는 내적 발달 기능도 발달하기 때문이다. 초기유년기에 발달한 사회적 정서가 부러움, 질투, 자부심 등 주로 타인과의 관계에서 발생하는 개인적 감정이라면, 초등학교 입학 이후에는 공감과 연민 등 타인에 대한 정서로 확대된다. 다른 사람들의 상황을 조금씩 알아가게 되는 것이다. 초등 저학년 시기에는 사회적 정서에서 개인적 감정이 우세한 가운데 타인에 대한 정서가 점차 성장한다고 할 수 있다. 초등 저학년을 지난 본격적 학령기에 들어서면 아동의 사회적 정서는 배려, 존중과 같이 타인의 마음까지 고려하는 것이 가능해진다.

윤리적 발달과 직결되는 발달 기능이 자기 규제다. 자기 규제가 발달하는 과정에서 도덕적 발달과 함께 '도덕적 이탈' 가능성도 함께 증가한다고 한다. 왜냐하면 '거짓말' 등 도덕적 기준에 어긋난 행위를 정당화할 수 있는 능력도 함께 발달하기 때문이다. 따라서 이 시기 윤리적 기초를 다지는 것은 매우 중요하다.

5~11세 아동은 의도적으로 행해진, 정당화할 수 없는 공격성의 경우 잘못된 것이며 처벌할 만한 것이라고 응답했다. 그러나 연령이 증가할수록 공격성을 정당화하며 덜 나쁜 것으로 생각하는 경향이 나타났다. 이는 상황의 다양한 측면을 고려할 수 있는 인지적 특성이 발달한 결과라고 볼 수 있다. 도덕적 이탈 경향성이 높은 6~9세 아동은 거짓말을 더욱

많이 하는 것으로 나타났다. 이러한 선행 연구들을 고려하면 도덕적 이탈의 발달은 초기 아동기에서 중기 아동기에 현격히 일어나며, 청소년기에 정점을 이루는 것으로 보인다. (송현주 외, 『최신발달심리학』, 사회평론아카데미, 2020, 372쪽)

결국 이 시기 도덕성 발달에서 교사와 부모 등의 개입이 중요하며 행동화해야 한다는 말이다. 이러한 사실은 경험적 사실에서 충분히 확인할 수 있다. 훈육을 위해서는 교사의 교육적 권위가 필요하다. 권위는 교육적 지도에 대한 아동의 수용 여부와 연결된다.

> 훈육은 열 살까지면 거의 끝난다. 거절이나 좌절에 대해 견디는 힘이 있으려면 감정적 좌절도 겪어봐야 … 마음 읽기와 행동 통제는 균형이 필요 (조선미, 아주대 교수, 유튜브, 〈친구 같은 부모는 없다〉[9]
>
> 나이에 맞게 해도 되는 것과 안 되는 것을 구분해서 습관으로 만들어 가야, 자유의 제약은 불가피. … 방법은 나이에 맞게 즉각적인 욕구 충족을 참는 능력 … 좌절 내구력 필요 … 이것이 없으면 어떤 집단에서도 생활할 수 없다. … 타인과 잘 지내는 것이 사실은 욕구를 참는 것, 자랄 때의 문화, 학교 교육 매우 중요. 훈육의 순서는 아주 어릴 때는 안전에 관한 것, 그 이후에는 이 닦기 등 자기 관리, 초등 때는 숙제 등 과제 수행 등이 됨. 권위적인 것은 잘못된 것이지만 권위는 있어야 한다. (조선미, 아주대 교수, 유튜브, 〈효과적인 훈육을 위해 부모가 반드시 알아야 하는 것〉[10]
>
> 자기 통제는 기질적인 것보다 부모 교육이 더 중요. … 그래서 더 쉽다. … 특히 두 돌 이전에 일상생활에서의 자기 통제력을 갖추는 것 필

---

9   유튜브 https://www.youtube.com/watch?v=MWnEAli-pzc&t=19s
10 유튜브 https://www.youtube.com/watch?v=PoNG97pv8DY

요. … 자기 통제력은 두뇌 발달에도 도움. … 가족으로서의 소속감도 가지게 된다. … 자기 통제력 발달은 연속적, 앞의 단계가 잘되어야 이후 단계도 잘될 수 있다. (하정훈, 하정훈소아과 원장, 유튜브, 〈자신을 통제할 수 있는 아이로 키웁시다!〉[11])

자아 형성의 토대 구축 : 자신과 타인에 대한 존중감

초등 저학년은 자아 형성의 초기 단계다. 내가 어떠한 존재인지 '나'에 대한 인식과 세상에 대한 태도를 형성하기 시작한다. '자아 형성'은 정서적, 인지적, 윤리적 측면이 한데 어우러져 이루어진다. 이 시기 자아 형성에서 초점에 두어야 할 부분은 크게 두 가지다.

첫째, 의미적/긍정적 체험을 통해 자아 형성의 기초를 강화하는 것이다. 이를 통해 '나'에 대한 긍정적 인식과 태도를 형성해 나간다. 둘째, 학교생활을 통한 사회적 상호작용 활성화와 공동체 규범 익히기를 통한 사회정서적 역량 강화. 타인과 '세상'에 대한 긍정적 관계 맺기다.

그런데 '긍정적 자기 인식' 문제는 앞서도 잠시 언급했지만 유의해야 할 부분이 있다. 긍정적 자기 인식은 스스로 가치 있다고 느끼는 존중감과 '나는 할 수 있다'는 가능성에 대한 신뢰를 포함한다. 이러한 자기 존중과 발달 가능성에 대한 신뢰는 스스로에 대한 것이지, 타인과의 비교 속에서 형성되는 것이 아니다. 그것은 존중감이 아니라 우월감으로 왜곡될 수 있다. 진정한 존중감은 나와 타인 모두를 함께 존중하는 것이며, 그렇기 때문에 교육적 과제가 될 수 있다. 또 하나 중요한 부분은 객관적이지 않은 '비실제적' 자존감은 유지될 수 없다는 것이다.

유아기는 생의 다른 시기와 비교했을 때 자존감이 높은 편이다. 이는

---

11 유튜브 https://www.youtube.com/watch?v=Z65Ui-ISCuo

유아들이 자기 자신에 대해 가지고 있는 자기상이 비현실적으로 긍정적이기 때문. 하지만 아동기 동안 인지적 발달을 거치고 사회적 비교와 외부로부터 피드백을 받게 되면서 자존감은 점차 낮아진다. 아동이 자신의 학업적 능력, 사회적 유능성, 신체적 매력도 등을 포함한 여러 특성에 대해 정확하게 인지해 가면서 자존감이 낮아지는 것이다. 학년이 올라갈수록 모든 영역에서 자존감이 낮아지는 것으로 나타났다. (송현주 외, 『최신 발달심리학』, 사회평론아카데미, 2020, 318쪽)

유아기에 드높았던 어린이들의 자존감은 학교 입학 이후 실제 상황과 만나면서 오히려 약화되기 쉽다. 그것은 불가피하다. 중요한 것은 어느 누구든 자신이 소중한 존재이며 발달하는 존재라는 점에 대한 인식이다. 따라서 필요한 것은 사실과 다른 과도한 칭찬이 아니라 활동 속에서 경험하는 '발달적 체험'이다. 발달적 체험은 활동 과정에서 새로운 것을 할 수 있게 된 성취감을 맛보거나 지금 당장은 잘하지 못하더라도 노력하면 전진할 수 있다는 가능성을 인식하는 것을 의미한다. 발달적 체험은 교사와 부모의 과도한 칭찬이 아닌 스스로 활동을 통해 경험하고 형성된다.

자존감이 타인과의 비교나 비실제적인 것이 아니라 스스로 가치와 가능성에 대한 것일 때 긍정적 자존감은 이후 적극적이고 능동적 학습활동과 연결된다. 또한 또래 관계 및 여타의 사회적 관계에도 좋은 영향을 미친다. 역으로 또래 관계가 좋을수록 긍정적 자아감도 커진다. 나아가 멀리는 성공적인 사회적 활동을 하는 데 있어서도 토대와 동력을 제공한다.

또래와 관계가 좋을수록, 부모와 관계가 좋은 청소년일수록 자기 존중감이 높게 나타났다. 청소년기에 자존감이 낮았던 청소년은 자존감이 높았던 청소년에 비해 성인이 된 후에도 자존감이 낮은 것으로 나타났다. 소셜미디어를 많이 사용하는 청소년일수록 온라인상에서 괴롭힘을 당할 확률이 높으며, 자신의 신체에 대한 불만족이 높고, 이는 낮은 자기존중감과 높은 우울감으로 이어졌다. (같은 책, 318쪽)

성공적인 학생 되기

핀란드에서는 초등 저학년 시기 종합적 교육 목표로 '학생으로 성장하기'를 설정하고 있다.

> 1-2학년: 학생으로 성장하기 … 1-2학년의 특별한 임무는 학생들이 자신을 학습자와 학생으로 긍정적으로 인식할 수 있는 기반을 만들고 이후의 일과 학습을 위한 기능을 개발하는 것입니다. (핀란드 교육부, 〈2014 기본교육과정〉 1-2학년 학습 목표 중)

"이미 학생인데, '학생으로 성장하기가 목표라니?" 하면서 다소 의아할 수도 있다. 그렇지만 살펴보면 여기엔 깊은 의미가 있다. 학생이라는 신분은 이미 주어진 것이지만 그 의미를 인식하고 역할과 태도를 올바로 형성하는 것은 발달적 과제라는 의미다. '학생으로 성장하기'는 '나'를 고립적 자아가 아니라 학생이라는 사회적 위치 속에서 인식한다는 것을 의미한다. 그리고 주요 과제들로 학생이라는 위치에 대한 긍정적 인식, 학교생활에 잘 적응하기, 이후 본격적 학습을 위한 준비를 튼튼히 하는 것이 제시된다. 이러한 내용은 우리 교육에 적용해도 충분히 타당하다고 생각된다. 그런 취지에서 초등 저학년 시기 종합적 교육 목표로 '성공적인 학생 되기'를 설정할 수 있다고 본다. 성공적 학생 되기에는 앞서 제출한 발달 과제들이 모두 포함된다.

현재 우리 교육에는 초등 저학년의 교육 목표가 별도로 설정되어 있지 않다. 다음은 〈2022 개정 교육과정〉의 초등교육 급별 교육 목표다.

> 〈 우리나라 초등학교 교육 목표[12] 〉
>
> 가. 초등학교 교육 목표
> 초등학교 교육은 학생의 일상생활과 학습에 필요한 기본 습관 및 기초 능력을 기르고 바른 인성을 함양하는 데 중점을 둔다.
> 1) 자신의 소중함을 알고 건강한 생활 습관을 기르며, 풍부한 학습 경험을 통해 자신의 꿈을 키운다.
> 2) 학습과 생활에서 문제를 발견하고 해결하는 기초 능력을 기르고, 이를 새롭게 경험할 수 있는 상상력을 키운다.
> 3) 다양한 문화 활동을 즐기며 자연과 생활 속에서 아름다움과 행복을 느낄 수 있는 심성을 기른다.
> 4) 일상생활과 학습에 필요한 규칙과 질서를 지키고 서로 돕고 배려하는 태도를 기른다.

보는 바와 같이 저학년 시기별 목표는 별도로 없다. 초등 전체 교육 목표도 매우 추상적이고 모호하다. 그 때문에 실제의 교육 목표로 적용하기 어렵고 작동하지 않는다. 이처럼 실효성 없는 교육 목표가 설정되는 근본 원인은 현재 우리 교육과정이 발달론에 전혀 입각하고 있지 않기 때문이다. 발달 과정에 입각한 근본적 개선이 필요하다.

---

12 출처 : 교육부, 〈2022 개정 교육과정〉

〈참고〉 핀란드 초등 저학년의 교육 목표[13]

1-2학년: 학생으로 성장하기

1-2학년에서 가르치는 것은 취학 전 교육과 취학 전 교육에서 제공하는 기능을 고려합니다. 1-2학년의 특별한 임무는 학생들이 스스로 학습자와 학생으로 긍정적으로 인식할 수 있는 기반을 만들고 이후의 활동과 학습을 위한 기능을 개발하는 것입니다. 초등교육을 시작할 때 각 학생의 진행 상황을 주의 깊게 모니터링하는 것은 학생이 학업을 진행할 수 있는 조건을 갖추도록 하기 위해 특히 중요합니다.

각 학생이 새로운 것을 배우는 데 있어 기쁨과 성공을 경험할 수 있는 격려의 피드백과 기회를 받는 것이 중요합니다. 학생들은 자신의 관심사를 강조하고 새로운 것을 찾도록 권장됩니다. 교육은 각 학생의 요구 사항에 충분히 도전할 수 있도록 설계되었습니다. 학교는 어떠한 형태의 따돌림이나 차별적 행동도 허용하지 않습니다. 학생들은 함께 활동하고, 독립적이며, 자신의 학교 과제에 대한 책임을 지도록 안내됩니다. 언어적, 사회적, 운동적 기능과 기억력의 발달과 각 개인의 발달 리듬에 특별한 주의를 기울입니다. 목표는 초기 발달 및 학습 어려움을 식별하고 시기적절한 지원을 제공하는 것입니다. 활동 방법은 관찰과 기능성, 놀이와 장난기, 상상력과 스토리텔링을 강조합니다. 학교를 시작하고 학생으로 성장하는 것을 가정과 함께 지원합니다.

취학 전 교육의 학습 단위는 초등 1-2학년의 과목이 되지만 가르치는 것은 여전히 대부분 통합될 수 있습니다. 학생들의 독립성, 팀워크 기술, 사물 간의 연결에 대한 이해는 4장에 따른 다학문적 학습 단위를 구현함으로써 촉진됩니다. 이 경우 유치원과 상급반 모두와 협력할 수 있는 기회도 더 많아집니다.

2학년과 3학년 사이의 전환 단계

전환 단계에서는 학습에 필요한 기본 기능을 숙지하고 각 학생의 학생으로서의 자신감을 지원하는 것이 중요합니다. 학생들은 특히 읽기, 쓰기, 수학 준비 및 학습 기술을 지원받습니다. 독립적으로 그리고 그룹으로 활동하는 기능을 강화하는 것뿐만 아니라 책임감을 가지는 법을 배우는 것이 더욱 중요해졌습니다. 학생과 보호자에게는 학교에서 제공하는 언어 프로그램과 학습 준비, 새로운 과목 시작, 가능한 선택 또는 자발적 학습에 대한 정보가 제공됩니다. 그들과 함께 공부하고 새로운 그룹에 합류하기 위한 요구 사항에 대해 논의합니다.

특별 지원 결정에 대한 검토는 법률에 따라 3년차 학업 시작 전에 이루어집니다.

---

13 출처 : 핀란드 교육부, 〈2014 기본교육과정〉

6장

초등 중학년의 발달 특성과 과제

1. 시기적 특성 : 호기심 넘치는 어린이

초등 중학년은 어린이 발달의 전성기라고 할 수 있다. 이 시기 가장 중요한 특성 중 하나는 그야말로 세상에 대한 호기심이 넘쳐난다는 것이다. 저학년이 유아적 발달 특성이 많이 남아 있고, 고학년은 청소년 진입기의 특성이 혼재한 반면, 중학년은 우리가 아동기라 부르는 전형적 시기다. 학령기에 대한 비고츠키 논의의 상당 부분이 사실 이 시기에 해당한다. 이때부터 체계적 교과 학습이 시작된다. 비고츠키는 학령기에 있어 자발적 주의와 문화적 기억 발달을 특히 강조한다. 그리고 지각, 주의, 기억에 대한 의식적 사용을 통해 생각에 대한 의식적 파악의 토대를 형성한다고 봤다. 생각의 힘이 크게 자라나는 시기가 바로 이 시기다.

생각 발달의 힘이 자라다 : 기본적 지적 기능의 발달

초등 중학년 시기 발달 특성과 관련, 가장 먼저 강조해야 할 점은 이 시기가 어린이로서 기본적 지적 기능이 발달하는 시기라는 점이다. 비고

츠키는 이 시기가 생각 발달을 위한 지적 기능 발달의 최적기라고 강조한다.

> 학령기는 정신 발달이 집중적으로 일어나는 연령기이며, 비유적으로 말하자면 지적 기능과 어린이 생각이 의식 활동의 중심이 되는 연령기입니다. … 인간의 기본적 생각 기능을 숙달하기 위한 지적 기능 자체의 발달 최적기는 학령기입니다. (비고츠키, 『의식과 숙달』, 살림터, 2017, 241쪽)

이 시기 어린이가 기본적 지적 기능을 발달시킬 수 있는 조건은 크게 3가지로 볼 수 있다.

첫째, 영유아기 및 초등 저학년을 거쳐 이루어온 발달적 토대다. 비고츠키는 이 시기 어린이가 '큰 기억과 거대한 지각'을 갖추고 있다고 말한다. 초기유년기에 지각 발달, 전학령기(유치원 시기)에 기억 발달의 과정을 거쳐 학령기 어린이는 비교적 성숙된 지각과 자연적(감각적) 기억을 지니고 있다.

> 우리는 어린이가 작은 지성, 커다란 기억 능력, 심지어 거대한 지각 능력을 지녔다고 말할 수 있습니다. (같은 책, 241쪽)

여기에 저학년 시기에 형성된 '학생으로서의 정체성', '자기 규제/자발적 주의'의 일정한 형성도 중학년 시기 발달의 토대가 된다.

둘째, 세상에 대한 활발한 호기심이다. 본격적 아동기인 초등 중학년 시기는 새로운 것에 대한 호기심과 새로운 일에 대한 의욕이 샘솟는 시기다. 그래서 새로운 지식과 활동을 스펀지처럼 잘 흡수하기도 한다. 그렇지만 학습 내용이 어려우면 금방 포기하려는 모습을 보이기도 한다. 따라서 적절한 난이도 조절이 필요하며 개별적 지원이 요청될 때도 있다.

셋째, 체계적 교수-학습이다. 중학년부터 본격적인 교과 학습이 전개되며, 체계적 교수-학습은 아동의 지적 발달을 선도적으로 이끌게 된다. 이 시기 발달하는 주요한 정신기능은 자발적 주의, 문화적 기억 그리고 '지각과 주의, 기억'에 대한 의식적 파악이다(아직 '생각에 대한 의식적 파악'에는 이르지 못하며 이는 고학년 시기에 비로소 형성된다). 이 기능들은 학습을 위한 발달 기능인 동시에 학습을 통해 발달한다. 이미 어느 정도 형성되어 있던 자발적 주의는 초등 중학년 시기에 더욱 강화되며 기억은 자연적인 것에서 문화적(언어적, 논리적 기억)인 것으로 변화해 간다. 기억하려고 애를 쓰며, 기억술을 연마한다. 이들 고등정신기능들의 발달은 서로 연결된다. 기억이 주의의 수단이 되고, 주의를 기울인 것은 더 잘 기억한다.

> 학령기 어린이에게 있어 가장 먼저 의지적, 의식적으로 되는 것은 두 기능, 즉 의지적 주의와 의지적 기억입니다. … 기억은 무엇보다 먼저 의식적으로 파악되고, 다른 것에 앞서 분화되고 성숙되며, 주의의 수단으로 활동합니다. 이는 이해하기 쉽습니다. 그러나 우리가 의지적 주의에 대해 말할 때, 주의 자체가 다른 형태의 주의와 연관된다는 것에 유념하는 것이 중요합니다. 특히 학령기 어린이에게서 주로 발달하는 것은 지각과 연관된 의지적 주의입니다. (같은 책, 246쪽)

이러한 과정을 통해 주의, 기억에 대한 의식적 파악이 이루어진다. 주의, 기억을 의식하면서 자신의 의지에 의해 그러한 기능들을 행사해 나가기 시작한다는 것이다. 즉 자발적 주의의 성숙과 문화적 기억의 발달은 그 자체로 주의와 기억에 대한 의식적 파악을 의미한다.

> 어린이는 기본 기능들에 대해 의식적으로, 지적으로 다가가기 시작합니다. 즉 어린이는 자신이 수행하는 활동을 이해합니다. … 학령기에 기

억, 주의, 상상에 일어나는 일을 일반적 형태로 말할 때 가장 중요한 사실은 이들이 모두 지성화되고 의식화되어 의식적 주의, 의식적 기억 등이 된다는 것입니다. … 이 모든 기능들은 자발적이 된다는 것입니다. 이들은 의식화되는 만큼, 지성화되는 만큼, 고유한 특성을 획득하는 만큼, 바로 의지적이 됩니다. … 학령기 어린이에게서는 의지, 즉 내적 활동에 대한 숙달(통제)이 일어납니다. 어린이에게는 자신의 내적 조작 즉 주의, 기억에 대한 의도성이 생겨나며 이 기능들은 의지적으로 기능할 수 있게 됩니다. (같은 책, 244쪽)

이는 생각 발달의 힘을 키우는 것으로 연결된다. 비고츠키는 그러한 기능들의 의식적, 의지적 사용이 바로 '지성화'라고 말한다.

이 연령기의 기본 기능들은 지성화됩니다. 달리 말해 의식적으로 파악하고 이해하는 것입니다. 어린이는 기본 기능들에 의식적으로, 지적으로 다가가기 시작합니다. 즉 어린이는 자신이 수행하는 활동을 이해합니다. (같은 책, 244쪽)

자발적 주의와 문화적 기억은 이 시기 인지 발달의 주요 형태이며 그를 통한 주의와 기억의 지성화는 이후 생각 발달의 핵심적인 토대가 된다. 초등 중학년 시기는 생각 발달의 기본적 토대와 힘이 본격적으로 자라나기 시작하는 시기다.

교과 학습의 본격화와 사회적 생활의 확대

초등 중학년은 교과 학습과 또래 활동이 본격화되는 시기다. 이를 통해 세상에 대한 인식을 조금씩 넓혀 나가며 사회적 상호작용을 확대해

간다.

본격적 교과 학습이 시작되다

초등 중학년부터 학교에서의 체계적 교수-학습이 본격화된다. 그를 통해 환경(세계)에 대한 새로운 지식, 정보가 확대되고 교사 및 동료와의 상호작용도 확대된다. 이 시기 가장 중요한 정체성은 발달 지향적 학습자가 되는 것이라 하겠다. 따라서 교수-학습 과정에 원활하게, 능동적으로 참여하고, 자신의 발전에서 성취감을 느끼게 함으로써 발전적 학습자가 될 수 있도록 하는 것이 중요하다. 교수-학습에 원활하게 참여하기 위해서는 자발적 주의 및 자기 규제가 필요하며, 능동적 참여를 위해서는 흥미를 북돋울 수 있어야 한다. 이 과정에서 자신의 발전, 발달에서 성취감을 체험할 때 아동은 주체적인 학습자로 성장해 나갈 수 있을 것이다.

세상과의 직, 간접적 만남 확대

초등 중학년은 세상과의 직, 간접적 만남을 통해 나름 세상에 대한 이해를 넓혀 나가는 시기이다. 교수-학습을 통한 새로운 지식, 정보의 확대, 새로운 활동의 경험은 세상과의 만남이 확대되는 과정이라 할 수 있다.

또래 활동의 확대

사회적 상호작용의 확대 속에서 집단에 대한 소속감이 생겨나며 어린이는 집단에 소속되는 것을 중요하게 여기게 된다. 이 중 가장 중요한 것 중 하나가 또래 집단이다. 또래 집단은 학급, 취미 등의 유사성 등을 바탕으로 형성된다. 또래 집단 안에서 아동들은 협력, 우정, 리더십 등 다양한 사회적 개념들을 배우고 사회성과 윤리성을 발달시켜 나간다. 긍정적 또래 관계는 학교생활만이 아니라 학업의 증진, 심리적 안정에도 큰 영향을 미친다. 한편 자발적 주의, 자기 규제 등의 발달 기능과 배려, 존중 같은 사회정서적 역량은 학습에서만이 아니라 또래 관계 형성에서도 중요하다. 원활하고 긍정적/호의적 상호작용을 가능하게 하기 때문이다.

> 또래 관계 형성 능력은 잠재기 아동에게 있어 중요한 사회-정서적 성취다. … 실제로 학령기 동안 경험하는 긍정적인 또래 유대 관계는 이후 사회적 관계에 기반이 된다. (Karen J. Gilmore & Pamela Meersand, 『아동 청소년 정신 발달』, 학지사, 2018, 186쪽)

자아의 성장 : "나는 친절하고 친구가 많은 ○○이예요!"

초등 저학년 시기에 형성되기 시작한 자아 발달은 중학년 시기부터 본격적으로 성장해 나간다. 우선은 자기 인식과 자기 존중의 발달이다. 어린이는 의사소통의 확대 속에서 자기 심리를 일반화(언어로 규정)하기 시작한다. 초등 저학년 시기에 비해 좀 더 추상적인 자기 인식 및 묘사가 이루어지며, 타인과의 비교도 나타난다.

〈 아동의 연령별 자기 묘사의 예 〉

만 3~4세	만 5~7세	만 8~10세
나는 남자아이예요. 내 방에는 TV가 있어요. 나는 노란 고양이가 있어요.	나는 공부를 잘해요. 나는 서연이라는 친구가 있고요, 학교 끝나면 항상 같이 놀아요.	나는 친절하고 친구들의 비밀을 잘 지켜줘요. 나는 다른 친구들보다 인기가 많은 편이에요.

(출처 : 송현주 외, 『최신발달심리학』, 사회평론아카데미, 2020. 314쪽)

또한 사회적 자아로서 자신을 인식하기 시작한다. 이 시기 주요한 심리 현상 중 하나는 공동체에 대한 소속감 형성이다. 가족만이 아니라 학급, 학교 등에 대한 소속감이 형성, 강화된다. 예를 들면 학급, 학교 대항의 단체 경기에 몰입해서 열렬히 응원한다. 사회적 상호작용의 확대 속에서 2차 감정이 새로운 수준으로 발달해 나간다. 학령기는 2차 감정이 발달하면서 정서의 질적 발달이 이루어지는 시기다. 타인에 대한 배려, 존중, 공감 등 사회적 정서의 핵심적 요소들이 이 시기에 나타난다. 따라서 올바르고 풍부한 사회적 정서를 형성하기 위한 교육적 고려가 세심하게 이루어질 필요가 있다. 비고츠키는 인격 형성의 핵심에 사회적 자아 발달이 있다고 강조한다.

> 어린이에게 있어 '나'의 개념은 타인의 개념으로부터 생겨난다. 따라서 인격의 개념은 사회적이며, 타인과의 관계에서 적용된 장치와 적응을 자기 자신에게 적용하는 것을 토대로 구성된다. 이것이 바로 인격은 우리 안에 있는 사회적인 것을 나타낸다고 말할 수 있는 이유다. (비고츠키, 『역사와 발달 2』, 살림터, 2014, 525쪽)

비고츠키는 학령기에 이르러서야 낮은 수준에서나마 인격과 세계관[14]을 담지할 수 있는 자아가 성장하기 시작한다고 봤는데, 초등 중학년이 바로 그 시기다.

> 학령기에 이르러서야 비로소 좀 더 안정적이고 견고한 형태의 인격과 세계관이 나타나기 시작한다. … 어린이 인격의 성장, 형성, 성숙이 오직 사회적 경험의 성장, 심화, 분화와 더불어 나타난다는 사실보다 어린이 인격의 사회적 기원을 지지하는 더 강력한 증거는 있을 수 없다고 우리

---

14 체계적이고 주체적인 인격과 세계관 형성은 개념적 사고가 발달하는 청소년기부터 비로소 가능하다. 그렇지만 비고츠키는 학령기 아동도 낮은 수준에서나마 나름의 인격과 세계관을 형성해 나간다고 봤다.

는 생각한다. (같은 책, 529쪽)

2. 발달 과제와 목표 : 학습의 즐거움 익히기

초등 중학년 시기의 주요한 발달 특성과 조건을 살펴보았다. 그러면 이 시기 핵심적인 발달 과제는 어떻게 설정되어야 하는가?

지속 과제로서 자발적 주의와 자기 규제 역량의 강화

초등 저학년 시기의 핵심 과제인 자발적 주의와 자기 규제는 중학년 시기에도 지속적 발달 과제로 여전히 중요하다. 초등 저학년 시기에는 본격적 교과 학습을 위한 준비의 의미가 컸다면 중학년 시기에는 이제 교과 학습과 직접 결부된 기능이 된다. 이에 비고츠키는 학령기에 자발적 주의가 성숙한다고 말한다. 저학년 시기에 자발적 주의가 발달한다면 중학년 시기에는 성숙한다는 것이다.

> 학령기 초기 단계[15]에 가장 먼저 성숙하는 것은 자발적 주의입니다. (비고츠키, 『의식과 숙달』, 살림터, 2017, 247쪽)
> 학령기 어린이의 주의는 처음에는 매우 미약하지만 학령기가 전개됨에 따라 어린이 정신 발달과 상관관계를 맺으며 다른 모든 기능 중에서 최대가 됩니다. (같은 책, 252쪽)

자발적 주의의 성숙에는 체계적 교수-학습이 큰 영향을 미친다. 이

---

15 편집자 주) 비고츠키의 학령기 초기 단계는 만 8세 이후이며, 따라서 우리 학제에서는 초등 3-4학년에 해당한다.

는 교수-학습이 텍스트나 활동에 집중할 것을 요청하는 성격을 지니기 때문이다. 즉 자발적 주의는 교수-학습의 전제이자 교수-학습을 통해 발달하는 기능인 것이다. 나아가 자발적 주의는 기억과 생각 발달을 돕는다. 주의 깊게 인식한 것은 강한 기억으로 연결되며, 주의를 집중할 때 생각 또한 활성화될 수 있다. 자기 규제 역시 교수-학습의 전제이자 교수-학습을 통해 발달한다.

실제의 교수-학습에서 가장 현실적 문제가 되는 것이 바로 자발적 주의 및 자기 규제 문제다. 원활한 교수-학습을 어렵게 하는 학습 이탈, 방해가 이 문제로 인한 것이기 때문이다. 따라서 자발적 주의와 자기 규제는 이 시기만이 아니라 초중고 전체에서 가장 중요한 기초가 되는 발달 기능이라고 할 수 있다. 청소년기에도 교수-학습의 기본적 토대로 작용하며 심지어 성인기에도 마찬가지다. 따라서 이 시기 자발적 주의와 자기 규제를 최대한 튼튼하게 하는 것은 발달의 전 과정에서 매우 중요한 의미를 지닌다.

문화적 기억의 발달과 확대

이 시기 가장 큰 비중을 차지하는 발달 과제는 '문화적 기억'의 발달이다. 초등 저학년을 지나면서 어린이의 자연적인 기억은 상당히 성숙한다. 그러나 이후로도 기억 발달은 지속되는데, 학령기에는 주로 자연적 기억력 자체가 아니라 기억의 형태와 방법의 변화, 발달로 진행된다. 어린이는 문화적 기억의 발달을 통해 이전보다 훨씬 많은 것을 기억하게 되고, 기억은 생각의 재료가 됨으로써 생각 발달로 나아가게 된다. 비고츠키는 상당히 발달한 감각적 기억을 토대로 언어적 기억과 논리적 기억이 발달해 나간다고 말한다.

기계적, 초보적, 비매개적 형태의 기억이 학령기에 이르러 다른 형태의 기억에 자리를 내어 주는 것은 당연한 것입니다. 이 새로운 형태의 기억은 무엇보다 말로 된 언어적 기억이라는 사실로 특징지어집니다. 어린이는 사태 자체를, 인상 자체를 기억할 뿐 아니라, 그 인상과 사태를 낱말로 기록합니다. 이와 동시에 그 기억은, 기억되거나 동화된 재료의 다양한 부분들 사이에 존재하는 의존성과 연결을 확립함으로써 주로 형성되는 논리적 기억과 점점 더 연결됩니다. (같은 책, 253쪽)

이 시기 기억 발달의 핵심은 교수-학습을 통해 기억의 문화화가 크게 진전된다는 것이다. 기억의 문화화는 두 측면을 포함한다. 하나는 기억 형태의 발달이다. 비고츠키는 자연적 기억 형태에서 언어적, 논리적 기억으로 발달해간다고 말한다. 특히 자연적 기억은 초등 중학년 시기에 정점을 이루고 이때부터 문화적 기억이 본격적으로 발달한다고 말한다.

이 중요한 연구의 기본적 결론은 기억에 단일한 발달 노선이 존재하지 않는다는 것입니다. 시각적 재료, 감각적 재료에서의 기억 발달이 학령기 경계에서 종료 … 이와 같이 기억의 발달은 글자 그대로 거의 발달이 정지된 하나의 기억 형태로부터 다른 기억 형태로, 그리고 또 다른 기억 형태로 발달해 나가는 것입니다. (같은 책, 265쪽)

비고츠키는 문화적 기억 형태를 크게 언어적 기억과 논리적 기억으로 구분하는데, 언어적 기억이 먼저 발달하고 이후 논리적 기억이 발달한다고 본다. 언어적 기억은 단지 어떤 현상, 사물과 낱말을 연합하는 것에 그치지 않는다. 언어적 기억은 어떤 현상을 언어로 요약하고, 재구성하여 기억하는 것을 의미한다.

언어적 기억은 본질적으로 기호의 도움을 받는 기억, 즉 매개된 기억이기 때문이다. 우리는 사물이나 사건을 기억하는 것이 아니라 그에 대한 언어적 기록을 기억한다. 우리는 편집하고, 순서를 정하며, 요약하고, 낱말을 이용하여 기억할 대상을 깊이 변화시킨다. (비고츠키, 『역사와 발달 2』, 살림터, 2014, 305쪽)

논리적 기억은 어떤 현상에 대한 인과관계, 패턴, 상호의존성 등에 대한 이해에 기초한 기억이다.

기억되거나 동화된 재료의 다양한 부분들 사이에 존재하는 의존성과 연결을 확립함으로써 주로 형성되는 논리적 기억 (비고츠키, 『의식과 숙달』, 살림터, 2017, 253쪽)

두 기억 형태는 연결되며 언어적 기억이 먼저 활성화되고 이후 점차 논리적 기억이 발달한다.[16] 새로운 기억 형태의 발달은 기억력의 질적 증대로 연결된다. 언어와 대상을 연결하고, 내용을 이해하고, 이유를 깨달을 때 훨씬 잘 기억되기 때문이다.

문화적 기억 발달의 또 하나의 차원은 기억술의 연마다. 인간의 자연적 기억은 사실 그렇게 뛰어나지 않다. 실험에 의하면 감각적 기억을 의미하는 단기 기억은 일부 동물들이 더 뛰어나다는 결과를 보여준다. 적어도 인간 사회와 문화가 창출한 많은 것들을 자연적 기억력만으로는 감당할 수 없다. 그래서 인간은 자신의 부족한 기억력을 보완하는 다양한 수단과 방법을 개발해 왔는데 이를 기억술적 기억이라고 한다. 기억술적

---

[16] 비고츠키는 '외적인 기억술적 기억의 단계'와 '내적 변혁 또는 논리적 기억의 단계'를 구분하는데, 언어적 기억은 외적인 기억술적 기억 단계에 해당한다. 『역사와 발달 2』 299쪽 참조.

기억은 '매듭'처럼 기억을 상기시키는 어떤 보조 수단을 이용하거나, 이미 기억하는 것들과 새롭게 기억해야 할 것을 '연결'하거나 하는 다양한 방식을 보인다. 비고츠키는 이러한 기억술적 기억이 아동기에 본격적으로 발달한다고 강조한다. 어린이는 이 시기, 알게 모르게 다양한 기억술을 연마해 간다.

> 기억술은 우리에게 어떤 장치를 제시하는가? 기술은 개인에 의해 어느 정도 무의식적으로 선택되는 것이다. 기억술사의 재주는 특출한 생각, 짧은 구절, 단순한 낱말들을 내용 전체를 상기시키는 하나의 산문 구절로 포착하는 것이다. (비고츠키, 『역사와 발달 2』, 살림터, 2014, 308쪽)
>
> 기억술적 기억은 외적 자극-기호를 통해 기억을 숙달하는 과정으로 간주되어야 한다. 이 조작은 수년에 걸쳐야만, 오직 점진적으로만, 오직 문화적 발달의 성장과 더불어서만 가능하다. (같은 책, 290쪽)

감각적 기억에서 언어적 기억이라는 기억 형태의 변화, 기억술적 기억의 발달을 통해 문화적 기억은 크게 발달해 나간다. 문화적 기억의 양적, 질적 변화가 본격적으로 이루어지는 시기가 바로 초등 중학년 시기다.

이 시기 문화적 기억의 발달은 이후 개념적 사고 발달로 나아갈 수 있는 핵심 토대를 구성한다. 생각 발달의 토대로서 문화적 기억 발달의 의미는 두 가지다. 첫째 기억은 생각의 재료인데, 문화적 기억을 통해 풍부한 생각의 재료를 획득할 수 있기 때문이다. 둘째, 문화적 기억 발달 과정에서 어린이는 기억을 의식적, 의지적으로 다루는 역량을 키운다. 기억을 의식적, 의지적으로 다루면서 이후 생각을 의식적으로 파악하고 다룰 수 있는 것으로 나아간다.

한동안 '암기식'이라 하여 기억을 폄훼하는 경향이 일부 있어 왔지만 기억은 세상에 대한 표상을 획득하는 가장 기본적 과정이다. 기억은 생각의 재료이며 기억하는 것이 있어야 생각의 힘이 생길 수 있다. 유의할 점은 무조건 외우기가 아니라 언어적 기억 나아가 논리적 기억으로 나아갈 필요가 있다는 것이다. 또한 이 과정에서 아동은 자신에게 맞는 기억술을 개발하고 체득할 필요가 있다. 예전과 같은 '무조건 외우기'는 지양되어야 하지만 기억 자체를 폄훼해서는 안 된다.

인간은 자신이 잘하는 것을 좋아한다. 학령기는 기억 능력이 가장 뛰어난 시기이며 따라서 적절한 흥미와 의미를 부여한다면 기억에 토대한 학습은 이 시기 가장 효과적인 방식이 될 수 있다. 이 과정에서 많은 아동은 세상에 대한 다양한 표상을 획득하고, 생각의 기초를 구축하여 이후 발달의 토대를 마련한다. 또한 자신의 잠재력을 발견하고 긍정적 자아 인식으로 나아갈 수 있다.

공감, 존중, 협력의 사회적 정서 발달

본격적 학령기인 초등 중학년은 사회적 정서가 새로운 차원으로 발달하는 시기다. 학령기에 정서는 질적으로 발전한다. 공감과 연민, 배려와 존중 같은 사회적으로 보다 고등한 2차 정서가 발달하는 것이다. 이 시기 사회적 정서의 발달은 타인의 정서와 생각 등 다른 사람에 대한 이해가 생겨나는 것과 관련이 깊다. 이는 인지적 요소의 강화, 사회적 상호작용의 확대를 통해 이루어진다.

Selman(1980)은 사회적 역할 수용의 발달을 5단계로 나누어 설명하고 있다. … 제3단계는 상호적 역할 수용 단계로서 아동기가 이에 해당한다. 이 단계에서는 다른 사람의 관점을 이해하게 된다. (정옥분, 『아동 발달의 이해』, 학지사, 2023, 550쪽)

Hoffman은 감정이입의 발달을 4단계로 나누어 설명하는데, … 4단계

(아동기)에서는 다른 사람이 고통받는 것을 직접 눈으로 보지 않더라도 상상하는 것만으로 감정이입이 가능하다. … 이러한 민감성은 이타적인 행동으로 이어질 수 있다. (같은 책, 572쪽)

사회적 상호작용이 확대되고 협력이 요청되는 현대 사회에서 사회적 정서는 더욱 중요해지고 있다. 최근 OECD, 유네스코의 교육 보고서에서는 정서 및 사회성 발달 문제를 '사회적, 정서적 역량'으로 개념화하고 있다.

〈참고〉 OECD '교육 2030' 개념 노트 '핵심 기초' 중

정서 조절, 협력, 열린 마음, 타인과의 관계를 포함하는 사회적 및 정서적 토대는 개인이 가정, 학교 및 직장을 포함한 환경에 얼마나 잘 적응하고 참여하는지에 영향을 미칩니다.

자기 인식 및 자기 조절과 같은 사회적 및 정서적 기능의 초기 발달은 아이들의 이후 긍정적인 결과에 대한 중장기적 예측력을 가지고 있습니다.

젊은 세대는 지속적으로 적응하고, 새로운 기술을 배우고, 문제를 해결하고 극복하며, 개인 및 집단생활이 직면한 큰 문제를 해결하기 위해 협력할 수 있어야 합니다. 그렇게 할 수 있는 능력은 회복력, 자기 규제, 신뢰, 공감 및 협력과 같은 사회적 및 정서적 기능에 의존합니다.

학교에서 학생들은 교육을 사회적 과정으로 경험합니다. 학습은 동료, 교사, 부모 및 더 넓은 지역 사회를 포함하여 다른 사람들과의 관계 및 상호작용에 의해 촉진(또는 방해)됩니다. 사회적, 정서적 기반을 개발한 학생은 학교 안팎에서 학습의 도전과 과정을 더 잘 헤쳐 나갈 수 있습니다.

사회적 및 정서적 기반은 '도덕적 (즉, 내부 원칙에 기반하여) 결정 및 판단을 내리고 그러한 판단에 따라 행동할 수 있는 능력'으로 정의되는 도덕적 및 윤리적 기반과 연결되어 있습니다.

유네스코, OECD 등에서 사회적, 정서적 역량을 강조하게 된 배경에는 모두가 함께 살아가야 하는 새로운 시대적 상황이 있다고 할 수 있다. 이 시기 사회적 정서 발달은 긍정적인 또래 관계의 형성, 친사회적

행동 등 어린이의 생활과 삶은 물론이고 원활한 공동 학습의 수행 등 교수-학습에도 큰 영향을 미친다. 그리고 이후 연대 의식, 책임 있는 공동체 참여, 가치관 형성 등 인격과 세계관 형성의 토대가 된다. 따라서 이 시기 공감, 존중과 배려, 협력 등의 사회적 정서 함양은 중요한 발달 과제가 된다.

아동기 사회적 정서 발달에는 자기 규제 등의 발달 기능, 공동 학습과 학교생활의 적극적이고 긍정적인 참여와 활동 등이 영향을 미치며 교수-학습 과정에서 타인에 대한 이해와 협력을 북돋는 방향의 전개가 필요하다. 비고츠키는 정서 발달과 인지 발달의 결합을 강조한다. 비고츠키는 정서 발달을 정서 자체로 분리된 것으로 바라볼 수 없다는 관점을 취한다.

> 비고츠키에 따르면, 고등정신기능의 인지적 측면과 정의적 측면은 별개의 영역이 아니라 총체로서의 마음의 한 측면을 가리키며, 고등정신기능의 발달은 개인의 내부에서 '심미적 정서'가 발생됨으로 무의식의 한 측면이 의식 수준에 일깨워지고, 그 결과로 총체로서 마음의 폭과 깊이가 더욱 확장되어 가는 것을 가리킨다. 인간의 마음이 이러한 과정을 거쳐 발달되며, 도덕교육이 이를 추구하는 활동이라고 본다면, 도덕교육 내에서의 지식교육과 정서교육은 각기 다른 활동이 아니라 심미적 정서의 발생을 추구하는 동일한 활동이라고 보아야 할 것이다. (박현진, 「심미적 정서와 도덕교육-비고츠키 예술심리학을 중심으로」, 2010)

정서 발달과 인지 발달이 결합한다는 관점은 비단 비고츠키만이 아니다. 일반 발달심리학에서도 마찬가지다.

Hoffman은 감정이입의 발달을 4단계로 나누어 설명하는데, 매 단계마다 그 단계에서 아동이 획득한 인지능력이 반영된다. (정옥분, 『아동 발달의 이해』, 학지사, 2023, 572쪽)

긍정적 학습자 되기

인지, 정서, 행동 발달의 총체로서 이 시기 종합적 과제는 '긍정적 학습자 되기'로 설정할 수 있다.

이 시기 발달의 중심에는 학교에서의 체계적인 교수-학습이 있다. 교수-학습은 발달의 전 영역을 이끄는 선도 활동이며, 인지적 측면만이 아니라, 정서와 행동 발달에도 큰 영향을 미친다. 따라서 아동들은 학교 교수-학습에 적극적으로 참여하고, 배움의 즐거움을 익히는 학습자가 되어야 한다. 그러한 취지에서 핀란드에서는 이 시기 발달의 총체적 과제로 '학습자로 성장하기'를 설정하고 있는데, 우리 교육에서도 마찬가지로 적용될 수 있다고 본다.

긍정적 학습자가 되기 위한 핵심에는 '학습의 즐거움 익히기'가 있다. 학습이 억지로 강요되어서는 곤란하다. 강요된 학습은 학습에 대한 거부감을 불러온다. 그럴 경우 이후 발달에 심각한 지장을 초래할 수 있다. 이 시기는 세상에 대한 호기심이 커서 무엇인가 새로운 것을 보고, 듣고, 행하는 것을 좋아한다. 그 과정에서 자연스럽게 '아하!' 하는 현상을 경험할 수 있으며, 학습의 즐거움을 익힐 수 있다. 배움이 즐거운 것이라는 것을 체화할 수 있다면 아동은 이후 발달의 커다란 동력을 획득하는 것이 된다.

〈 참고 〉 핀란드 초등 중/고학년의 교육 목표 중[17]

3~6학년: 학습자로 발전하기

　3~6학년의 특별한 임무는 학습을 위한 학습 기능을 개발하고 자신의 학습 습관과 기능을 파악하고 개발하는 것입니다. 학생들은 자신을 받아들이고 자신의 한계와 권리를 인식하고 방어하며 자신의 안전을 돌볼 것을 권장합니다. 또한, 자신의 의무와 책임을 이해하고, 건설적으로 의견을 표현하고 상호작용할 수 있도록 지도하고 있습니다. 어떤 종류의 괴롭힘이나 차별적인 행동도 허용되지 않습니다. 윤리적, 도덕적 문제에 대한 학생들의 관심은 토론과 성찰의 기회를 창출하고 참여와 책임을 실천하는 데 활용됩니다. 학생들은 성별에 따른 해결이 아니라 자신의 출발점에 의해 결정하도록 권장됩니다. 학생들의 지도와 지원 요구에 특별한 주의를 기울입니다.

　3~6학년의 교육에서는 저학년에서 습득한 기본 기능을 강화하고 보완하며 새로운 것을 학습합니다. 과목 수가 늘어나고 있습니다. 교육의 목표는 통합을 위한 자연스러운 상황을 찾는 것입니다. 다학문적 학습 단위의 구현은 과목 간의 협력을 강화하고 학생들이 또래에 맞는 중요한 경험을 얻을 수 있는 기회를 제공합니다. 학습 단위는 활동 기능을 향상하고 다양한 학습 환경에서 학습을 수행하고 탐색하는 데 사용될 수 있습니다. 기획에 학생들의 참여가 강화됩니다. 학습 단위는 함께 활동하고, 자기를 표현하고, 지역 사회에 유익한 활동을 위한 기회를 제공합니다.

17　출처 : 핀란드 교육부 〈2014 기본교육과정〉

7장

초등 고학년의 발달 특성과 과제

1. 시기적 특성 : 아동기와 청소년 진입기의 혼재

초등 고학년에 이르면 아이들 사이에서 새로운 변화가 나타난다. 성장이 빠른 일부 아이들이 성적 성숙에 이르면서 청소년 진입기에 들어서기 시작하는 것이다. 5학년부터 조금씩 나타나다가 5학년 2학기에서 6학년 때에 이르면 아이들 상당수가 청소년 진입기에 들어서게 된다. 그로 인해 아이들 사이에서 완연한 변화가 나타난다. 그러나 모든 아이들이 청소년 진입기에 들어선 것은 아니며, 청소년 진입기에 들어선 아이들도 아직 학령기 문화적, 정신적 발달이 완성된 것도 아니다(일부 아이들은 중학 입학 이후에 청소년기에 진입한다). 그로 인해 초등 고학년 시기는 아동기의 특성과 청소년 진입기의 특성이 혼재되는 복합적인 성격을 지닌다.

왜 그렇지?

우선 초등 고학년은 학령기 후반부로서 아동기 발달의 완성기다. 성적 성숙이 빨라지면서 청소년 진입기에 들어서기 시작한 아이들도 아직 아동기의 문화적 발달은 완료되지 않았다. 따라서 아동기 발달의 후반부 성격은 모두에 해당한다. 학령기 후반부로서 초등 고학년 시기에 나타나는 정신 발달의 특징에는 다음의 몇 가지가 있다.

첫째, 일반적으로 자연적 기억력이 가장 좋은 시기다. 초등 고학년 시기는 정점에 도달한 자연적 기억 발달에 더해 문화적 기억까지 발달하면서 일생 중 기억력이 가장 좋은 시기에 해당한다. 그 같은 사실은 예전에는 주로 관찰에 의해 나타났지만, 최근에는 뇌 과학을 통해 확인된다.

> 6~12years - 기억력 발달에 중요한 시기 : 전두엽 발달이 완성되는 시기라 기억력 발달도 절정기를 이룬다. 전두엽은 다른 뇌 부위와 달리 거의 발달되지 않는 상태로 태어나 언어중추가 발달하는 만 3세부터 발달하기 시작해 13~17세에 폭발적으로 성장한다. 그러나 이 시기에 기억력을 최대로 발휘할 수 있는 좋은 뇌를 원한다면 6~12세를 잘 보내야 한다.
> (「아이 기억력 발달의 비밀」, 육아잡지 〈베스트베이비〉, 서울문화사, 2017)

인간은 빠르게 발달하는 기능을 사용하는 것을 좋아하고 잘한다. 실제 이 시기 아동들은 기억하는 것을 좋아하고 잘하며 성취감을 느낀다. 예컨대 나라 이름이나 도시 이름을 외우고 서로 물어보기와 같은 활동을 즐겁게 수행하며 성과도 크다. 또한 이 시기 어휘력도 빠르게 증가한다. 따라서 고학년 시기의 이러한 특성을 잘 활용하는 것이 필요하다.

둘째, 생각에 대한 의식적 파악(메타인지)과 추상적 사고가 형성되기 시작하는 시기다. 비고츠키는 학령기 후반에서 청소년 진입 시기에 인지 발달 측면에서 큰 변화가 생겨난다는 점을 강조한다. '생각에 대한 의식적 파악'과 '추상적 사고'의 출현이 그것이다. 의식적 파악은 '의식 활동을 의식하는 의식 작용'으로 '메타인지'라고도 한다. '추상적 사고'는 '눈에 보이지 않는 연관 관계, 개념을 인식하는 사고 능력'이다. 이 두 가지는 개념적 사고 발달을 여는 관문이 되는데 바로 학령기 후반에 발생하기 시작한다.

'의식적 파악', '추상적 사고' 형성이 조금씩 생겨나면서 아이들은 학습을 대하는 태도도 변화한다. 논리성을 추구하는 경향이 강화되는 것이다. 예전 같으면 "그런가보다" 하고 받아들이던 것들에 대해 "왜?"라는 질문을 던지면서 논리적 이해를 추구한다. 물론 아직 아이들은 추상성이 높은 개념을 이해하지 못하고 눈에 보이는 근거나 논리 추구에 머물지만 논리성 추구는 생각 발달의 중요한 변화로서 이 시기 학습에서 고려해야 할 중요한 요소다.

자발적 주의와 자기 규제는 여전히 중요하다. 자발적 주의와 자기 규제가 부족한 아이들은 교수-학습에 능동적으로 참여하고 효과적인 학습 수행을 하기 어려우며, 그로 인해 풍부하고 튼튼한 문화적 기억, 의식적 파악 형성 등의 발달에도 어려움을 준다. 따라서 여러 측면의 발달 과제를 총체적으로 고려하면서 아동기 발달의 풍부한 완성형을 그려 나가야 한다.

청소년 진입이 빨라지는 아이들

최근 아이들의 성적 성숙은 예전보다 빨라졌다. 일부 연구에 의하면 지난 100년 사이에 성적 성숙 시기가 거의 2년 정도 앞당겨졌다고 한다.

> 오늘날 청소년들은 사춘기의 조기 발현이란 문제를 겪고 있는데, 그들의 유년기는 그 부모에 비해 평균 2년 정도 짧아졌다. (Karen J. Gilmore & Pamela Meersand, 『아동청소년 정신 발달』, 학지사, 2018, 222쪽)

성적 성숙에 도달한 아이들은 정신적, 지적으로는 아직 아동이지만 청소년과 같은 심리와 행동을 보이기 시작한다. 실제로 성적 성숙은 청소년기로 진입하는 핵심적 계기이자 지표다. 일부 아이들이 청소년기에 진입하기 시작함으로써 초등 고학년은 개인적으로나, 집단적으로 큰 변화가 나타난다. 이는 오늘날 교육에서 고려해야 할 매우 중요한 요소다.

청소년기에 진입하는 아이들은 신체적, 심리적으로 큰 변화를 겪는다. 그뿐 아니라 외적 행동 변화도 나타난다. 청소년기에 진입하기 시작한 아이들이 보이는 변화는 크게 두 측면으로 나타난다. 우선 부모와의 관계 변화 및 또래 집단의 중요성 강화다.

> 아동은 부모와의 결속으로부터 분리되면서 또래 친구들에게로 힘차게 몸을 돌린다. (같은 책, 222쪽)

청소년 진입기에 들어서면 심리적 독립성이 강화되기 시작하는데, 이러한 변화가 부모와의 결속에서 멀어지고 대신 또래 친구들에게로 향하는 것으로 나타난다.

또 하나의 중요한 측면은 위기 증상의 발현 문제다. 성적 성숙 등 갑작스러운 변화에 아이들은 당혹해하고, 심리적 혼란 속에서 부모나 교사와의 갈등이 생기기도 한다. 비고츠키는 청소년 진입기에 들어서면서 나타나는 위기 현상에 대해 '13세의 위기'로 명명한 바 있다. 비고츠키는 청소년 진입기의 위기 증상에 대해 다음과 같이 표현한다.

> 학교 성적의 저하 … 학교 행동 노선에서 어떤 난관이 시작되는데 이는 동시에 어린이 가정생활의 어려움과 일치 (비고츠키, 『분열과 사랑』, 살림터, 2018, 29쪽)

> 뷜러는 이 시기 청소년에게 가장 흔히 나타나는 것으로 첨예한 성적 호기심을 든다. (비고츠키, 『흥미와 개념』, 살림터, 2020, 61쪽)

생산성의 하락, 흥미의 시듦, 일반적인 불안은 이 국면 전체를 구별하는 가장 중요한 특징이다. (같은 책, 63쪽)

청소년기에 진입한 아이들이 보이는 위기적 증상의 격한 정도는 다양하다. 일부는 다소 격하고 일부는 완화된 모습을 보이며, 또 일부는 거의 외부로 드러나지 않기도 한다. 비고츠키는 청소년 진입기에 있어 내적 당혹감과 갈등은 공통적이지만 위기적 증상의 외적 발현은 조건적이라고 봤다. 즉 내적 위기는 모두에 해당하지만 외적 발현이 모두에 해당하는 것은 아니라는 것이다. 학령기 발달이 튼튼하고 양육자와의 관계가 긍정적일 경우 위기 증상은 완화된다고 할 수 있다.

청소년 진입기에 나타나는 변화와 위기에 대해 비고츠키는 청소년기 주체적 인간 발달로 나아가는 필수적인 과정으로 바라봤으며 발달의 새로운 토대를 형성하는 긍정적 과정으로 규정했다. 따라서 진입기의 변화를 긍정적으로 수용하고 위기를 올바로 극복하여 청소년이 새로운 발달로 힘차게 나아갈 수 있도록 배려, 고려하는 것이 필요하다.

두 특성의 혼재

청소년 진입 시기는 남녀 차가 있으며 개인차도 크다. 그에 따라 일부 아이들은 초등 고학년 시기에 나타나지만, 일부 아이들은 중학교 입학 이후에 나타난다. 따라서 초등 고학년 집단은 청소년기에 진입하는 아이들과 그렇지 않은 아이들이 혼재된 집단이 된다. 그렇지만 시간이 지날수록 청소년기 진입에 따른 관심의 변화, 심리적 경향이 점차 전체 분위기를 형성해 나간다. 개별적으로는 아직 아동기에 놓일 수도 있고 혹은 청소년 진입기에 들어섰을 수도 있지만 두 특성의 혼재는 공동 조건이 된다. 그것은 우선 청소년 진입기에 들어선 경우라 하더라도 아직 정신적, 문화적 차원에서는 아동기 발달을 완료한 것이 아니기 때문이다. 또한 아직 청소년 진입기에 들어서지 않은 아이들에게도 친구들의 변화, 집단적 분위기의 변화에 영향을 받으며 곧 닥칠 자신의 문제가 된다. 따라서 이들에게도 두 특성의 혼재는 자기 문제가 된다.

두 특성의 혼재는 아동기 발달을 풍부하게 완성하면서도 청소년 진입기의 특성을 고려해야 하는 교육적 어려움과 과제를 부여한다. 두 특성의 혼재 문제는 이전 시대와 다른 새로운 것이라고 할 수 있다. 예전에도 초등 시기에 청소년 진입기에 들어서는 아이들이 있긴 했지만, 지금처럼 광범한 현상으로 나타난 것은 아니었다. 그렇지만 청소년 조기 진입 현상이 점차 보편화되고 있는 지금 두 특성의 혼재는 초등 고학년 시기 교육이 고려하고 헤쳐 나가야 할 가장 중요한 요소가 되고 있다.

학교 상급생이라는 사회적 상황

이 시기 아이들은 학교에서 최고 학년이 된다. 사회적 삶의 확장이라는 측면에서 이러한 조건이 지닌 의미는 생각보다 크다. 아이들은 나름 새로운 사회적 지위를 얻게 되고, 그에 따른 역할을 부여받는다. 초등 6학년은 중학 1학년보다 인지적 측면에서는 덜 발달한 상태지만 학교에서 주어지는 사회적 상황은 더 큰 책임을 요청받는 상황에 놓인다.

초등에서 상급생이 되었을 때의 느낌, 상황은 중학교나 고교에서 상급생이 되었을 때보다 더 크게 다가온다. 또래 관계 및 학교 이외의 다양한 사회적 관계들이 생겨나는 청소년기에 비해 학교생활이 차지하는 비중이 더 크기 때문이다. 또한 하급생들과의 발달 격차도 매우 커서 자신들이 학교의 최고 학년이라는 자기 인식이 더 강하게 형성된다. 그래서 자신들이 학교에서의 상급생이라는 상황 자체를 크게 의식한다. 이러한 사회적 상황은 아동이 사회적 자아로서 가치와 행동양식을 형성하는 데 있어 중요한 영향을 미치며, 이를 고려한 교육적 프로그램과 방향이 필요하다. 예컨대 '학급, 학교 규칙 만들기' 같은 활동에서 아이들의 참여와 책임의 정도를 넓히는 것이 필요하다고 할 수 있다.

2. 발달 과제와 목표 : 학령기 발달의 풍부한 완성

초등 고학년의 혼재적 특성은 다양한 교육적 고려를 요청한다. 저학년과 중학년에 비해 더 복잡한 교육적 과제를 제기한다. 크게 본다면 학령기 발달을 최대한 풍부하게 완성하는 한편 청소년기 진입을 고려하는 교육활동이 전개되어야 한다.

개념적 사고 발달의 토대 마련

아동기 후반부인 초등 고학년은 인지적 측면에서 청소년기부터 본격화되는 개념적 사고 발달의 토대를 튼튼하게 마련해야 할 시기다. 이 시기 요청되는 주요한 인지 발달 과제는 의식적 파악(메타인지) 기능의 발달이며, 풍부한 어휘 형성도 개념적 사고 발달의 토대로서 중요하다.

의식적 파악(메타인지) 기능의 발달

비고츠키는 학령기 인지 발달의 결과로 '(생각에 대한) 의식적 파악' 형성을 강조한다. 의식적 파악은 "의식 활동을 파악하는 의식 활동"으로 현대심리학의 '메타인지', '초인지'와 같은 개념이라고 할 수 있다.

> 의식적 파악은 의식 활동 자체가 그 대상인 의식 활동입니다. (비고츠키, 『의식과 숙달』, 살림터, 2017, 282쪽)

의식적으로 파악한다는 것은 주어진 의식 현상에 나타난 대상을 아는 것뿐 아니라 의식 현상 그 자체를 아는 것을 의미합니다. (같은 책, 287쪽)

그런데 여기서 비고츠키가 강조하는 것은 '생각에 대한' 의식적 파악이다. 즉 메타인지 일반이 아니라 '생각에 대한 메타인지'인 것이다. 의식적 파악의 대상은 생각만이 아니라 주의와 기억도 될 수 있다.

생각에 대한 의식적 파악이 중요한 이유는 자신이 알고 있는 개념들을 대상화, 비교, 분석할 수 있고 그러므로 체계적, 개념적 사고로 나아갈 수 있기 때문이다. 의식적 파악은 개념적 사고의 토대로서 이후 더 발전되고 체계적인 사고로 나아가는 핵심 과정이다.

생각에 대한 의식적 파악이 학령기 말에 형성되는 이유는 이 기능이 매우 오랜 과정과 훈련을 통해 비로소 가능해지기 때문이다. 눈에 보이지 않는 머릿속의 생각을 파악하는 것은 쉽지 않다. 생각에 대한 의식적 파악은 먼저 눈에 보이는 지각, 주의, 기억에 대한 의식적 파악을 거쳐야 한다. 자발적 주의, 문화적 기억은 주의와 기억을 '의식'하는 것을 수반한다. 즉 자발적 주의, 문화적 기억의 형성과 발달이 곧 주의와 기억에 대한 의식적 파악을 익히는 과정인 것이다. 그렇지만 자발적 주의와 문화적 기억을 통해 주의, 기억을 의식하는 것을 익힌다고 하더라도 어린이는 아직 생각을 의식하지는 못한다. 비고츠키는 학령기 발달 과정의 중요한 특징으로 "지각, 주의, 기억의 의식화, 그렇지만 생각의 비의식화"에 있다고 말한다.

학령기에 기억, 주의, 상상에 일어나는 일을 일반적 형태로 말할 때 가장 중요한 사실은 이들이 모두 지성화되고 의식화되어 의식적 주의, 의식적 기억 등이 된다는 것입니다. (같은 책, 244쪽)

주의, 기억, 지각은 학령기에 의식적으로 파악되고 의지적이 되지만, 생각만은 홀로 주요 발달의 최초 시기를 이제 시작한다는 것이 당연합니다. (같은 책, 298쪽)

어린이는 학령기에 생각을 하고 복잡한 생각 조작을 할 수 있지만 자신의 생각을 의식적으로 파악하지는 못하며, 피아제가 덧붙였듯이, 자신의 생각에 대한 자각 행위를 가지고 있지 않습니다. 어린이 생각은 전학령기 기억과 같이 작용합니다. 즉 기억이 작동을 하고 복잡한 조작도 가능하지만, 이 조작에 대한 어떤 의식적 파악도 없으며 따라서 이 조작을 의지적으로 사용할 능력이 없습니다. (같은 책, 268쪽)

비고츠키는 학령기에 지각과 주의 그리고 기억을 의식적으로 파악하는 과정을 거쳐 마침내 학령기 말에 이르러 자신의 생각을 의식적으로 파악하게 되는 단계에 이른다고 봤다. 따라서 자발적 주의, 문화적 기억을 튼튼하고 풍부하게 형성하는 과정이 곧 의식적 파악을 형성하는 과정이 된다고 할 수 있다.

한편 의식적 파악 형성, 발달에 도움이 또 하나의 과정이 있다. 그것은 눈에 보이지 않는 자신의 생각을 눈에 보이는 형태로 외부에 표현하는 것이다. 대표적인 것이 글쓰기, 설명하기다. 생각을 말과 글로 표현하는 활동을 하다 보면 차츰 자기 생각을 속으로 되뇌고 살펴보는 것이 가능해진다. 이렇게 자발적 주의-문화적 기억의 형성, 발달과 글쓰기, 설명하기의 과정을 거쳐 아이들은 학령기 후반에 비로소 스스로의 생각을 파악하는 단계에 이르게 된다. 학령기 발달의 결과로 형성되는 '생각에 대한' 의식적 파악(메타인지)은 '생각들'에 대한 분석과 종합(추상화와 일반화)을 가능하게 함으로써 개념 발달로 나아갈 수 있게 하는 관건적 과정이 된다.

개념적 사고 발달의 토대로서 풍부한 어휘

초등 고학년은 어휘 확대가 가장 크게 이루어지는 시기다. 여기에는 뛰어난 기억력도 한몫한다. 자연적 기억이 최정점에 이르고 문화적 기억 발달에 의해 배가되기 때문이다. 따라서 초등 고학년은 풍부한 어휘 발달의 시기가 된다.

(출처 : 웹 사이트 〈Galaxy Edu | Korean〉)

그런데 아동기에 획득하는 어휘와 관련, 유의해야 할 부분이 있다. 학령기는 아직 추상적/개념적 사고에 이르지 못하는 시기다. 학령기 생각은 시각적/경험적 사고 형태다. 그렇지만 어린이가 획득하는 어휘에는 추상적 개념들도 포함된다. 아직 추상적 사고를 잘하지 못하는 어린이는 추상적 이해가 필요한 개념들을 정확한 이해가 아닌 나름의 맥락으로 파악하게 된다. 예를 들면 '회사'를 '영리를 목적으로 자본을 투자하고 노동자를 고용하는 생산 활동 단위'로 이해하는 것이 아니라 '아빠가 일을 해서 돈을 벌어오는 곳'으로 이해하는 식이다. 비고츠키는 이를 두고 '의사

(擬似) 개념'[18]이라 명명했다. 의사 개념은 개념 발달의 초기 형태다.

> 그것은 어른들과 구두로 의사소통을 하는 과정에서 그에게 주어진다. 어린이는 자신의 복합체를 마음대로 만들어내지 않는다. 그는 다른 사람들의 말을 해석하는 과정에서 이미 형성되어 있는 의미를 익힌다. (비고츠키, 『생각과 말』, 살림터, 2011, 302쪽)
>
> 학령기 어린이는 이미 개념을 형성했습니다. 어린이는 어떤 의미에서 개념을 형성했을까요? 그가 과학, 산술, 자연과학을 공부하기 시작했다는 것, 즉 산술을 설명하고 과학적 개념을 가진다는 것은 단순한 경험적 사실입니다. 하지만 더욱 정밀한 연구에 따르면 이러한 개념들은 성숙한 것이 아니라 초기 발달 단계에 머무르고 있으며 진정한 의미의 개념 발달 단계에서는 선개념에 해당합니다. (비고츠키, 『의식과 숙달』, 살림터, 2017, 293쪽)

의사 개념은 아동기 어린이들의 어휘 중 많은 부분을 차지한다. 의사 개념은 개념의 추상적 의미를 정확히 이해한 것이 아니라는 점에서 한계가 있지만 향후 개념적 사고 발달로 나아가는 토대가 되기 때문에 큰 의의가 있다.

> 성인들과의 구어적인 의사소통은 어린이들의 개념 발달에 있어 강력한 추진력이며 불가결한 요인이 된다. (비고츠키, 『생각과 말』, 살림터, 2011, 307쪽)
>
> 복합체적 사고와 개념적 사고 사이의 연결 고리의 역할을 한다. … 의

---

18 의사(擬似)는 '유사하다', '진짜가 아니다'란 뜻으로 '의사 개념'은 개념에 대해 정확하게 이해하지는 않지만 나름 맥락적으로 이해하면서 사용하는 것을 말한다.

사 개념은 하나의 복합체임에도 불구하고, 그 안에서 발전해 나갈 미래의 핵을 이미 내포하고 있다. 이 시기에 어린이가 개념에 대해 완전히 의식적으로 인식하기에 앞서 개념들을 실제로 사용하고 다루기 시작한다는 사실에 기인한다. … 어린이들에게서 나타나는 구체적이며 시각적-외형적인 사고의 영역과 추상적인 사고의 영역들 간을 잇는 다리를 나타낸다. (같은 책, 307쪽)

비고츠키는 "낱말 의미는 발달한다"라고 말한다. 같은 낱말이라도 생각이 발달하면서 그 의미는 보다 정확해지고 풍부해진다. 나중에 이미 알고 있던 단어, 개념의 정수를 이해할 때 '아하 경험'으로 다가오기도 한다. 발달의 경로라는 측면에서 본다면 '먼저 소유해야 나중에 체화되고 발달'할 수 있는 것이다. 따라서 의사 개념을 포함해 풍부한 어휘 획득은 아동기 발달을 마무리하는 이 시기에 매우 중요한 과제가 된다.

그런데 최근 아동과 청소년들의 어휘가 빈약해지는 현상들이 많이 보고되고 있다. 풍부한 어휘 획득의 주요 통로는 학교학습과 독서, 그리고 어른과의 의사소통이다. 거의 모든 측면에서 문제가 빚어지고 있다. 학교학습에서 기억과 어휘를 경시하는 일부 경향이 있으며, 독서량의 감소 경향이 나타난다. 그리고 성인과 의사소통하는 기회가 줄고 있다. 어휘 획득의 접촉면과 기회가 줄어드는 부분을 상당 부분을 디지털 텍스트와 디지털 소통이 대신하고 있다. 디지털 텍스트의 특징은 적은 어휘, 짧은 문장이 특징이다. 디지털이 지닌 비중이 갈수록 커질 것이라는 점을 감안할 때, 풍부한 어휘 획득의 기회를 창출하는 것은 학교 교육의 중요한 역할이 된다고 할 수 있다. 아동기 풍부한 어휘 획득 과제와 그 의의를 더욱 분명히 할 필요가 있다.

여전히 중요한 자발적 주의/자기 규제

자발적 주의와 자기 규제는 능동적 교수-학습의 기본 토대이기 때문에 여전히 중요하다. 중학년까지의 과정에서 자발적 주의와 자기 규제가 충분히 키워지지 않은 경우 고학년 시기 교수-학습에 어려움을 야기하며, 이후 중등교육에서 더욱 높아지는 학습의 양과 난이도를 감당하기 어렵다. 따라서 자발적 주의와 자기 규제가 부족한 아이들에게 이 과제는 여전히 매우 중요하며, 이를 고려하는 교육적 지도와 지원이 필요하다.

초등학교를 떠나 중학교에 들어가고 낯선 환경, 새로운 일과와 많은 청소년이 있는 상황에 빨리 적응해야 하는 과제에 부딪히게 된다. … 잠재기[19]의 기량들 - 부지런한 태도, 좌절에 대한 인내, 견고한 조직화 및 계획 능력 - 을 공고히 하지 못한 아동은 특히 더 취약하다. 그 결과 다수의 학생이 학습 동기, 몰입, 수행이 저조해져 학업적, 사회적 능력에 대한 자기개념이 손상되는 고통을 겪는다. (Karen J. Gilmore & Pamela Meersand, 『아동·청소년 정신 발달』, 학지사, 2018, 217~218쪽)

청소년 진입의 변화 수용과 문화적 흥미의 창출

초등학교 고학년 시기 청소년기 진입에 대한 올바른 대응은 중요한 교육적 과제가 된다. 모든 아동이 청소년 진입기에 들어서는 것은 아니지만 집단적 분위기를 크게 변화시키면서 공동의 관심사와 문제가 되기 때문이다.

---

19 정신분석학에서는 아동기를 잠재기로 표현하기도 한다.

청소년기 진입의 변화에 대한 긍정적 수용과 적응

청소년 진입기에 들어서는 아이들은 변화된 모습을 보이기 시작한다. 성적 관심이 증대되고 기존의 관계들 - 양육자, 교사, 친구 - 에 변화된 태도를 보이기 시작한다. 당사자들은 갑작스럽고 커다란 신체적, 심리적 변화에 혼란스러워 하기 쉽다. 아직 청소년 진입기에 들어서지 않은 아이들도 친구들의 변화를 보면서 관심을 가진다. 따라서 고학년에서는 청소년 진입기에 들어선 아이들과 아직 그렇지 않은 아이들이 혼재되어 있지만 청소년 진입기의 변화를 이해하고 올바로 적응하는 것은 공동의 문제가 된다. 청소년 진입기의 신체적, 심리적 변화를 올바르게 이해하면서 긍정적으로 수용, 적응하는 것이 필요하다.

> 전청소년[20]기 아이들은 신체가 변하기 시작한다는 주관적인 느낌을 감당해야 한다. 체중과 신장의 변화, 가슴과 고환의 발달, 성적, 공격적 느낌의 증가는 아이들의 자기감으로 통합되어야 한다. (같은 책, 224쪽)

이 시기 몸과 심리 변화를 올바로 이해하는 중요한 활동 중의 하나가 성교육이다. 적절한 성교육은 자신과 동료들에게 나타나는 몸과 심리 변화를 객관화하고 긍정적으로 인식할 수 있도록 도와줄 수 있다. 급작스러운 변화에 일부 아이들은 고민에 빠지기도 한다. 따라서 소통, 대화의 확대가 필요하다.

한편 청소년 진입기에 들어서면서 다른 성에 대한 관심도 가지지만 그에 대한 거부감이 생겨나기도 한다. 따라서 자신의 변화만이 아니라 다른 성에 대한 긍정적 태도 형성이 함께 이루어져야 한다. 이 시기 체육

---

20 정신분석학에서는 청소년에 진입하는 시기를 '전청소년기'로 규정하는데, 이는 비고츠키의 '13세의 위기'에 해당한다.

과 같은 활발한 신체 활동은 더욱 중요해진다. 활발한 신체 활동은 성적 성숙으로 인한 에너지를 발산하는 한편 급격한 성장에 따른 신체 활동의 부조화를 극복하는 과정이기도 하다.

문화적 흥미의 창출

성적 성숙에 따른 새로운 에너지를 신체 활동으로 발산하는 것만으로는 부족하다. 비고츠키는 청소년 진입기의 새로운 에너지를 문화적으로 승화하는 것이 필요하다고 강조한다.

> 유기체의 진정한 생물적 욕구와 우리가 흥미라 부르는 고등한 문화적 욕구 간의 관계가 우리 눈앞에 매우 뚜렷하게 드러나는 것도 바로 이 연령기다. (비고츠키, 『흥미와 개념』, 살림터, 2020, 49쪽)
>
> 욕망의 흥미로의 전환이 이행적 연령기 문제의 실제 열쇠다. (같은 책, 85쪽)

문화적 흥미로의 승화는 어떤 분야에 대한 관심과 몰입으로 나타난다. 학습 분야만이 아니라 취미, 특기 영역에 대해 열중하는 것도 문화적 흥미의 사례에 해당한다. 문화적 흥미의 창출은 이후 학습 및 자아 발달의 중요한 토대와 동력이 될 수 있다. 이러한 문화적 승화에 대한 비고츠키 관점은 초등 고학년에도 의미 있게 적용될 수 있으며, 아이들의 관심 분야를 발견하고 안내하는 활동을 통해 문화적 흥미를 북돋울 수 있다.

공동체적 가치와 태도의 확장

고학년 시기는 정서 및 행동 역량 측면에서 초등 입학 이후 확대되어 온 사회성에 기초하여 공동체에 좀 더 적극적이고 책임 있게 참여하는 것으로 나아갈 수 있다. 초등 고학년 시기는 세 가지 조건이 맞물린다. 첫째, 학교에서의 상급생이라는 의식은 내가 학교의 주체라는 인식을 형성한다. 둘째, 청소년 진입기의 심리적 변화는 좀 더 자율적이고, 주체적인 일에 대한 욕구를 키운다. 셋째, 아동의 발달 과정에서 형성된 발달 기능 - 자발적 주의, 문화적 기억, 의식적 파악 등 - 과 활동 경험은 주체적, 자율적 활동의 토대가 된다. 이러한 조건들 속에서 고학년 아이들은 좀 더 자율적인 활동을 해 나갈 수 있다.

실제 초등 고학년 시기 아이들은 일정한 자율성이 부여되고, 스스로의 기획력이 필요한 프로젝트 활동을 좋아한다. 학교, 학급 일에 있어서도 책임 있게 참여하고 역할을 주체적으로 수행할 수 있다. 따라서 고학년 시기 공동체적 협력 활동, 자치 활동은 교육적으로 의미 있고 효과적이다. 그를 통해 '공동체에 기여하는 사회적 주체'로서 자아를 발전시켜 나갈 수 있다.

능동적 학습자 되기

종합적 목표로 고학년 시기에는 중학년의 '긍정적 학습자 되기'의 연장선에서 한 단계 상승된 발달 목표로 '능동적 학습자 되기'를 설정할 수 있다. 중학년 시기 형성된 학습 활동의 안정성의 토대 위에 학습의 자발성을 좀 더 키워 나갈 수 있다.

능동적 학습자로 발전하는 가장 중요한 두 요소는 '자발성'과 '학습의 즐거움'이다. 아동기 후반부와 청소년 진입기가 겹치는 이 시기에는 '왜?'라는 질문이 늘어난다. 논리적 이해에 대한 심리적 요구가 강화되는 것이다. 또한 독립심이 확대되면서 어떤 판단을 자기 스스로 내리는 것에 대한 욕구도 커진다. 따라서 고학년에서는 이 주제를 왜 다루는지에 대한 동기 부여가 보다 강화되고, 논리적 이해를 통한 학습의 진전을 도모할 필요가 있다. 물론 아직 이 시기에는 추상적 개념과 복잡한 논리를 이해하기 어렵다는 점을 감안해야 한다. 또한 기억력이 좋은 시기이기 때문에 그 점을 활용하는 것도 중요하다.

뛰어난 기억력에 논리적 이해가 더해지는 과정은 중학년 시기보다 더욱 강한 학습에 대한 즐거움을 안겨줄 수 있다. 이 시기 자발성과 학습의 즐거움을 강화하는 것은 대단히 중요하다. 이후 청소년기 추상적 개념 학습은 물론이고 평생을 이끄는 자기 주도적 학습력의 튼튼한 토대가 될 수 있기 때문이다.

초등 고학년에서 나타나기 시작하는 새로운 에너지를 문화적 흥미로 전환하는 것, 상급생으로서 보다 주체적 활동에 대한 지향이 확대되는 것 역시 능동적 학습자로 나아가는 토대가 된다. 능동적 학습자가 된다는 것에는 많은 것들이 포함되어 있다. 자발적 주의와 자기 규제, 문화적 기억, 의식적 파악, 사회적 정서 등 고등정신기능 발달 경로를 밟아오면서 자발성과 학습의 즐거움까지 생겨났음을 의미한다. 그런 점에서 능동적 학습자가 된다는 것은 학령기 발달을 완성한다는 의미를 담고 있다. 능동적 학습자가 됨으로써 아동은 이후 개념적 사고 발달과 자신의 인격과 세계관 형성이라는 새로운 차원의 발달 여정의 발걸음을 힘차게 밟아 나아갈 수 있다.

3부 비고츠키 청소년 발달론

이현 / 천보선 / 손지희

8장

성숙의 세 봉우리와 청소년기의 문화역사적 본질

이현

1. 청소년기에 대한 상식적인 일반적 정의의 일면성과 문제점
: 유년기에서 성년으로 넘어가는 이행기 또는 과도기

청소년기에 대한 가장 널리 퍼진 정의는 청소년기를 유년기에서 성년으로 넘어가는 이행기 또는 과도기로 규정하는 것이다. 이 정의는 틀린 것은 아니지만 일면적이고 제한적이다. 이런 방식의 상식적인 정의는 크게 세 가지 문제를 발생시킨다.

첫째, 청소년기의 발생적 원인에 대해 충분히 설명할 수 없다. 어떤 한 단계(유년기)에서 다른 단계(성년기)로 넘어갈 때, 두 단계가 겹치는 경계의 시기가 나타날 수 있다. 경계의 시기에는 이전 단계와 이후 단계의 특성이 혼합되는 현상이 나타난다. 하지만 인간의 청소년기는 단순히 일시적으로 나타나는 경계의 시기로 볼 수 없다. 인간의 청소년기는 보통 13세에서 18세에 이르는 6~7년의 매우 긴 독립적인 시기다. 따라서 새로운 단계로 이행하는 과정에서 필연적으로 발생할 수밖에 없는 경계의 시기라는 관점으로는 6~7년에 이르는 상당히 긴 청소년기가 왜 발생하는지 그 이유를 충분히 설명할 수 없다.

둘째, 과도기-이행기로만 청소년기를 규정함으로써 청소년기의 특성을 제대로 파악할 수 없게 된다. 지금까지 청소년기의 특성은 과도기라는 단어가 풍기는 이미지인 혼란, 불안정성, 불균형과 이로 인한 일탈, 감정 과잉, 저항 등 매우 부정적으로 묘사되었다. 이에 '질풍노도'나 '아노미' 등이 청소년기를 상징하는 단어가 되었다. 청소년기가 과도기로 갖는 불안정성은 분명히 존재하지만, 이것이 청소년기의 본질적 특성은 아니다.

셋째, 청소년기의 특성에 대한 부정적 정의는 청소년기에 성취해야 할 과제에 대한 왜곡을 초래한다. 지금까지 청소년기의 부정적 특성을 최소화하는 것을 청소년기의 가장 중요한 과업으로 설정하는 경우가 많았다. 하지만 청소년기는 인간의 생애주기에서 중요한 발달 과제가 많은 매우 역동적 시기다. 청소년기는 부정적 특성을 최대한 제어하는 것을 주요 과업으로 삼는 소극적 시기가 아니라, 여러 발달 과제를 성취해야 하는 능동적-역동적 시기인 것이다.

비고츠키는 청소년기를 유년기에서 성년기로 넘어가는 과도기로 규정하는 것을 넘어 인간의 세 가지 성숙의 불일치를 통해 청소년기를 새롭게 정의하면서 청소년기의 특성을 명확히 하고, 청소년기의 발달 과업을 분명히 하는 데 커다란 성과를 거두었다.

2. 청소년기에 대한 새로운 정의
: 성적 성숙 이후 신체적 성숙과 사회문화적 성숙이 이루어지기까지의 사이 시기

인간 청소년기의 발생원인

비고츠키는 인간에게 성숙의 세 봉우리가 있음을 지적한다. 성적 성숙, 유기체적(신체적) 성숙, 사회문화적 성숙이 바로 그것이다. 그런데 인간에게서 성적 성숙과 신체적(유기체적) 성숙과 사회문화적 성숙의 세 봉우리가 일치하지 않는다. 성적 성숙은 13세 전후에 일어나지만, 성적 성숙 이후에도 신체적 발달(보통 18세 전후하여 신체적 성숙이 완료)과 사회-문화적 발달은 계속 진행된다.

> 이행적 연령기의 모든 특징의 근본 토대에는 세 가지 성숙의 불일치가 있다. … 성적 성숙은 청소년의 일반-유기체적(생물학적-신체적) 발달이 끝나기 전에 그리고 청소년이 사회-문화적 형성의 최종 단계에 도달하기 전에 시작하고 끝난다. 성적인 측면에서 성인과 차이가 완전히 사라질 만큼 충분히 성적으로 성숙한 청소년은 그럼에도 불구하고 다른 두 발달 과정, 즉 일반-유기체적 발달과 사회적 발달의 종착점에 아직 이르지 못한 존재다. (비고츠키, 『성애와 갈등』, 살림터, 21쪽)

이렇듯 성숙의 세 봉우리가 불일치하고, 성적 성숙이 가장 먼저 이루어지고 신체적 성숙과 사회-문화적 성숙이 나중에 이루어지는 상황에서, 성적 성숙으로 더 이상 어린이가 아니면서도 신체적 성숙과 특히 사회-문화적 성숙이 이루어지지 않아 성인으로 역할을 할 수 없는 모순과 위기의 시기가 바로 청소년기다. 따라서 청소년기는 성적 성숙과 사회문화적 성숙의 불일치로 발생한 간극의 시기로 정의할 수 있다. 즉 성적 성숙이 이루어진 이후 사회문화적 성숙이 이루어지기까지의 시기를 의미한다. (하지만 이런 정의는 사회문화적 성숙이 매우 역사적인 것이라 일정한 불안정을 내포한다. 신체적 발달이 18세 전후로 마무리되는 반면, 사회문화적 성숙은 사회와 문화가 복잡해질수록 더욱 연장되는 경향성을 띠게 되기 때문이다.)

동물도 청소년기가 존재할까?

보통 동물들은 유년기의 종료와 성적 성숙 사이에 직접적인 연결이 존재한다. 즉 성적 성숙의 시기에 모든 발달이 종료한다.

> 미성숙하고 완전히 성장하지 않은 동물은 독립적 생존 투쟁에 참여할 수 없으며, 이런 상황에서 자손을 낳아 생존을 보장하고 어린 것을 보호하고 키우는 것은 불가능하다. (비고츠키, 『성애와 갈등』, 살림터, 2019, 21쪽)
>
> 인간과 가장 가까운 유인원도 성장 곡선은 점차 감소하며 성적 성숙의 문턱에서 멈춘다. 일반 유기체적(신체적) 성숙 과정은 성적 성숙 과정과 일치한다. (같은 책, 24쪽)
>
> 따라서 동물의 성적 성숙 시기는 전혀 위기적이거나 이행적이지도 전환적이지도 않다. (같은 책, 24쪽)

동물은 성적 성숙 시기에 모든 발달 과정을 완료한다. 동물은 생물학적 필요성으로 인해 성적 성숙이 유년기의 끝, 즉 유기체 자체의 신체적 성숙의 종착점까지 미뤄진다. 따라서 동물에게 신체적 성숙과 성적 성숙은 대개 일치하고, 사회-문화적 성숙은 존재하지 않기 때문에 동물은 성적 성숙과 함께 유년기가 종료되고 곧바로 성인기로 넘어간다.

〈보론〉
성적 성숙의 의미에 대하여

청소년기는 성적 성숙으로부터 시작한다. 유년기 말에 생식샘의 활동이 활발해지면서 다양한 2차 성징이 나타난다. 정자와 난자를 생성할 수 있어 생식이 가능하게 되며 체모, 목소리, 체형 등 신체적 변화도 나타난다. (성숙이라는 표현 때문에 성적 성숙이 13세 전후하여 이루어진다는 것에 대해 의아해할 수 있다. 성적 기능이 시작되는 시기로서는 맞지만, 성적 성숙은 이후에도 지속되는 것이 아닐까라는 문제 제기가 존재할 수 있다. 비고츠키는 인간의 호르몬 내분비 체계에서 생식샘의 기능이 활발해져 여자는 난자를 생산하여 월경이 시작되는 시점, 남자는 정자를 생산하여 몽정이 시작되는 시점을 성적 성숙 시기로 규정한다. 즉 생식이 가능해지고, 성적 욕망이 출현하는 시기를 성적 성숙 시기로 바라본다.)

유년기의 대부분의 욕구와 욕망은 가족을 통해 충족되었다. 생존에 필요한 다양한 물질적 수단부터 보살핌과 애정 등 심리적 요구까지 주로 가족 구성원에 의존하여 해결할 수 있었다. 유년기 아동에게 가족은 사실상 우주다. 유년기 아동은 의존적 존재며, 가족이라는 세계 내의 존재다.

성적 성숙은 생리적-신체적 변화와 더불어 성적 욕망이라는 이전에 존재하지 않던 새로운 형태의 욕망을 불러온다. 성적 욕망은 가족에 의존하여 해결할 수 없으며, 가족에게 쉽게 드러낼 수 없는 은밀한 성격을 띠게 된다. 성적 욕망으로 인해 아동은 가족 밖의 세계에 더 큰 관심을 가지게 되고 점차 부모와 분리된 존재로 인식하기 시작한다. 성적 욕망은 일방적일 수 없다. 내 욕망의 대상 또한 나를 욕망의 대상으로 바라보며, 서로의 욕망이 일치할 때, 즉 내가 좋아하는 대상 또한 나를 좋아할 때 실제적 관계가 형성된다. (청소년의 성적 욕망을 실제적인 성관계를 통해 쾌락을 추구하는 육체적 욕망으로 한정하는 것은 옳지 않다. 청소년의 사랑은 성관계를 수반하지 않는 경우가 대다수다.)

이에 따라 성적 욕망을 갖는다는 것은 타인의 시선으로 끊임없이 자기를 바라보게 만든다. 성적 욕망은 청소년을 대타적 존재(타자를 통해 자기를 인식하는)로 만드는 중요한 계기가 된다. 하지만 청소년은 아직 자기를 객관화하는 데 한계가 있기에, 자신의 지성, 외모, 용기, 우아함 등 과시하고 싶은 우월감의 욕구와 함께 자기비하적인 열등감을 가지기도 한다. 자신에 대한 타인의 시선과 평가에는 아주 민감해지는 반면, 아직 자신을 바라보는 눈이 충분히 성숙하지 못하여 상황에 따라 자신에 대한 평가가 심각하게 동요하면서 불안정한 정서를 자주 노출한다.

성적 성숙을 통해 부모로부터 분리 의식이 커지면서 동료와의 관계가 매우 중요해진다. 그런데 이 시기에 이성은 서로 다르기 때문에 갈망의 대상이 되는 동시에 불편함을 수반한다. 반면에 동성은 훨씬 편하고 일상적인 관계가 된다. 즉 동성과의 관계가 더욱 넓어지고 깊어진다. 이 시기에는 애정보다 우정이 훨씬 현실적이며 중요한 비중을 차지하면서 동성 또래 집단이 폭넓게 만들어진다. (청소년기는 성적으로 성숙했지만, 신체적 성숙은 완료되지 않았다. 따라서 청소년의 신체는 임신, 출산에 적합하지 않다. 또한 인간의 성적 관계는 단순히 생식을 위한 성적 결합으로 그치지 않는다. 인간의 성적 관계는 고도의 정서적-정신적 관계를 수반한다. 청소년은 아직 정서적-정신적 성숙이 충분히 이루어지지 않았다. 따라서 청소년의 성적 관계는 어떤 사회든 일정한 제약이나 금지가 따른다. 따라서 청소년 시기에 타자와의 관계는 성적 성격을 동반하는 이성적 관계보다는 동성과의 관계 맺음이 훨씬 일반적이다.)

아동기에 타자와의 관계는 비의지적 관계 즉 주어진 관계다. 부모와 형제, 친척, 친구 등을 아동이 선택한 것은 아니다. 반면에 청소년기에 동료와의 관계는 의지적 선택이 일정하게 작용한다. 동료와의 관계는 스스로 선택하고 책임지는 관계다. 따라서 동료와의 관계 맺기를 통해 타인에 대한 이해와 관심이 깊어지며, 인간관계에 대한 보편적인 가치들을 형성하게 된다. 이는 청소년기의 세계관과 가치관 형성에 중요한 토대가 된다. 이렇듯 성적 성숙은 단순히 생리적-신체적 변화만이 아니라, 오히려 심대한 심리적 변화를 통해 유년기를 종료하게 만든다. 성적 성숙을 통해 유년기의 아동은 가족이라는 세계에서 친구와 낯선 이들로 구성된 사회라는 세계로 이행한다.

사회문화적 성숙에 대하여

인간은 생물학적인 존재인 동시에 사회문화적 존재다. 인간은 동물에게 볼 수 없는 사회-문화적 삶을 영위한다. 우선 생명을 유지하기 위한 노동과정(즉 자연과의 물질적 신진대사 과정)을 살펴보자. 동물은 본능과 신체를 짝패로 하여 생존에 필요한 수단을 획득한다. 동물에게 필요한 생존의 기술은 본능에 각인되어 있고, 본능의 명령은 자기의 신체를 통해 구현된다. 동물에게 유일한 노동의 도구는 자기 신체이며(극히 예외적으로 도구가 사용되는 경우가 존재한다), 본능과 신체의 활동은 자동으로 연결된다. 따라서 본능과 자신의 신체 활동의 결합으로 구성되어 있는 동물의 생존 방식에는 학습 과정이 거의 필요 없다. 신체의 성장에 따라 본능이 신체에 구현되면서 생존에 필요한 활동을 전개한다.

반면에 인간의 노동과정은 지능과 도구의 짝패로 구성된다. 인간의 노동은 노동대상의 성질과 특성에 대한 파악(노동 대상에 대한 지식), 노동의 결과에 구상(노동의 최종 결과물에 대한 상상), 노동과정에 대한 기획(노동의 순서와 절차 등) 등 일련의 지적인 과정을 포함한다. 또한 인간은 신체와 더불어 도구를 사용하여 노동한다. 도구를 능숙하게 사용하기 위해서는 도구의 성질과 도구의 사용법에 숙달해야 한다(테크놀로지의 습득). 인간의 역사가 발달하면서 인간의 노동대상의 범위는 계속 확장되고 있으며(과학이 발달하면서 인간이 다룰 수 있는 대상은 계속 확장하고 있으며, 서비스 산업의 광범위한 발달로 인간 자체가 노동의 대상이 된다), 대상을 다루는 방법도 훨씬 깊어지고 있으며(예를 들어 동물을 사육하는 목축에서 인공수정이나 유전적 변형 등 이전에는 존재하지 않았던 방법들이 등장한다), 노동의 과정도 복잡해진다. 또한 기술의 발전에 따라 도구도 다양해지고 고도화된다.

이렇듯 인간 역사의 발달(특히 생산력의 발달)에 따라 인간의 노동과정에 필요한 지식과 기술의 양이 빠르게 증가하며 수준도 높아진다. 이에 따라 이전에는 주로 노동하는 과정에서 노동에 필요한 기술과 지식을 습득했다면 점차 별도의 교육, 훈련 과정이 필요하게 된다. 인간의 사회적 삶도 동물과 다르다. 우선 인간은 상징적 기호(말, 글, 수, 그림, 영상 등)를 통해 서로 소통한다. 상징적 기호를 익히고 숙달하지 못하면 타인과의 소통에 커다란 어려움에 부딪힌다. 또한 인간 사회는 여러 제도, 규칙(법과 규범), 각종 기구 및 장치 그리고 의미 및 가치체계(문화) 등이 서로 얽혀 있는 복잡한 체계를 형성하고 있다. 사회가 발전할수록 각종 제도, 기구, 규칙 등이 증가하여 더욱 복잡한 체계를 형성하고, 사회 내의 상호작용과 상호교류는 확대된다. 사회제도와 사회기구들 그리고 각종 법과 규범 그리고 사회적으로 통용되는 의미 부여와 가치 평가 체계를 제대로 습득하고 배우지 못하면 정상적인 사회적 삶을 영위하기 힘들다.

이렇듯 인간은 생존을 위한 노동이나 사회적 삶을 영위하기 위해 언어나 수 등 상징적 기호를 익혀야 하고, 자연이나 사회 그리고 문화에 대한 지식을 습득해야 한다. 인간이 사회문화적 존재로 성숙하기 위해 가장 중요한 과제는 인류가 그동안 축적해 온 지식과 문화를 배우고 숙달하는 것이다. 지식과 문화를 체계적으로 배우기 위한 가장 중요한 토대는 '개념적 사고'다. 지식과 문화를 깊숙이 배우는 과정에서 개념적 사고가 형성되며, 개념적 사고의 형성은 다시 지식과 문화를 체계적으로 학습하는 데 커다란 도움을 주는 순환적 관계를 형성한다. 인간은 성적 성숙의 시기까지 사회적 삶에 필요한 지식과 문화를 충분히 습득할 수 없으며, 특히 개념적 사고는 대부분 청소년기에 발달한다. 물론 아동기에도 지식과 문화를 배우지만 그 형태는 대부분 즉자적(자신이 습득한 지식과 문화에 대한 의식적 파악과 의지적 사용이 아직 미숙한)인 상태에 머물며, 청소년기에 와서야 대자적 상태로 이행하면서 개념적 사고가 가능해진다.

사회가 발달할수록 사회문화적 성숙에 필요한 발달의 기간이 길어질 수 있다. 따라서 성적 성숙이나 신체적 성숙과 다르게 사회문화적 성숙은 역사적이고 가변적인 성격을 지니게 된다. 하지만 청소년기를 무한정 확대할 수 없으며, 신체적 성숙이 완료되고, 사회문화적 발달도 일정하게 이루어져 독립적인 생활이 가능한 시기인 18세 전후까지를 청소년기로 설정할 수 있을 것이다. (현대 사회에서 배워야 할 지식과 문화가 증가하면서 청소년기 이후에도 직업을 갖지 않고 학습을 지속하는 사람들의 비율이 계속 증가하고 있으며, 이에 따라 결혼 연령도 늦추어지고 있다. 청소년기 이후 경제적 자립 및 독립적 생활을 이루기 전까지의 시기를 청년기로 명명할 수 있을 것이다.)

3. 청소년기의 문화-역사적 성격

왜 인간은 성적 성숙 이후에도 발달이 지속되는가?

이 질문에 대한 답은 인간 신체 구조와 신체 활동의 복잡성과 인간이 처한 환경(특히 사회-문화적 환경)의 복잡성 때문이라고 할 수 있다. 성적 성숙 시기까지 신체적 발달과 사회문화적 발달을 완료할 수 없다.

> 인간에서 세 성숙 지점의 불일치는 발달 기간의 연장, 유년기의 확장, 성적 성숙 경계를 넘은 발달 노선의 확장에 기인하여 생겨난다. (같은 책, 25쪽)
> 인간 유기체와 그 적응 형태의 복잡화, 인간 주위 환경의 복잡화는 바로 인간 유년기의 연장과 성적 성숙의 경계를 넘어선 확장을 야기했음이 분명한 두 가지 근본적 계기다. (같은 책, 25쪽)

즉 성적 성숙 이후에도 신체적 발달이 지속되는 이유는 인간 신체의 복잡성과 그 적응 형태(즉 인간 신체의 다양한 활동)의 복잡성 때문이다. 그리고 사회-문화적 발달이 지속되는 이유는 인간 주위 환경의 복잡성 때문이다. 이때 인간의 주위 환경은 자연환경보다는 주로 역사적으로 형성된 사회-문화적 환경을 의미한다. 인류는 역사 발전을 통해 복잡한 사회문화적 환경을 만들어 왔다. 이에 인간은 사회생활과 직업 활동을 위해 다양한 지식, 기술, 의미와 가치체계(문화) 등을 배우고 숙달해야 한다.

청소년기는 인류의 문화-역사적 발전의 산물

청소년기는 인류 초기부터의 생물학적 요인 때문에 존재한 것이 아니다. 그것은 역사적으로 생성한 것이며, 문화의 발전에 따라 새롭게 등장한 것이다.

> 이러한 불일치는 어떻게 생겨났는가? 그것은 역사적으로 생겨났다. … 인류도 한때는 성적 성숙 시기에 발달과 성장 과정이 완료되었으나, 나중에 인류는 스스로 청년기를 창조하고 자신의 발달 시기를 성적 성숙 지점 밖으로 내보냈으며, 이로부터 불일치가 시작되었다. (같은 책, 231쪽)
> 청년기의 개척, 발달 기간의 연장, 성적 성숙기 이후에도 지속되는 유년기는 역사적, 사회적 특징 때문에 초래된다. (같은 책, 231쪽)

따라서 문화적 발달의 가장 낮은 단계에 있는 원시적 인간에게는 세 가지 성숙의 불일치가 나타나지 않는다.

> 문화적 발달의 가장 낮은 단계에 있는 원시적 인간들에게 성적 성숙 시기는 위기적이라기보다 오히려 최종적인 것이라 말할 수 있을 것이다. 상대적으로 단순하고 원시적인 환경에서 발달의 세 정점의 불일치는 아직 거의 눈에 띄지 않으며 그다지 중요하지 않다고 말하는 것이 맞을 것이다. (같은 책, 27쪽)
> 사회적 성숙은 일찍 도래하며 아직 성적 성숙과 눈에 띄게 분화하지 않았다. 또한 일반-유기체적 발달 역시 성적 성숙이 도래한 후 오래지 않아 중단된다. (같은 책, 28쪽)

낮은 단계의 문화 환경으로 인해 사회-문화적 발달 과제가 거의 없어 사회적 성숙이 빠르게 이루어지며, 이에 성적 성숙 이후 곧바로 성인으로서 성생활과 생식을 시작하면서 신체의 발달도 빠르게 종료되는 것으로 보인다.

청소년기는 역사적(시대적)-지역적-계급적 차이에 따라 가변적

청소년기가 사회문화적 환경과 긴밀하게 연루되면서, 시대적 차이는 물론, 동시대 내에서도 지역(국가)의 차이에 따라, 심지어 같은 지역에서도 계급에 따라 청소년기의 양상은 다르게 나타날 수 있다.

> 모든 후기의 성취가 그러하듯, 청년기는 안정적이거나 규정된 반복적 현상이 아니며 대단히 강력한 변이를 나타낸다. 따라서 청년기의 경로는 그 기간이나 특성이 종족마다 다르며 현대 사회의 기본적 두 계급에서도 다르다. (같은 책, 27쪽)

실제로 경제적으로 빈곤한 저개발국가의 경우 생계에 대한 책임 때문에 짧은 청소년기를 거쳐 농사를 짓거나 공장에 취업하여 성인으로 삶을 살아간다. 또한 보편적 대중 교육이 일반화되기 전까지 노동계급의 자녀와 부르주아 자녀의 청소년기 양상은 다르게 나타났다. (아동-청소년 노동이 감소하고, 중등교육까지 보편교육이 일반화하면 계급적 차이는 상당히 감축된다.)

청소년기의 중심 과제 - 사회문화적 발달

세 가지 성숙의 불일치로서 청소년기는 인간에게만 나타나는 것이며, 나아가 인류의 역사와 문화의 발전에 따라 청소년기의 양상은 변화한다. - 원시사회일수록, 사회가 단순할수록 사회문화적 발달 과제는 적어지고 청소년기는 없거나 짧아질 것이다. 반대로, 사회가 복잡해질수록 사회문화적 발달 과제는 많아질 것이며 이에 청소년기는 길어질 것이다.

이렇듯 청소년기는 인간 사회의 발전에 따른 사회-문화적 발달의 필요 때문에 발생한 것이다. 이는 청소년기의 가장 중심적 과제가 사회-문화적 발달임을 의미한다.

4. 청소년기의 기본적 특성

생물학적 발달 노선에서 문화-역사적 발달 노선으로

유년기에도 생물학적 발달과 문화-역사적 발달이 동시에 일어난다. 유년기에는 생물학적 발달을 토대로 문화-역사적 발달이 일어난다. 감각 기관이 발달하고, 신체의 기능이 정교화되고, 뇌가 성장하는 것 즉 생물학적 발달을 토대로 각종 기능이 발달한다. 사회문화적 발달은 생물학적 성장 과정을 앞질러 일어날 수 없다.

반면에 청소년기에는 문화적-역사적 발달이 중심 노선이 된다. 이때 생물학적 성장 여부가 문화-역사적 발달을 규정하는 토대로 작용하지 않는다. 따라서 이 시기에는 문화-역사적 발달을 추동할 수 있는 환경적 요인이 결정적으로 중요하다.

> 이행적 연령기와 유년기 사이에 일어나는 변화와 차이의 본질은 발달 과정의 구조 속에서 지배성의 변화라는 말로 가장 정확하게 표현될 수 있을 것이다. … 인간은 생물학적인 동시에 역사적인 존재로 형성된다. … 어린이가 유기체적 발달 노선의 지배를 받는 데 비해, 청년기는 역사적 발달 노선의 지배를 받는다. 이 두 노선이 교차하는 때가 이행적 연령기다. (같은 책, 45쪽)

어린이는 문화적 발달이 유기체적 발달로 일어나는 것이 어린이의 특징이다. 말의 숙달이 의미의 이해보다 앞서 일어난다. 어린이는 문화를 자연적인 것으로 숙달한다. 청년은 문화적 발달이 지배한다. 헤겔이라면

어린이는 즉자적 존재이고, 청소년은 대자적 존재가 된다는 말로 표현했을 것이다. (같은 책, 46쪽)

어린이에게는 문화적 발달도 즉자적(비의지적, 비의식적) 형태로 이루어진다. 반면에 청소년은 아직 완벽하지 않지만, 대자적(의지적·의식적) 형태로 문화적 발달을 시작한다. 그런데 즉자에서 대자로의 전환은 자연발생적으로 일어나지 않는다. 생물학적 발달과 다르게 문화-역사적 발달은 여건에 따라 발달의 정도, 속도, 방향 등이 매우 다르게 나타날 수 있으며, 심지어 발달이 일어나지 않을 수도 있다. 따라서 사회문화적 발달을 추동할 수 있는 사회적 환경 특히 교육 환경이 매우 중요하다.

위기와 모순 그리고 혁명의 시기

청소년기는 위기와 모순의 시기다.
첫째, 성숙의 세 봉우리가 일치하지 않음으로써 성적으로는 성인이지만, 사회-문화적으로 여전히 유년인 모순적인 상황에 놓이게 된다.
둘째, 유년 시절의 즉자적인 통일성은 깨지지만, 의지적·의식적으로 즉 대자적으로 새로운 통일성을 구축할 역량은 충분하지 않다. 기존의 틀을 깨졌지만, 새로운 틀은 아직 충분히 성숙하지 못한 상태다.
셋째, 청소년기는 신체적, 정신적 에너지가 강력하게 솟구치는 시기다. 이런 강력한 솟구침이 위기에 대한 민감성을 고조시킨다.

> 청소년은 자기 자신을 이해하지 못한다. 그는 아직 대자적 존재가 되지 못했다. 그는 형성 과정을 겪고 있다. 그러나 그는 즉자적 존재이길 멈추었다. 즉자적과 대자적은 그에게서 분열한다. 이행적 연령기의 기본적 사실과 그 구조의 기본 특질이 여기에 있다. (같은 책, 47쪽)

그것은 무엇보다 유년기에 만들어진 주요 발달 과정 구조의 붕괴, 즉 이전에 형성된 통합체, 낡은 조직, 낡은 발달 과정 체계의 붕괴를 의미한다. 그것은 더 나아가 새로운 역학관계와 새로운 발달 과정의 구조가 출현하고 형성되며, 지나간 것을 대신한 새로운 평형이 확립되기 시작한다는 것을 의미한다. 이 시기는 의심할 여지 없이 진화가 아닌 혁명적인 특징을 갖는다. (같은 책, 37쪽)

하지만 생명력과 에너지가 가장 왕성한 시기인 청소년기는 신체적이나 정신적인 측면 모두에서 강력한 솟구침과 격렬한 질적 변화와 발달이 일어나는 혁명적 성격의 시기다. 즉 청소년기의 위기와 모순은 강력한 질적 변화와 발달의 가능성을 내포한다.

청소년기의 위기가 혼란이나 병리적 현상으로 전화되는 것은 그 시기가 갖고 있는 본질적인 병리성이나 허약함 때문이 아니라 오히려 청소년기가 가장 강력한 솟구침의 시기며, 격렬한 변화의 시기이기 때문에 발생한다.

청소년기는 그 자체로 강력한 솟구침의 연령기지만 동시에 균형이 불안정한 연령기, 세 가지 서로 다른 경로로 분기한 발달의 연령기다. 이 연령기의 토대에 놓인 바로 이 솟구침이 이를 특히 위기적으로 만든다. 평지를 걷는 여행자에게 별다른 영향을 미치지 않는 동일한 현상이 언덕을 오르는 여행자에게는 고된 방해물이 되어 때로는 그를 쓰러뜨릴 수 있다. (같은 책, 238쪽)

우리는 이 연령기의 토대로부터 갈등이 태어나는 것이 아니라, 이 연령기의 솟구침이 모든 외적 난관을 병리적으로 만들기 쉬운 조건을 형성한다고 말하고자 한다. (같은 책, 239쪽)

따라서 우리는 다음과 같이 정리할 수 있다.

청소년기의 위기와 모순이 혼란과 갈등 그리고 병리적 현상에 빠지는 것은 청소년기의 본질적 특성에 기인하는 것이 아니다. 그것은 나쁜 환경과 열악한 여건이 청소년기의 위기와 만날 때 일어난다.

특히 청소년기에 솟구치는 거대한 격렬하고도 불안정한 에너지가 사회문화적 발달 노선에 통합(투여)되지 못할 때, 청소년기의 위기와 모순이 청소년의 성장과 발달의 동력으로 승화하지 못하고, 혼란과 병리적 현상으로 타락할 가능성이 커진다.

삶의 고등 형태로의 적응의 필요만이 한때 인간을 이 복잡하고 험난한 경로로 밀어냈으며, 청소년을 밀어낸다. 성적 본능이 고등한 경로로 이동하고 전환되는 것은 오로지 욕구(고등 형태에 대한 적응의 욕구 즉 문화 발달의 욕구)에 추동될 때만 힘을 받는다. 다른 모든 경우에 승화 자체는 승화의 반대 현상인 기생성을 은폐하는 환영일 뿐이다. (같은 책, 237쪽)

청소년기는 성격상 분열기질적 면모, 즉 고독감, 자폐성, 자신 안에서 살기, 내관, 정신적 분열의 우위로 주목되지만, 동시에 이행적 시기는 사회적-집단적 생활이 향상되는 연령기, 사랑과 우정의 연령기, 타인에 대한 열망의 연령기, 진지한 사회적-정치적 과업으로 진입하는 연령기라는 것으로도 주목된다. (같은 책, 41쪽)

우리가 보듯 이 연령기에는 최대의 가능성과 특별히 위태로운 위기가 동시에 포함된다. 이 연령기가 그토록 극심한 모순으로 물들어 있는 것은 바로 연령기의 거대한 풍부함 때문이다. 오늘날 청소년의 비극은 연령기 자체의 치명적 비극이 아니다. 이는 연령기의 에너지를 병리적, 기생적으로 적용하도록 하는 환경의 왜곡된 영향 탓이다.' 이 말에서 우리는 이행적 연령기의 갈등과 혼란의 모든 문제에 대한 열쇠를 본다. (같은 책, 246쪽)

이렇듯 청소년기는 발달 노선이 매우 복잡한 시기, 여러 가능성이 열려 있는 시기다. 청소년기 고유의 위기와 모순이 혼란과 병리적 현상으로 전락할 수도 있고, 역동적인 사회적 문화적 발달을 통해 질적인 변화와 빠른 성장이 이루어질 수도 있다. 실제로 유년기 아동 사이에는 발달 과정에서 큰 차이가 발생하지 않는 반면, 청소년의 삶에서는 적지 않은 격차가 발생한다. 청소년기에는 사회-문화적 발달 과업을 어떻게 받아들이고, 어떻게 수행하는지에 따라 청소년의 삶의 양상은 완전히 다르게 나타난다.

청소년기는 사회문화적 발달을 통해 의존적 존재에서 독립적인 존재로, 가정 내 존재에서 사회 내에 존재로, 즉자적 존재에서 대자적 존재로 이행하는 시기다. 사회문화적 발달을 위해 가장 핵심적인 과제는 인류가 축적해 온 지식과 문화를 습득하고 이를 통해 개념적 사고를 형성하는 것이다.

현대 사회에서 청소년기의 사회문화적 발달 과제는 주로 학교 교육을 통해 이루어진다. 학교 교육이 부실하여 사회문화적 발달의 과업을 제대로 수행하지 못하면, 청소년기는 혼란과 방황의 시기가 되기 쉬우며, 이후 성인으로서 삶에 치명적인 문제를 초래할 수 있다. 성인으로서 독립적이고, 주체적이고, 자유의지적 삶을 영위하는 데 커다란 어려움을 겪을 수 있다.

9장

'13세의 위기'에 대하여

천보선

1. 이행기로의 이행기

비고츠키의 발달론에는 '이행기' 개념이 있다. 그는 발달 단계와 발달 단계를 잇는 특별한 국면을 '이행기'로 규정하는데, 아동기에서 청소년기로의 이행적 시기를 '13세의 위기'로 명명하면서 다루고 있다. '이행기' 개념은 비고츠키 발달론의 주요 특징 중 하나다. 피아제를 원조로 하는 일반 발달심리학에서는 이행기를 따로 두지 않는다. 아래 표는 비고츠키가 발달 단계와 발달 단계 사이의 이행기(비고츠키는 이행기를 '위기'로 표현했다)를 정리한 것을 나타내는 표다. 표에서 보듯이 인간 발달은 여러 단계와 이행기를 겪어 나가는 역동적 과정이다. 또한 하나의 발달 단계인 청소년기 자체가 '아동기에서 성인으로의' 이행적, 과도적 성격을 지닌 시기라고 할 때, '13세의 위기'는 이행적 성격이 겹치는 '이행기로의 이행기'라고 할 수 있다. '이행기로의 이행기'라는 점은 13세 위기의 격렬성, 역동성을 드러내 준다.

> 신생아의 위기 : 세상으로!
> 유아기(2개월~1세)
> 1세의 위기 : 걷기, 말하기의 시작/지각 발달 시작
> 초기유년기(1세~3세)
> 3세의 위기 : 욕망과 충족의 괴리/기억 발달 시작 - 고집
> 전학령기(3~7세)
> 7세의 위기 : 내면과 외면의 분화/생각 발달 시작 - 으스대기, ~인 체하기
> 학령기(8~12세)
> 13세의 위기 : 성적 성숙 및 독립성 추구/추상적 사고 시작 - 혼란과 갈등
> 사춘기(14~18세)
> 17세의 위기 : 사회적 독립 준비
> (* 연령 경계가 엄밀하지 않음에 유의. 또한 17세 위기가 사춘기 중간에 들어감.)

발달 단계와 발달 단계를 잇는 '이행기'에는 '위기적 증상'과 '신형성'이라는 두 가지 특징이 나타난다.

• **위기적 증상(일시적 부적응)** : 이행기에는 대체로 급격한 변화로 인해 부적응 상황이 나타난다. 이로 인해 스트레스를 받고 고집을 피우거나 떼쓰는 현상이 나타난다. 이런 현상을 두고 사람들은 '미운 3살'과 '까무러칠 것 같은 7살', 그리고 '무서운 중2병' 등의 별칭을 붙이기도 한다. 그러나 위기적 증상은 대부분 일시적이다.

• **신형성** : 이행기에는 이전 발달을 토대로 새로운 발달 기능이 출현한다. 이 새로운 발달 기능이 '신형성'이다. 사실 이 신형성이 위기의 원인이라고도 할 수 있다. 신형성은 아동에게 새로운 상황을 제공하는 반면, 아동은 아직 신형성을 능숙하게 다루지 못하기 때문이다. 새로운 환경에 익숙해지고 신형성을 보다 용이하게 다루게 되면서 안정적 발달 단계로 전진해 나간다. 신형성은 위기적 국면이 본질적으로 긍정적임을 의미한다.

그렇다면 13세의 위기에 나타나는 위기적 증상과 신형성에는 어떤 것들이 있을까?

2. 위기적 증상

주요 증상

13세의 위기는 성적 성숙을 계기로 세 성숙 간의 모순이 발생하는 초기 국면이다. '이행기의 이행기'로서 13세의 위기에서는 다소 격한 위기적 증상이 나타난다. 학업 저하, 부모와의 불화, 심리적 불안 등 부정적, 저항적 측면이 주로 나타나고 성적 호기심이 급증한다.

> 11세에서 13세 사이의 어느 특정한 시기에 남녀에 따라 다를 수 있지만 학교 성적의 저하가 시작 … 학교 행동 노선에서 어떤 난관이 시작되는데 이는 동시에 어린이 가정생활의 어려움과 일치 (비고츠키, 『분열과 사랑』, 살림터, 2018, 29쪽)
>
> 빌러는 이 시기 청소년에게 가장 흔히 나타나는 것으로 첨예한 성적 호기심을 든다. (비고츠키, 『흥미와 개념』, 살림터, 2017, 61쪽)
>
> 생산성의 하락, 흥미의 시듦, 일반적인 불안은 이 국면 전체를 구별하는 가장 중요한 특징이다. (같은 책, 63쪽)

정신분석학에서 관찰하는 내용도 유사하다. 불안과 우울 장애로 인한 대담자가 아동기에 비해 2배로 증가한다고 한다. 특이 사항으로 성적 관심과 관련 금욕주의적 경향, 소년들의 여성 혐오 정서 등을 지적하기도 한다.

이러한 부정적 현상들이 발생하는 이유에 대해 비고츠키는 성적 성숙에 따른 새로운 욕구의 출현과 기존 흥미의 상실, 그에 따라 통합되어 있던 기존 의식 구조 및 행동 체계의 해체를 든다. 비고츠키는 생물학적 토대 변화에 따른 상부구조의 붕괴로 묘사하기도 한다.

소멸되는 과거와 시작되는 미래의 면모가 청소년의 인격에 뒤섞여 있는 이행의 순간에는 기본 노선이 바뀌고, 일시적 방향 상실 상태가 일어날 수 있다. (같은 책, 64쪽)

다른 연령기에는 어느 정도 안정적인 흥미의 생물적 토대 혹은 하층 자체가 이행적 연령기에는 이전에 확립된 욕망의 구조를 무너뜨리고 … 이러한 토양 위에 있는 모든 상부구조는 지진을 겪은 건축물처럼 그 기초까지 붕괴된다는 것은 놀랍지 않다. (같은 책, 59쪽)

생각보다 짧은 위기 국면

일부 잘못된 관점에 의해 이러한 부정성을 청소년기 전체의 특성으로 보는 것에 비고츠키는 반대한다. 우선 '13세의 위기'로 나타나는 부정적 국면은 비교적 짧다.

뷜러에 따르면 이 시기는 소녀의 경우 평균 13세 2개월에 시작되어 여러 달 지속된다. (같은 책, 63쪽)

라이닝거의 연구는 부정적 국면이 보통 11.8세와 13세 시기의 소녀에게 관찰된다는 것을 입증했다. 이 국면은 2개월에서 9개월까지 다양하다. … 라이닝거는 부정적 국면은 청소년이라면 발달 과정에서 반드시 거쳐야 할 정상적이며 필수적인 시기라는 결론을 도출한다. (같은 책, 67쪽)

헤처는 동일한 국면이 소년들에게서도 전개되는 것을 관찰했다. 이는 보통 소녀들보다 좀 더 늦게, 14~16세 사이에 시작되었다. 징후적인 측면에서 … 능률의 하락과 부정적 태도가 더 두드러진다. 전체 부정적 국면이 좀 더 격렬하고 오래 전개 … (같은 책, 69쪽)

자고롭스키의 연구에서 … 부정적 국면을 겪고 있는 소년의 평균 연령은 14세 2개월이고, 소년의 평균 연령은 14세 6개월이었다. (같은 책, 69~70쪽)

다양한 발현

또한 부정성이 실제의 행동으로 나타나는 상황도 다양하다. 비고츠키는 자고롭스키에 의해 수행된 흥미로운 연구를 소개한다. 연구는 '격한 부정성'/'약한 부정성'/'부정성이 거의 나타나지 않는 경우'의 세 형태로 구분한다. 우선 격한 부정성을 보이는 청소년은 비교적 소수다. 관찰 대상 104명 중 16명이 이에 해당했다.

첫 번째 경우; "어린이 삶의 전 영역에서 명백히 뚜렷한 부정성이 나타나고, 학생들의 기존 흥미는 급격히 떨어지며, 이를테면 성생활 같은 문제에 대한 새로운 지향을 받아들이게 되어, 청소년의 행동은 어떤 경우 대략 몇 주 만에 변화한다." … 심한 부정적 특징 (같은 책, 72쪽)

두 번째는 약한 경우다. 이들은 가정과 학교에서 다른 모습을 보이는데, 일부는 가정에서 주로 나타나며, 일부는 학교에서 나타났다. 이들 약한 경우가 다수를 이룬다.

두 번째 변이는 소외가 좀 더 약하게 나타나는 특성을 보인다. … 청소년은 잠재적 부정주의자로 남으려, 특정한 삶의 상황 속에서만 부정적으로 발현된다고 말할 수 있다. … 이 어린이들의 특징은 서로 다른 사회적 상황, 예컨대 학교와 가정에서 다르게 행동한다는 것이다. 연구된 학생들의 대다수가 이 유형에 포함된다(104명 중 68명). (같은 책, 73쪽)

세 번째는 부정성이 거의 나타나지 않는 경우다. 이 경우에는 위기를 내부에서 소화하면서 비교적 안정적인 모습 속에서 청소년기로 진입하는 것으로 보인다.

세 번째 변이의 경우 청소년에게서 부정성이 전혀 나타나지 않는다. 이 경우에는 학업 성적의 하락, 교우 관계의 파괴 … 전혀 보이지 않는다. 동시에 흥미의 변화가 나타나며 공동체에 대한 흥미는 약해지지 않는다. … 이 집단은 관찰된 어린이의 약 20%를 차지한다. (같은 책, 73쪽)

부정적 국면을 나타내지 않는 어린이 중 가장 큰 비중을 차지하는 것은 노동자 가정 출신(20명 중 11명)이다. (같은 책, 73쪽)

이 연구에 따르면 13세 위기에서 격한 부정성은 소수이고 약한 부정성이 다수다. 그리고 일부는 겉으로는 부정적 모습이 표현되지 않는다. 이러한 경향은 현대에 있어도 유사할 것으로 보인다. 한편 외적 부정성이 겉으로 나타나지 않는다고 하더라도 내적 모순과 위기를 겪지 않는 것은 아니라고 한다. 성적/문화적 성숙 간의 불일치는 동일하기 때문이다. 다만 기존의 발달 상황과 관계가 튼튼하거나 성인으로의 역할이 일찍 부여되는 경우, 외적 행동을 스스로 조절할 수 있기 때문으로 볼 수 있다.

부정적 국면 이후 비교적 안정적인 청소년기 도래

부정적 국면 이후에는 다시 학업의 효율성이 회복되고, 새로운 흥미가 발현되는 새로운 국면이 나타난다고 한다. 즉 부정적 국면의 증상이 완화되면서 상대적으로 안정적인 단계로 변화한다는 것이다. 비고츠키는 이 시기부터 본격적인 청소년기로 들어선 것으로 본다.

> 이전 흥미의 쇠퇴는 청소년의 이 발달 국면 전체를 부정적 국면 또는 거부의 국면으로 규정할 바탕을 제공한다. … 온갖 순수한 부정적 징후와 더불어 학업 흥미의 상실 … 첨예한 성적 호기심 … 성적 성숙이 진행되는 만큼 늘어나는 것이 아니라 줄어든다는 정황은 대단히 우리의 이목을 끈다. (같은 책, 61쪽)

> 초기 거부의 국면은 또 다른 긍정적 국면, 툼리르즈가 문화적 흥미라고 말한 국면으로 길을 내어준다. (같은 책, 65쪽)

> 이 국면의 종점은 정신 활동의 성취와 능률 향상이라는 기본 징후로 특징지어진다. (같은 책, 68쪽)

〈 참고 〉
정신분석학에서의 '전청소년기'와 13세의 위기

정신분석학에서도 아동기와 청소년기를 연결하는 시기를 설정한다. 정신분석학에서의 '전청소년기'가 이에 해당한다. 청소년기로의 이행적 시기라는 기본 규정은 비고츠키 13세 위기와 동일하며 부정성이 나타나는 짧지만 격렬한 시기 등 징후적 특징도 유사하게 파악하고 있다.

10세에서 12세 사이 잠재기가 끝나가고 청소년기가 어렴풋이 나타나는 순간, 아이들은 짧지만 격동적인 사춘기 전의 시기로 들어선다. 전청소년기는 아동 후기 동안 시작되며 사춘기에 일어나는 주요 사건으로, 수개월에 걸쳐 호르몬 수준이 증가하다가 성적 성숙의 첫 번째 징표와 함께 끝이 난다." "키와 몸무게의 빠른 증가, 2차 성징의 출현, 새로운 내적 압력 … 혼란스럽고 통제할 수 없다는 느낌 … 아동의 내적 균형 상태는 전복되며 … 대립적인 느낌, 표면화되는 초조함, 불안정한 기분이 두드러지는 경향이 있다." "가족과 또래 집단과 맺고 있던 관계에 근본적인 변화를 시사한다. … 아동은 부모와의 유대 관계로부터 퇴행할 가능성이 있는 영향력으로부터 떨어져 나와 우정, 흥분, 소속감을 위해 또래 집단으로 강력하게 돌아선다. (Karen J. Gilmore & Pamela Meersand, 『아동청소년 정신 발달』, 학지사, 2018, 203~204쪽)

　　그런 점에서 정신분석학의 '전청소년기'는 비고츠키의 '13세의 위기'와 동일한 국면을 의미하며 이행적 위기 국면으로 '13세의 위기'를 설정하는 이론적, 실제적 타당성을 확인할 수 있다. 다만 13세 위기 및 청소년기에 대한 비고츠키 논의가 주로 교육적 발달에 초점을 두는 반면 정신분석학은 주로 청소년기에 발생하는 심리 및 병리 문제에 관심을 두는 차이가 있다고 할 수 있다.

3. 13세 위기의 신형성

청소년기 정신 발달을 위한 '신형성' 발생 : 의식적 파악과 분석(추상화) 기능

　　비고츠키는 13세의 위기를 거치면서 청소년기 발달을 이끄는 신형성이 출현한다고 말한다. 인지적 측면에서는 '의식적 파악'과 '분석 기능'의 두 가지가 그것이다.

의식적 파악

　　의식적 파악은 자신의 '생각을 의식하고 파악'하는 발달 기능이다. 현대심리학의 '메타인지'와 동일한 개념이다. 비고츠키는 의식적 파악 기능이 학령기 말에 형성된다고 했는데 이 시기가 13세의 위기에 해당한다.

> 의식적으로 파악한다는 것은 주어진 의식 현상에 나타난 대상을 아는 것뿐 아니라 의식 현상 그 자체를 아는 것을 의미합니다. (비고츠키, 『의식과 숙달』, 살림터, 2017, 287쪽)
>
> 의식을 단지 주관적 체험의 총합으로 이해하는 것이 아니라 … 현실과의 관계, 현실에 대한 의식적 관계로 취급해야 할 것입니다. 이것이 새로운 의식 구조를 구성하는 일반적 신형성이며, 학령기 말에 어린이에게서 나타납니다. (같은 책, 299쪽)

여기서 비고츠키가 강조하는 의식적 파악은 '스스로의 생각'에 대한 의식적 파악을 의미하며, 학령기 발달 과정에서 지각과 주의, 기억에 대한 의식적 사용을 거쳐 학령기 말에 나타난다고 봤다. 생각에 대한 의식적 파악은 외부에서 주어지는 지각, 기억의 일반화를 넘어 자신의 생각을 일반화할 수 있는 것으로 나아간다. 그리고 그를 통해 개념과 새로운 관계를 맺게 된다.

> 의식적으로 파악한다는 것은 무엇을 의미할까요? 그것은 자신의 심리적 과정을 공동일반화한다는 뜻입니다. … 내 안에 대상에 대한 개념이 출현했다는 사실로 인해, 대상과 관련한 행동 가능성이 변할까요? 그렇습니다. 내가 무언가를 인식하는 것 -이는 공동일반화를 의미합니다- 과 같은 방식으로 나 자신의 활동 과정을 공동일반화한다면, 이것은 내가 그것과 다른 관계를 맺을 기회를 열었음을 의미합니다. (같은 책, 288쪽)

분석(추상화) 기능

'분석 기능'은 눈에 보이지 않는 추상적 관계, 성질을 인식할 수 있는 '추상화 기능'이다. 비고츠키는 13세의 위기에 '분석 기능'의 급속한 성장이 나타난다고 말한다.

> 이러한 분열 기능의 급속한 성장을 처음으로 만나게 되는 것은 바로 학령기 끝이다. (비고츠키, 『분열과 사랑』, 살림터, 2018, 50쪽)

이 논의에서 비고츠키는 '분석'이라는 말 대신 '분열'이라는 표현을 쓰는데, 이 시기 나타나는 '의식의 분열'과 '분석 기능'의 출현이 관계 깊다고 보기 때문이다.

> 분열 개념은 주로 정신병리학 영역에서 일궈지고 발달되기 시작 … 오늘날 여러 정신병리학자들의 자료를 통해, 분열이 병리적 의식 기능이 아니라 모든 정상적 의식의 조직에 존재하는 기능으로서 이해됨이 명백해졌다. … 정신생활의 분열에서 나타나는 것만큼이나 추상과 개념 형성에 필수적 … (같은 책, 43쪽)

비고츠키는 정신 이상에서 나타나는 의식의 분열과 정상 상태에서의 의식 분열이 유사한 기제라고 하면서 그 차이는 그러한 분열을 의지적으로 통제하느냐의 여부로 봤다.

> 분열은 정상적으로 조직된 의식의 기능이며 이는 우리가 무언가에 주의를 기울이며 나머지에는 주의를 기울이지 않는 의지적 주의에서도 똑같이 필수적 (같은 책, 43쪽)
>
> 집중하는 것 … 형태와 배경 추출의 산물 … 지각의 계기들에 주의를

기울이는 능력 … 이러한 분열 기능 (같은 책, 50쪽)

13세의 위기에 청소년은 기존의 통합된 의식 구조가 무너지면서 일시적으로 일부 현상과 욕구에 좌우되는 '분열된 의식' 상태가 나타나는데 이러한 의식의 분열이 어떤 현상에서 일부만을 추출하는 '분석 기능' 성장과 연결된다고 본 것이다.

부정적 국면에 진정 본질적이고 발달상 필수불가결한 단계는 불로일러가 말한 바와 같이 의식에서의 분열 기능, 즉 어린이 내적 삶의 통합성에서 어떤 분해 및 분화 기능의 성숙이다. (같은 책, 56쪽)
우리는 자폐성, 즉 내적 삶 전체 혹은 개별 부분들이 충분히 독립되는 가능성의 출현이라는 의미에서의 자폐성이 모든 모종의 인격 발달의 필수적 고리임을 드러내었다. … 우리 모두는 선별적 의사소통을 하게 하는 과거 삶이나 체험을 가지고 있다는 의미에서 의무적인 자폐적 기능을 가지고 있다. … 이러한 의미의 자폐성은 … 이행적 연령기에 나타난다. (같은 책, 57쪽)

13세의 위기에 '어떤 사물과 현상에서 특정 부분을 추출'하는 분석 기능의 성장은 이후 개념적 사고 발달의 중요한 토대가 된다. 개념적 사고는 그러한 추출물들을 일반화, 종합하는 것에 의해 가능하기 때문이다. 그래서 비고츠키는 13세 위기에서의 분석 기능의 성장, 나아가 이 시기 의식 분열 자체를 긍정적인 과정으로 봤다.

이행적 연령기의 경계인 부정적 국면에서 … 역할이 극도로 증가함을 보여준다. … 우리는 이것의 발달에 오히려 유리한 국면을 보고 있는 것이다. (같은 책, 52쪽)

분열과 개념 형성 기능이 발생적 연속선상에서 얼마나 서로 밀접하게 연관되어 있는지 특별히 드러낼 수 있었다. (같은 책, 56쪽)

모든 개념의 실질적 숙달을 요구하는 일반화가 모든 나라에서 중학교 연령기, 즉 부정적 국면이 시작되는 연령기와 연관됨을 보여준다. (같은 책, 53쪽)

개념은 분석과 종합의 결합인데 종합하는 기능(혼합체-복합체적 종합)이 비교적 일찍부터 발달하는 반면 분석 기능은 이 시기에 급격하게 성장한다. 아마도 비고츠키는 13세의 위기 시기에는 성장하는 분석 기능이 종합하는 기능과 연결되지 못함으로써 의식의 분열로 나타나는 것으로 보는 듯하다. 그리고 13세의 위기를 경과하면서 분석 기능과 종합 기능을 결합하려고 시도한다. 이는 이전과는 질적으로 다른 수준의 통합적 의식(인격) 형성으로 점진적으로 나아가기 시작하는 것이다. 비고츠키는 분열에서 새로운 통합으로 나아가는 상황을 다음과 같이 대비적으로 강조한다.

인격의 분열 없이 미래의 인격 구조는 나타날 수 없을 것이다. (같은 책, 55쪽)

이를 토대로 우리는 어린이의 정신적 삶에서 여러 거시적인 변화를 보며, 이와 연관하여 복잡한 특성을 가진 여러 가지 부정적 국면의 징후가 나타난다. 그러나 다른 한편으로 … 분열 이외의 다른 것에 토대해서는 나타날 수 없는 진정한 내적 인격 구조의 출현과 발달을 위한 전제 조건이 된다. (같은 책, 59쪽)

개념적 사고 발달의 관문으로서 두 기능의 연관
의식적 파악과 분석 기능은 서로 연관된다. 특정 부분을 분리, 추상화하는 '분석'이 되어야 의식적 파악이 가능하고, 의식적 파악이 되어야 분석 작업을 발전시켜 나갈 수 있다. 이를 통해 둘은 개념적 사고 발달의 관문이 된다고 할 수 있다.

> 내가 무언가를 인식하는 것 - 이는 공동일반화를 의미합니다 - 과 같은 방식으로 나 자신의 활동 과정을 공동일반화한다면, 이것이 내가 그것과 다른 관계를 맺을 기회를 열었음을 의미합니다. 거칠게 말해 마치 그것이 전체적 의식 활동으로부터 분리되는 것과 같습니다. (비고츠키, 『의식과 숙달』, 살림터, 2017, 288쪽)

'의식적 파악'과 '분석 기능'이라는 발달적 신형성의 출현은 성적 성숙만큼이나 13세 위기에서 큰 사건이다. 또한 '문화적 발달'이라는 맥락에서 본다면 아동기 발달과 청소년기 발달을 이어주는 핵심적 사건이다. 13세의 위기 때 이후 발달을 담보하는 신형성이 형성된다는 점에서 13세의 위기조차도 전적으로 부정적이지 않고 발달의 긍정성을 담지하는 과정으로 규정될 수 있다.

> 13세 위기에 대해서도 같은 말을 할 수 있을 것이다. … 이 시기에 시각적 도식으로부터 이해와 추론으로의 태도적 변화가 일어나므로 대개 학생들의 정신 능력과 생산성은 가장 크게 감소하게 된다. 새롭고 고등한 지적 활동 형태로의 이행은 수행 능력의 일시적 감소를 동반한다. … 모든 부정적 징후 뒤에는 대개 새롭고 고등한 형태로의 이행을 이루는 어떤 긍정적 내용이 숨겨져 있다. (비고츠키, 『연령과 위기』, 살림터, 2016, 85쪽)

성적 에너지와 문화적 흥미 발달

성적 성숙은 13세 위기를 직접 촉발하는 유기체적 신형성이라고 할 수 있다. 이로 인해 새로운 욕구와 충동, 에너지가 발생한다. 13세의 위기를 지나면서 새로운 에너지는 문화적 흥미로 전화해 나간다. 비고츠키는 흥미 발달을 부정적 국면을 넘어서는 주요 과정으로 봤다. 흥미 발달 문제는 부정적 국면은 물론이고 청소년기 전체를 관통하는 문화적 발달의 주요 과제 중 하나다(이 문제에 대해서는 다음 장에서 좀 더 상세히 다룬다).

흥미의 문제는 이행적 연령기에 매우 복잡해진다. 만일 우리가 청소년의 흥미를 끄는 인상들을 대하는 모종의 계몽된 태도를 만들어내지 못한다면, 이행적 연령기에 포함된 생물학적 가치의 가장 중요한 부분을 교육적 영향하에 둘 수 없게 될 것이다. 우리는 이행적 연령기 문화화의 문제와 교수-학습의 문제가 이 연령기를 지배하는 흥미를 옳게 구조화하는 문제라고 확실하게 말할 수 있다. (비고츠키, 『흥미와 개념』, 살림터, 2020, 75~76쪽)

4. 13세 위기와 전체 청소년기의 관계

13세 위기는 청소년기로 들어서는 진입기로서 전체 청소년기의 일부다. 따라서 13세 위기에 나타나는 부정성을 청소년기 전체의 성격으로 규정할 수 없다. 비고츠키는 13세 위기에 나타나는 부정성을 전체 청소년기의 기본 성격으로 보는 일부 견해들에 반대하면서 문화적 발달을 통해 주체적 인간으로 형성되어가는 긍정적 시기로 규정했다. 13세의 위기를 극복하면서 청소년은 격한 혼란에서 벗어나 상대적으로 안정화되고 개념적 사고의 발달, 문화적 흥미의 발현으로 나아간다. 그리고 일시적으로 분열되었던 의식 구조를 다시 통합해 나간다. 그러한 과정을 통해 청소년은 자신의 인격과 세계관을 갖추는 주체적 인간으로 발달해간다.

그러나 13세 위기는 물론이고 이후에도 조건적으로 발현할 수 있는 '혼란과 갈등' 문제는 청소년기 전체의 중요한 문제 중 하나다. 비고츠키는 교육적 대응을 통해 13세 위기의 부정성과 청소년기에 나타날 수 있는 혼란과 갈등을 완화, 극복할 수 있다고 봤다. 비고츠키는 자고롭스키의 말을 인용하면서 올바른 교육적 대응을 강조한다.

> 우리는 청소년 교육학에 대해 잘 모르며, 부정적 청소년에게 접근하는 법을 아직 개발하지 못했지만 … 정상 청소년의 부정적 국면은 오래 지속되지 않으며 다양한 행동 형태를 띤다는 사실, 즉 영향에 민감하다는 사실은 결론적으로 교육적 낙관주의를 지지한다"라고 저자는 말한다. (같은 책 74쪽)
>
> 우리가 보기에, 충동의 흥미로의 전환 즉 충동의 문화적 형성과 더불어, 위기적 국면의 이러한 이질성을 고려할 때 부정적 국면의 문제를 진정으로 바르게 조명할 수 있다. (같은 책, 76쪽)

당시 비고츠키는 13세 위기의 혼란과 갈등에 대한 구체적인 교육적 대응 방안을 제출하지는 않았다. 거의 100년이 지난 지금에도 어떻게 해야 할지 충분히 모른다고 할 수 있다. 그러나 비고츠키는 몇 가지 의미 있는 방향을 제시하고 있다. 첫째, 에너지의 발산과 승화(문화적 흥미 유발), 둘째, 자신의 변화 수용 및 다른 성에 대한 올바른 이해, 셋째, 궁극적으로 개념적 사고로의 전진이다. 그리고 이전 발달 과정 및 관계가 튼튼하고 호의적일수록 극복 또한 수월하다고 봤다. 이러한 점들을 참고하면서 보다 체계적인 교육적 대응 방안을 마련해가야 할 것이다.

10장

청소년기 발달의 방향과 동력

천보선

1. 청소년기 이행, 발달의 방향

청소년기는 아동에서 성인으로의 이행기다. 성인이 되는 대표적인 지표들은 일반적으로 '직업'과 '혼인' 그리고 학교의 졸업 등이라 할 수 있다. 그런데 이런 지표들은 결과적이고 가시적인 것들이다. 비고츠키는 내적 변화에 주목했다. 그리고 "혁명적 변화"라고 말하면서 단순한 이행이 아니라 질적 변화임을 강조한다.

이 시기는 의심할 여지 없이 진화가 아닌 혁명적인 특징을 갖는다. (비고츠키, 『성애와 갈등』, 살림터, 2019, 38쪽)

비고츠키는 청소년기에 이루어지는 내적 변화들에 대해 다음과 같이 다양하게 탐구하고 규정하고 있다.

> *유기체적 발달 노선의 지배에서 역사적 발달 노선의 지배로*
> *복합체적 생각 구조에서 개념적 생각 발달로*
> *욕구에서 문화적 흥미로*
> *상상에서 창조로*
> *의존적 존재에서 독립적 주체로*
> *즉자적 존재에서 대자적 존재로*
> *본능에서 자유의지로*
> *타율적 규범에서 자율적 윤리로*
> *인격과 세계관의 형성*

청소년기에 전개되는 이러한 다양한 변화를 다음의 몇 가지 범주로 구분하여 살펴볼 수 있다고 본다.

생각 구조의 변화 : 감각적, 복합체적 사고 -> 체계적, 개념적 사고로

추상적 사고가 가능해지는 청소년기에 들어서면 생각 구조가 바뀌기 시작한다. 생각 구조의 변화 문제는 청소년기에 대한 비고츠키의 논의 중 가장 핵심적인 주제다. 그것은 개념적 사고 발달이 청소년기 발달의 가장 핵심적인 부분이기 때문이다. 비고츠키는 인간의 생각 구조를 크게 3가지 형태로 구분한다. 혼합체/복합체/개념적 사고가 그것이다. 간략히 말하자면 '혼합체적 사고'는 사물, 현상을 '느낌'의 형태로 파악하는 것이고, '복합체적 사고'는 '시각적, 경험적'으로 파악하는 것이다. 반면 '개념적 사고'는 눈에 보이지 않는(추상적인) 연관 관계, 본질까지 파악하면서 사고하는 것이라 할 수 있다. 개념적 사고가 중요한 이유는 사물, 현상을 보다 체계적으로 이해할 수 있을 뿐만 아니라 주체적, 객관적 사고가 가능하게 하기 때문이다. 비고츠키는 복합체적 사고는 외부(시각)와

주관(경험)에 매이도록 하며, 주체적이며 객관적인 사고는 오직 개념적 사고를 통해 가능하다고 봤다. 그런데 이러한 개념적 사고는 비로소 청소년기부터 발달하기 시작한다는 것이다.

개념적 사고가 청소년기부터 발달한다는 점은 비고츠키만이 아니라 발달심리학에서 보편적으로 밝혀진 사실이다. 그러나 개념적 사고가 어떻게 발달하고, 전체 정신 구조를 어떻게 재편성하는가에 대해 집중적이고 체계적으로 논의한 것은 비고츠키가 독보적이다. 청소년기 개념적 사고 발달과 관련하여 우선 두 가지 점에 대한 강조가 필요하다.

첫째, 청소년기는 개념적 사고의 완성이 아니라 단지 시작일 뿐이라는 것이다. 청소년기는 아동기까지의 일반화 기능 및 의사 개념 축적의 토대 위에 (생각에 대한) 의식적 파악, 분석 기능이 새롭게 출현함으로써 개념적 사고 발달을 가능하게 조건이 형성된 것일 뿐이다. 그 자체로 개념적 사고를 형성하는 것은 아니다. 개념적 사고는 청소년기부터 점진적으로 발달해 가는 새로운 사고 형태로서 이해되어야 한다. 개념적 사고는 분석과 종합(일반화)을 결합하는 지속적 생각 훈련이 필요하다. 따라서 그 과정은 점진적이며 또한 가변적이기도 하다. 가변적이라는 것은 잘 될 수도 있고, 안 될 수도 있음을 의미한다. 개념적 사고 발달은 저절로 되는 것이 아니라 청소년의 의식적 노력과 활동이 필요하다는 속성을 지닌다.

둘째, 개념적 사고 발달은 그 자체에 머물지 않고 전체 정신 구조를 재편한다는 것이다. 사고 형태만이 아니라 정서와 행위까지 포함하는 총체적 의식과 자아를 재구성, 형성해 나간다. 개념적 사고가 발달하면서 기존의 정서, 지각, 기억 방식은 변화한다. 또한 높은 수준의 정신적 역량들 - 비판적 사고, 성찰, 창조성 등 - 은 개념적 사고를 기반으로 형성된다. 따라서 개념적 사고 발달은 주체적, 객관적 사고의 기초일 뿐 아니라, 더 높은 수준의 정신 및 실천적 역량의 형성으로 나아가는 핵심적 토대가 된다고 할 수 있다.

욕망 구조의 변화 : 본능적 욕구 -> 문화적 흥미/삶에 대한 의지와 계획

청소년기에는 삶의 원동력인 욕망 구조도 변화한다. 본능적 욕구에서 문화적 흥미와 의식적 삶에 대한 의지로의 변화라고 할 수 있다. 비고츠키는 다음과 같이 말한다.

> 흥미의 발달은 청소년의 모든 문화적 발달과 심리적 발달의 토대가 된다. 흥미는 고등 형태에서 의식적이 되고 자유로워지면서 즉자적 욕망인 본능적 충동과 달리 의식적 갈망, 대자적 욕망으로 우리 앞에 나타난다.
> (비고츠키, 『흥미와 개념』, 살림터, 46쪽)

성적 욕구라는 강한 생물학적 욕구가 생겨나기 시작하는 시기가 청소년기인데, 욕망 구조가 본능적인 것에서 문화적, 의지적으로 바뀐다는 것은 반대 방향이라 다소 의외로 여겨질 수도 있다. 그러나 조금 더 생각해 보면 비고츠키 진술의 타당성이 발견된다. 비고츠키는 본능적 욕구가 없어진다고 말하는 것이 아니라 행동을 지배하는 동력이 바뀐다는 점을 지적하는 것이다. 즉 아동기까지는 맛있는 것, 재미있는 것 등에 대한 본능적 욕구가 행동을 지배한다면 청소년기부터는 사회문화적 분야들에 대한 관심, 자기 삶에 대한 의지 등 문화적 성격을 지닌 새로운 내적 동인이 행동을 지배하기 시작한다는 것이다.

이 과정에 대해 비고츠키는 13세 위기를 거치면서 놀이 등에 대한 기존 흥미가 상실되면서 새로운 욕망이 출현하고, 그것이 문화적 흥미로 전환되는 과정으로 인식한다. 그리고 흥미는 이러저러한 다양한 탐색을 거쳐 삶에 대한 실천적 흥미로 선택, 강화되는 과정으로 나아간다고 말

한다. 문화적 흥미의 출현은 청소년기 정신 발달의 중요한 요소다.

> 이행적 연령기 흥미 발달에서, 말하자면 두 개의 기본적인 파동을 분명히 추적할 수 있다. 새로운 흥미 체계의 유기체적 토대를 제공하는 새로운 욕망의 파동과, 그 후 새로운 욕망 위에 세워진 이 새로운 체계 성숙의 파동 … 첫 번째 국면을 욕망의 국면으로, 두 번째를 흥미의 국면으로 부른다. (같은 책, 57쪽)

> 두 번째 국면에 접어든 청소년에게 나타나는 다양한 형태의 흥미로 특징지어진다. 이 다양성으로부터 점진적으로 분화의 경로를 통해 흥미의 기본 핵심이 선택되고 강화된다. … 흥미 발달 국면의 처음이 낭만적 갈등이라는 특징이 있다면, 마지막 국면은 가장 안정적인 흥미 중 하나인 현실적이고 실용적인 선택으로 특징지어질 수 있을 것이고, 그 선택은 주로 청소년이 선택한 삶의 기본 경로와 직접적으로 연결되어 있다. (같은 책, 60쪽)

또 하나의 중요한 과정은 삶에 대한 주체적 방향 설정과 의지의 강화다. 청소년기부터 삶의 방향과 목표를 탐색하고 구체적으로 세우기 시작한다. 이를 통해 자기 생활에 대한 스스로의 지배력을 강화해 나간다.

자아의 발달

분열에서 새로운 통합으로

비고츠키는 아동기에 형성된 의식 구조의 통합성이 청소년기에 진입하면서 해체, 분열되었다가 청소년기 발달 과정을 통해 새로운 통합적 의식 구조로 재구성되어 나간다고 말한다.

세 발달 노선의 차이가 세 성숙 지점 간의 단순한 시간적 분리와 연대기적 불일치를 의미하는 것은 아니다. 그것은 무엇보다 유년기에 만들어진 주요 발달 과정의 붕괴, 즉 이전에 형성된 통합체, 낡은 조직, 낡은 발달 과정 체계의 분해를 의미한다. 그것은 더 나아가 새로운 역학관계와 새로운 발달 과정의 구조가 출현하고 형성되며, 지나간 것을 대신한 새로운 평형이 확립되기 시작한다는 것을 의미한다. (비고츠키, 『성애와 갈등』, 살림터, 2019, 37쪽)

아동은 청소년 진입기에 들어설 때 새로운 욕구의 출현, 기존 권위와 관계에 대한 회의 등이 나타나면서 기존 의식 구조의 통합성이 깨지고, 혼란과 갈등을 겪게 된다. 그러나 이 과정을 '분석'과 '생각에 대한 의식적 파악'이라는 개념적 사고의 문을 여는 기능이 출현하는 과정으로 본다. 이후 청소년은 상대적 안정을 회복하고 개념적 사고가 점차 발달하면서 의식 구조의 새로운 통합으로 나아간다. 아동기가 외부에서 주어진 생각이 지배하는 시기라면, 청소년기는 스스로의 생각을 형성하면서 의식을 새롭게 통합해 나가는 과정이다. 그래서 시일이 지나면 청소년은 안정화되어 간다. 후반부의 청소년은 나름의 가치관과 세계관, 삶의 방향과 목표를 가지고 자신의 인지, 정서, 행동에 어느 정도 통합된 모습을 보인다. 이러한 새로운 통합을 이끄는 핵심 요소가 개념적 사고의 발달이며, 그를 통해 정신기능 체계의 재구조화, 성적 에너지의 문화적 승화, 인격과 세계관 형성이 이루어진다. 이 과정을 비고츠키는 질적으로 새로운 통합된 의식 구조가 탄생한다는 점을 강조하면서 혁명적 과정으로 비유하고 있다.

자아 형성의 방향
청소년기 점차 통합되어 가는 자아의 모습을 몇 가지 측면으로 살펴볼 수 있다.

　첫째, '의존적 존재'에서 '독립적 주체'로의 변화다. 아동기까지 보여왔던 가정, 양육자로부터의 심리적 의존이 점차 해체되고 독립적 심리가 출현, 성장해 나간다. 동료와 집단 등 주변과 사회에 관심이 확대된다. 독립적인 사회적 주체로의 성장이라고 할 수 있다. 보다 구체적으로 청소년은 진로/직업의 탐색, 민주시민으로서의 태도와 가치, 행동양식 등 사회적 주체로서 준비해 나간다.

　　이행적 시기는 사회적·집단적 생활이 향상되는 연령기, 사랑과 우정의 연령기, 타인에 대한 열망의 연령기, 진지한 사회적·정치적 과업으로 진입하는 연령기 (같은 책, 41쪽)

　둘째, '즉자적 존재'에서 '대자적 존재'[1]로의 변화다. 비고츠키는 청소년기가 즉자성 속에서 대자성이 출현하는 시기로 본다. '즉자성'은 본능과 주관적 판단으로 반응하는 것을 의미하며 '대자성'은 자기 자신을 대상화하고 객관화할 수 있는 역량이다. 비고츠키는 청소년에게 즉자성과 대자성이 함께 존재하지만, 점차 대자적 존재로 발달해 나간다고 말한다.

　　누군가는 이 시기를 직관상의 연령이라 하고, 또 누군가는 이 시기를 대수의 연령이라 말한다. 이 둘 모두 똑같이 옳다. (같은 책, 41쪽)
　청소년은 슈프랑거가 바르게 말했듯이 자기 자신을 이해하지 못한다.

---

[1]　헤겔 철학에서 등장하는 용어로 '즉자(卽自)'란 사물이 직접 드러난 현상이나 존재를 가리키는 말이고, '대자(對自)'는 그 실체에 대한 객관화를 통해 인식되는 행위 혹은 주체화된 상태를 의미한다.

그는 아직 대자적 존재가 되지 못했다. 그는 그 형성 과정을 겪고 있다. 그러나 그는 이미 즉자적 존재이길 멈추었다. '즉자적'과 '대자적'은 그에게서 분열한다. (같은 책, 47쪽)

즉자성과 대자성의 혼합 속에서 개념적 사고를 통해 점차 대자적 존재가 되어간다는 것이다. 대자성을 통해 인간은 자신의 행위를 스스로가 지배할 수 있다고 봤으며, 비고츠키는 그것을 '자유의지'라고 불렀다.

이것은 대자적 존재가 되어 처음으로 고등한 형태의 필연성을 획득하는 청소년에게만 해당하는 말이다. 이 필연성은 인간에 고유하며 역사적 발달의 과정에서만 나타나고, 이것을 우리는 자유의지라 부른다. 이는 엥겔스가 말하듯이, 자연과 자기 자신에 대한 지배 즉 자연적 필연성에 대한 인식에 기반을 둔 지배로 이루어진다. (같은 책, 47쪽)

셋째, '타율적 규범'에서 '자율적 윤리'로의 발전이다. 비고츠키는 진정한 자율적 도덕은 청소년기부터 비로소 형성 가능하다고 봤다. 그것은 우선 스스로의 생각과 행동에 대한 자기 인식이 청소년기부터 가능하기 때문이다.

자아 성찰은 청소년기에 발생하며 어린이에게는 불가능하다. (비고츠키, 『인격과 세계관』, 살림터, 2023, 317쪽)

또한 인간에게 도덕이란 결국 사람들과의 관계에 대한 인식과 태도인데 이는 집단 속에서의 협력을 통해 형성되며 청소년기에 비로소 사회적 차원의 관계에 대한 인식과 판단이 가능하기 때문이다. 자율적 도덕은 개념적 사고의 형성, 사회관, 세계관 형성과 연계된다.

협력만이 자율적 도덕의식을 가져온다. (같은 책, 261쪽)

인격 발달과 집단 발달이 본질적으로 상호 연결된 과정 … 이행적 연령기에 사회적인 집단적 연결은 직접적이고 구체적인 일반적 체험이나 사회적 관계에 대한 시각적 자료에 토대하여 확립되는 것이 아니며, 사회적 연결은 광범위하게 발달된 청소년의 추상적 생각에 기반하여 성립된다. (같은 책, 262쪽)

넷째, 이 모든 것의 총체적 방향이자 과제로서 '주체적 인격과 세계관'의 형성이다. 여기서 인격은 윤리적 측면만이 아니라 정신 구조의 발달을 토대로 하는 의식과 행동양식의 총체를 의미한다. 그리고 그것은 개성으로 표현되는 개별적 고유성을 포함한다. 청소년기는 이러한 의미로서 인격 형성의 시기라고 할 수 있다.

동시에 이는 인격과 세계관이 성숙되는 연령이기도 하다. 자신의 '자아'의 발견, 내적 세계의 정복, 외부로부터 내부로의 전환, 내향성을 많은 저자들이 이 시기 전체의 기본 특징이라 부른다. (비고츠키, 『성애와 갈등』, 살림터, 2019, 42쪽)

어린이 유기체가 즉자적 존재에서 대자적 존재로 변화하는 것, 바로 이것을 인격 형성 과정이라 부른다. (같은 책, 46쪽)

청소년기는 개념적 사고의 형성, 대자적 존재로의 발전, 유기체적 에너지의 승화, 독립적 판단력의 형성을 통해 새로운 질적 통합을 이루어 나가는 시기다. 그 중심에는 개념적 사고 발달이 있다. 개념적 사고를 중심축으로 청소년은 자아를 통합해 나가고, 자유의지를 지닌 주체적인 인격과 세계관을 형성해 나간다고 할 수 있다. 청소년기 인격과 세계관은 아직 성숙하는 중이라는 점에서 성인과 다르지만, 이제 외부에서 주어진 것이 아니라 스스로 만들어 가는 것이라는 점에서 아동과도 다르다. 즉 인격과 세계관 형성에 스스로의 책임도 점차로 부여되는 시기라고 할 수 있다.

2. 청소년기 문화적 발달의 동력

주체적 인간으로의 성장이라는 청소년기 문화적 발달은 저절로 이루어지지 않는다. 난관과 유혹을 극복해 나가는 스스로의 내적 동력과 의지가 필요하다. 청소년기 문화적 발달을 추동하는 동력을 비고츠키는 다음과 같이 제시하고 있다.

고등한 삶에 대한 필요와 발달 의지

비고츠키는 청소년기 발달의 가장 기본적인 동력으로 '고등한 삶에 대한 필요와 의지'를 제시한다.

> 삶의 고등한 형태로의 적응의 필요만이 한때 인간을 이 복잡하고 험난한 경로로 밀어냈으며, 이제 청소년을 밀어낸다. (같은 책, 237쪽)

비고츠키가 제시하는 '스스로의 필요와 의지'보다 일반적으로는 성적 성숙을 청소년기 발달의 주요 동력으로 보는 경향들이 있다. 또한 일부에서는 독립심과 같은 '성인 지향 심리'를 주요한 동력으로 보기도 한다. 비고츠키는 이러한 요소들이 청소년기의 주요한 계기이자 조건이 되기는 하지만 청소년 발달의 근본 토대가 될 수는 없다고 봤다. 그러한 견해들에 대해 비고츠키는 그것들로 청소년의 내적 변화의 본질을 설명할 수 없다고 말한다.

> 성적 성숙이 일어나며 … 이로부터 초조, 흥분 등 청소년이 이해할 수 없는 전에 없던 체험을 하게 된다는 사실이다. … 오늘날 대다수의 연구자들은 이것을 소위 이행적 연령기의 부정적 국면이라고 불리는 것의 토대에 놓는다. … 다른 이들 … 경험적으로 성인에 대한 의존으로부터 해방이 최종적으로 일어나는 13세의 위기에 이르면 독립성이 출현한다고 말한다. … 부정적 국면에 대한 이론 중 어떤 것도 온전한 의미에서 설득력이 있다고, 무언가 본질적인 것을 다룬다고 말할 만한 것이 없다. … 이들은 이 신형성이 이미 학령기에 존재하던 것으로부터 어떻게 필연적으로 나타나는지 그리고 그것이 어떻게 필연적으로 후속하는 연령기의 존재 조건이 되는지 보여주지 않는다. … 내가 염두에 둔 것은 청소년의 정신분열적 특성에 대한, 정신분열적 기질과 청소년의 기질 사이의 유사성 등에 대한 끊임없는 지적이다. (비고츠키, 『분열과 사랑』, 살림터, 2018, 35~36쪽)

비고츠키는 청소년 발달의 근본 원인이 세 가지 성숙(성적/신체적/사회문화적 성숙) 간의 불일치에서 비롯된다고 본다.

> 세 개의 성숙 노선이 갈라짐으로써 발생하는 부적응이 이 시기 발달의 기본 동력이다. 이 부적응을 극복하는 것을 바탕으로, 문화적 발달과 유기체적 발달의 관계가 유년기와는 달라진다. (비고츠키, 『성애와 갈등』, 살림터, 2019, 45쪽)

그리고 이 모순은 그 자체에 머무는 것이 아니라 '삶의 고등한 형태로의 적응' 필요에 의해 '부적응을 극복'하기 위한 의지로 나아가며 그것이 청소년기 발달의 동력으로 작용한다고 본 것이다.

> 이 부적응을 극복하는 것을 바탕으로, 문화적 발달과 유기체적 발달의 관계가 유년기와는 달라진다. (같은 책, 45쪽)

'스스로의 필요와 의지'가 청소년 발달의 기본 동력이라는 점은 이 시기 발달의 주요 노선이 '문화적 발달 노선'으로 전환한다는 점과 연결된다. 문화적 발달은 스스로의 의식적, 계획적 행위에 의해 이루어진다. 이 점은 청소년기 삶의 방향, 가치관과 세계관 형성 그리고 학습과 발달에 대한 자기 주도성을 형성해 나가는 것이 매우 중요하다는 사실을 의미한다.

문화적 흥미

비고츠키는 모순 극복을 위한 '필요와 의지' 외에 '문화적 흥미'를 또 하나의 주요한 동력으로 제시한다.

> 흥미는 갈망, 욕구와 더불어 활동을 추동하는 경향성이다. (비고츠키, 『흥미와 개념』, 살림터, 2020, 40쪽)
> 흥미의 발달은 청소년의 모든 문화적 발달과 심리적 발달의 토대가 된다. (같은 책, 46쪽)

학습 자체 혹은 어떤 분야에 대한 관심과 흥미가 교수-학습과 발달의 직접적 동력이 될 수 있음은 당연하다. 비고츠키는 흥미가 청소년기에 들어서면 본능적인 것에서 문화적인 것으로 그 성격이 변화한다고 말한다.

흥미는 고등 형태에서 의식적이 되고 자유로워지면서 즉자적 욕망인 본능적 충동과 달리 의식적 갈망, 대자적 욕망으로 우리 앞에 나타난다. (같은 책, 46쪽)

유기체의 진정한 생물적 욕구와 우리가 흥미라 부르는 고등한 문화적 욕구 간의 관계가 우리 눈앞에 매우 뚜렷하게 드러나는 것도 바로 이 연령기다. (같은 책, 49쪽)

비고츠키는 문화적 흥미가 고등한 인간적 욕구라고 말한다. 어떤 분야, 주제와 내용에 대한 관심과 흥미는 본질적으로 문화적이다. 문화적 흥미 발달은 개념적 사고 발달과 연관된다. 비고츠키는 본능적 욕망이 없어지는 것이 아니라 개념적 사고의 발달 속에서 문화적 흥미로 전환된다고 말한다.

청소년기에 이에 상응하는 것은 욕망을 인간의 욕구와 흥미로 바꾸는 복잡하고 긴 과정이다 … 욕망의 흥미로의 전환이 이행적 연령기 문제의 실제 열쇠다. (같은 책, 85~86쪽)

따라서 흥미는 존재하는 것이 아니라 발달하는 것이며, 문화적 흥미 발달은 청소년기 교육에 있어 중요한 과제 중 하나가 된다.

흥미는 획득되는 것이 아니라 발달한다. (같은 책, 38쪽)

문화화가 두 가지 점에서 흥미와 연결되어 있다는 점이다. 문화화의 목적은 특정한 흥미를 만들어내는 것뿐 아니라 바람직하지 않은 흥미를 제거하는 것이다 … 우리 행동을 움직이게 하는 동력으로서 흥미는 우리가 원하든 원하지 않든 필연적으로 존재하며, 모든 심리적 과정의 전개를 규명한다 … 흥미 없이는 어린이들은 결코 배울 수 없다. 문제는 이것이 어떤 종류의 흥미며, 그 원천이 무엇이냐는 것이다. … 우리는 흥미를 누그러뜨리고, 그 근원을 제거하거나 방향을 바꾸고, 흥미의 영역을 이동시키고, 새로운 흥미를 만들고 기른다. 우리는 이것을 할 수 있고 해야만 한다. (같은 책, 77쪽)

발달의 동력과 생물학적 에너지의 구분

비고츠키는 성적 성숙과 독립성 출현을 청소년기 발달의 기본 동력으로 보는 것을 비판했지만 그러한 것들이 청소년기 발달 과정에서 중요한 계기와 조건으로 작용한다는 점을 분명하게 인식했다. 성적 성숙은 청소년기에 새롭게 확대되는 생명력과 에너지의 원천이 된다고 봤다. 비고츠키는 이러한 에너지를 문화적 흥미로 승화하는 것을 강조했다. 즉 성적 성숙은 그 자체로 발달의 동력이 되는 것이 아니라 개념 발달 속에서 고등한 삶에 대한 의지와 문화적 흥미로 승화될 때, 비로소 발달의 동력으로 전화될 수 있는 것으로 본 것이다.

이 연령기는 모든 생명력의 가파른 증가로 특징지어진다. 이로부터 이 연령과 연결된 위험과 창조적 기회가 비롯된다. … 불리한 외적 내적 조건, 열악한 환경 속에서는 출구를 찾지 못하고 발달적 혼란을 초래하지만, 발달에 유리한 환경 속에서는 사회적이고 창조적인 인격 형성의 원천이 된다. (비고츠키, 『성애와 갈등』, 살림터, 2019, 54쪽)

흥미로운 것은 비고츠키는 생명력 강화의 결과가 유동적이라고 지적한다는 점이다. 성적 성숙으로 인한 생명력 강화는 '발달의 혼란'을 초래할 수도, '창조적 인격 형성의 원천'이 될 수도 있다고 본 것이다. 또한 성적 성숙만이 아니라 신체적 성장도 에너지의 분출을 함께 구성하는데, 그래서 이 시기 체육 활동의 중요성을 강조했다. 그는 청소년기 체육 활동은 신체적 측면만이 아니라 지적 측면이 함께 결합하는 활동으로 본다.

> 이행적 연령기의 민감해진 감정과 불안정성, 전체 유기체의 일반적이고도 심오한 재구조화, 취약성의 증가, 이 모든 것들은 이 연령기 체육교과의 과업을 매우 중요하게 만든다. (같은 책, 72쪽)
> 지적 측면이 지배하는 운동은 이러한 부조화를 완화할 뿐 아니라 의지적 운동을 향상, 강화하고 피질하 영역의 질서를 잡는 데 기여하는 직접적 수단이다. (같은 책, 82쪽)

이처럼 성적, 신체적 성숙은 문화적 발달의 직접적 동인은 아니지만 원천적 에너지를 제공함으로써 청소년기 발달의 주요한 조건으로 작용한다. 그리고 그 에너지를 어떻게 승화하느냐가 교육적 과제라는 것을 제기한다.

〈보충〉
성적 에너지의 이중성과 성교육에 대한 비고츠키의 논의

비고츠키는 청소년기 발달의 기본 동력이 세 성숙 간의 모순에 있다고 보지만, 성적 성숙 자체를 매우 중요한 주제로 다루었다. 그에 대한 논의를 보충적으로 소개하고자 한다. 우선 그는 성적 성숙을 청소년기 발달의 생물학적 토대이자 모순 발생의 계기로 봤다. 그리고 성적 성숙을 생명력의 강화로 포착한다. 이 역시 근본적으로 유익한 것으로 본다.

> 근본적으로 이 위기는 매우 유익하며 그 핵심에는 전체 유기체의 생명 활동의 강력한 분출이 있다. (비고츠키, 『성애와 갈등』, 살림터, 2019, 66쪽)

그리고 청소년기 성적 성숙과 그 실현 사이에는 일정한 거리가 존재한다고 지적한다.

> 성적 성숙은 사회적 성숙 및 문화-심리적 성숙과 동시에 일어나지 않으며, 일반적인 유기체 발달의 완성과도 동시에 일어나지 않는다 … 성숙과 본능의 기능 사이에는 특정한 시간이 반드시 경과되어야만 하는 것이다. (같은 책, 101쪽)

그 거리 속에서 나타날 수 있는 성급한 성생활과 지나친 갈등으로 인한 깊은 혼란 모두 잘못된 경로라고 말한다.

> 이것은 위기적 연령기가 가진 많은 갈등 중에서도 가장 심각하고 커다란 갈등을 일으킨다 … 이 투쟁은 다른 투쟁과 마찬가지로 서로 다른 결말에 이를 수 있다. 가장 중요한 것은 이 투쟁이 발생하는 외적 조건이다. 이 외적 조건은 청소년의 인격 자체, 그의 문화적 교육의 정도, 사회적-창조적 이상과 입장의 정도 등의 여러 측면에 대해 결정적인 역할을 할 수 있다. 그 결과는 때로는 성급한 성생활로 나타나며 그 형태가 특이하고 비정상적일 수 있다. 때로는 그 투쟁이 오래 지속되면서, 깊은 혼란을 초래한다. 두 경우 모두 청소년이 따라가야 할 직접적 경로에서 벗어난 우회로로 간주되어야만 한다. (같은 책, 101~102쪽)

한편 비고츠키는 성적 성숙에 따른 에너지가 기생적인 것이 될 수도 있고 창조적 활동의 토양이 될 수도 있다고 말한다.

> 성적 본능은 기생하면서 다른 욕구로부터 에너지를 흡수할 수도 있고, 다른 욕구들을 밀어내고 그 생명을 빼앗을 수도 있으나, 또한 성적 에너지는 고등 활동 형태로 승화하고 전환되어 창조적 활동을 위한 비옥한 토양이 될 수도 있다. (같은 책, 230쪽)

그리고 이 문제에 대해 비고츠키는 문화적 승화를 강조한다.

> 인간의 문화-역사적 발달이 그려낸 이 직접적 발달 경로는 승화의 경로다. 즉 성적 본능과 연결된 뇌의 에너지를 그 직접적 목표에서 떨어뜨려 사회적이고 창조적인 활동이라는 새로운 경로로 변화시키는 것이다 … 청소년기와 청년기의 사랑은 이 연령기 인간의 성적 본능이 문화적 인간에 의해 만들어진 가장 자연스러운 형태로 승화된 것이다. 창조적(과학적, 예술적, 사회적) 활동은 같은 과정의 또 다른 형태다. (같은 책, 102쪽)

> 가장 간단한 승화의 형태는 슈프랑거가 말한 청소년기의 풋사랑이다. (같은 책, 167쪽)

한편 성교육에 대해서도 논의하는데, 다음의 언급들은 지금도 상당히 의미 있다.

> 성교육은 다른 성을 대하는 태도를 배우는 것이다. 이는 남녀공학을 하지 않고는 불가능하다. (같은 책, 108쪽)
>
> 조기에 청소년을 준비시키고, 일반 교육활동의 모든 결정적 계기에 성교육을 투입하는 입장을 포함한다 … 일상적 교수 및 문화화 활동과 동떨어진 특별한 성교육이 있어서는 안 된다 … 모든 학습-문화화 수행 과정에는 성교육의 요소가 어느 정도 포함되어야 (같은 책, 173~174쪽)
>
> 청소년의 머리 위에서, 그를 무시하고 다만 이러저러한 변화를 일으켜야 하는 대상으로 다루는 것이 아니라 청소년을 통해서, 이 교육이 그의 삶에 가져오는 그 자신만의 해결책을 통해 청소년 자체를 이 사태에 직접 끌어들임으로써 … 성교육은 대부분 성적인 자기 교육이 되어야 한다. (같은 책, 188쪽)
>
> 동물과 달리 인간은 자신의 욕구를 숙달하고, 자신의 지배력으로 본능을 굴복시키며, 자신의 의지로 행동을 주도하며, 스스로 새로운 욕구를 창조하고, 자기 행동을 이러저러한 측면으로 능동적으로 지향시킨다. 자기 행동을 지배하는 이런 인격의 힘 또는 능력을 과대평가하는 것은 큰 잘못이지만, 또한 모든 승화의 과정에, 따라서 성교육에 결정적인 영향을 미치는 것으로 드러난 이 새로운 요인을 과소평가하는 것 역시 잘못일 것이다. (같은 책, 175쪽)
>
> 우리 생각에 성교육의 최종 목표는 시기상조적 소모와 관련된 변태적 전환, 기생적 발달, 최소 저항에 따른 만족으로부터 성적 본능을 보호하는 것뿐 아니라, 이 본능의 우회와 승화를 위한 경로와 잠재력의 창조에 있고, 가장 중요하게는 윤리적인 청소년 인격의 창조에 있다. (같은 책, 176쪽)

프로이트의 '승화' 개념과의 차이, 계급 불평등과 승화 문제

프로이트는 '개인이 자신의 본능적 욕구와 충동을 사회적으로 허용되고 문화적으로 가치 있는 활동으로 전환하는 심리적 과정'으로 '승화' 개념을 제시한 바 있는데 비고츠키는 이 개념을 일정하게 채용하면서 성적 에너지의 문화적 승화를 강조한다. 그러나 프로이트와 달리 승화의 동인은 성적 에너지가 아니라 삶의 고등한 형태를 향한 필요와 의지라는 문화적 에너지에 있다고 강조한다.

> S. 프로이트의 책을 읽으면, 한 원시적인 반인반수의 투박한 성적 에너지가 그를 고양시키는 모호한 욕망의 영향을 받아 복잡한 문화-사회적, 기술적 활동을 향하게 되는 듯한 인상을 받는다. 이보다 잘못된 생각은 없다. 오직 혹독한 필요, 저항할 수 없는 강압,

삶의 고등한 형태로의 적응의 필요만이 한때 인간을 이 복잡하고 힘난한 경로로 밀어냈으며, 이제 청소년을 밀어낸다. 성적 본능이 고등한 경로로 이동하고 전환되는 것은 오로지 욕구에 의해 추동될 때만 힘을 받는다. 다른 모든 경우에서 승화 자체는, 본질적으로 승화의 반대 현상인 부정적 전조 또는 기생성을 은폐하는 환영일 뿐이다. (비고츠키, 『성애와 갈등』, 살림터, 237쪽)

한편, 혼란과 갈등이 조건적인 것과 같이 '승화'도 조건적이라 봤다. 비고츠키는 노동자 계급의 청소년들이 질병과 병리적 현상을 더 많이 겪으며, 승화에 불리하다고 말한다.

노동자 청소년과 부르주아 청소년의 경우 서로 다른 지배성을 가지며 이로부터 서로 다른 구조와 역동이 나타난다. (같은 책, 236쪽)
청소년 노동자가 당연히 부르주아 청소년보다 훨씬 더 적은 승화 가능성과 훨씬 더 작은 문화적 창조의 지평을 갖고 있으며, 이 때문에 승화의 외적 조건은 후자에게 훨씬 더 유리하다. (같은 책, 237쪽)

그러나 기생성의 가능성 또한 부르주아 청소년이 더 많다고 봤다.

청소년 노동자의 욕구 구조 자체, 삶의 입장 자체가 승화의 경로를 따를 수밖에 없는 반면, 부르주아 청소년 역시 그 삶의 입장, 자신의 연령기 구조에 의해 반대 경로, 즉 기생성의 경로를 따를 수밖에 없다. (같은 책, 237쪽)

'승화'와 관련해서 볼 때, 삶의 조건 속에서 생존을 위해 사회적 발달과 성적 성숙 간의 괴리를 좁혀야 하는 강제가 노동자 청소년에게 부과되는 반면, 부르주아 청소년은 자유롭다. 그에 따라 성적 본능의 사회적 승화로의 강력력은 노동자 청소년에게 더욱 크고, 부르주아 청소년은 기생적 가능성이 큰 것으로 나타난다. 그러나 승화의 내용적 풍부함과 가능성은 유복한 부르주아 청소년에게 훨씬 크게 나타난다. 이 때문에 유복한 계급에서 '일탈'과 '발달' 모두 더 우세하게 나타난다고 할 수 있을 것이다.

우리는 다만 부르주아 청소년이 필연적으로 기생성의 경로로 펼쳐지듯 청소년 노동자는 필연적으로 승화의 경로로 밀쳐지지만, 이것이 승화의 가능성 자체는 유복한 계층에게 더없이 풍요롭고 넓다는 사실을 부인하려 함이 아님을 말하고자 한다. (같은 책, 237쪽)

> 한편 중등교육이 보편화된 현대 사회에서는 '기생적 가능성', '승화의 내용적 가능성' 모두 두 계급 간의 간격이 일정하게 좁혀지고 있다고 볼 수 있다. 대학 교육이 구조적, 내용적으로 보편화될 경우 그 차이는 더욱 작아지게 될 것이다. 문화적 발달에 의한 괴리의 극복, 모순의 통일 과정으로 바라볼 때 '승화'의 개념도 제대로 이해될 수 있다 (성적 본능에 초점을 둘 경우 '승화' 개념도 억압이나 회피의 형태로 잘못 이해될 수 있음).

3. 청소년기 혼란과 갈등 문제와 발달의 가변성

청소년기 발달은 가변성을 띤다. 청소년기 발달은 '문화적 발달 노선'의 지배로 전환되는 시기라는 점에서 주체적 필요, 의지와 의식적 노력이 필요한 과정이다. 따라서 잘될 수도, 잘되지 않을 수도 있으며, 심지어 성인으로서의 문화적 발달에 충분히 이르지 못할 수도 있다. 또한 주체적 인격과 세계관 형성으로 나아갈 수도, 혼란과 갈등으로 점철되거나 심지어 왜곡될 수도 있다.

청소년기 '모순'/'혼란과 갈등'의 구분

비고츠키는 청소년들에게 닥치는 '모순'과 '혼란 및 갈등'을 구분한다. 모순은 '성적/신체적/문화적 성숙 간의 불일치'를 의미하며, '혼란 및 갈등'은 그 모순으로 인해 빚어지는 실제의 심리적 혼란, 갈등을 가리킨다. 비고츠키는 모순은 그것의 극복을 위한 노력을 유발하는 발달의 동력으로 작용하지만, 혼란과 갈등은 그것으로 인한 부정적 발현태로서 그 자체로 발달의 동력이 되는 것은 아니라고 본다. 또한 모순이 있다고 해서 반드시 혼란과 갈등으로 발현되는 것은 아니라고도 본다. 비고츠키는 청소년기 모순을 청소년기 전체를 규정하는 요소로 보면서 그러한 모순으로 인해 발생하는 부정적 발현은 청소년기 전체가 아닌 부정적 국면(13세의 위기)의 특성이라고 말한다.

> 이행적 연령기에 나타나는, 대단히 다양한 방면의 정신분열적 인격 변화는 전체 이행적 연령기가 아닌 부정적 국면 자체의 특성 (비고츠키, 『분열과 사랑』, 살림터, 2018, 36쪽)
>
> 어느 정도 전체적이고 일관성 있는 인격이 나타나고 이행적 연령기에 이는 명백히 표현되지만 이것이 부정적 국면에서는 존재하지 않는다는 … 우리가 아직 새로운 통합체로 모여지지 않은, 일련의 분화되고 비교적 서로 분열되어 있으며 서로 분리된 체험을 다룬다는 것을 웅변한다. (같은 책, 49쪽)

비고츠키는 '정신분열적 상황', '전체성의 부재'는 부정적 국면(13세의 위기)의 특성이며 청소년기 전체는 학령기와 마찬가지로 "어느 정도 전체적이고 일관성 있는 인격"이 나타난다고 말한다. 비고츠키는 청소년기 전체를 혼란과 갈등으로 점철되는 시기로 보는 견해들에 반대한다. 그러한 견해들은 실제적인 근거가 없다고 말한다.

> 우리는 신체적 체질 영역이나 심리적 체질 영역 어디에서도 이행적 연령기의 특성 자체가 '정상 병리학'에 비추어 보아야 한다는 이유를 확증하는 사실을 찾을 수 없다. (비고츠키, 『성애와 갈등』, 살림터, 2019, 216쪽)
>
> 한 가지는 의심의 여지가 없다. 연령기 자체의 체질적 조건은 병리적인 것이 아니라 정상적이고 건강하다는 것이다. (같은 책, 218쪽)

비고츠키의 이러한 견해는 당시에는 다소 파격적인 주장이었지만 현대에 이르러서는 다양한 연구와 정신분석학 등에서 지지를 받는다고 할 것이다.

'폭풍과 스트레스', '청소년기의 혼란'이라는 개념은 이론가들과 임상가들로부터 동시에 이의 제기를 받았다. 그중 가장 주목받은 것은 Daniel Offer로, 그는 청소년의 행동과 주관적인 경험을 심리검사와 일련의 인터뷰를 통해 조망했다. 청소년 초기부터 후기까지 상대적으로 잔잔하게 진행된다고 밝힌 그의 연구 결과는 다양한 관점의 후속 연구에서 되풀이되었다. (Karen J. Gilmore & Pamela Meersand, 『아동청소년 정신 발달』, 학지사, 2018, 228쪽)

최근 OECD 〈교육 2030〉 및 유네스코 〈함께 그려보는 우리의 미래〉 보고서에서도 비고츠키의 청소년관과 같은 맥락의 입장 개진되고 있다.

발달신경학의 진전을 통해, 뇌 가소성의 두 번째 폭발이 청소년기에 발생하고 가소성을 갖는 두뇌의 부분과 시스템이 자기통제의 발달과 관련된 영역이라는 것이 밝혀졌다. 그러므로 청소년기는 상처받기 쉬운 시기가 아니라 책임감을 발달시킬 수 있는 기회인 것이다. (OECD, 〈교육 2030〉 입장문, 2018)

젊은이들이 자신의 관심사를 다듬고, 재능을 추구하며, 자신의 소명을 가장 잘 찾을 수 있는 직업을 찾아 나가게 되는 것은 이 단계일 때가 많습니다. 이론과 실천, 끝이 없어 보이는 준비와 의미 있는 경험 사이의 간극을 메우고 강한 목적의식을 심어 주는 것은 이 단계에서의 중요한 교육 목표입니다. … 청소년을 본질적으로 골칫거리, 반항적이거나 사회적 이익에 위험한 것으로 분류하는 결핍 내러티브는 특히 해로우며, 이는 중요하지만 때로는 까다로운 전환기를 위한 세대 간 협력과 지원 기회를 제한합니다. (유네스코, 〈함께 그려보는 우리의 미래〉, 2021, 3장)

혼란과 갈등은 조건적 발현

그렇지만, 부정적 국면의 특성인 혼란과 갈등이 단지 부정적 국면만이 아니라 청소년기 전반에서도 아동기에 비해 많이 발생하는 것은 사실이다. 이에 대해 비고츠키는 그것이 조건적이라고 말한다. 즉 모든 청소년이 아니라 일부 청소년에 조건적으로 작용, 발현된다고 보는 것이다. 청소년기에 종종 발생하는 혼란과 갈등은 청소년기 자체의 본질적 특성이 아니라 어떤 조건을 만날 때 발현되기 쉬운 현상이라는 것이다.

> 우리는 이행적 연령기가 체질적이 아닌 조건적 병리라고 말할 수 있다. 이것이 우리 견해의 토대다. 우리는 이 연령기의 토대로부터 갈등이 태어나는 것이 아니라 이 연령기의 솟구침이 모든 외적 난관을 병리적으로 만들기 쉬운 조건을 형성한다고 말하고자 한다. (비고츠키, 『성애와 갈등』, 살림터, 2019, 239쪽)

청소년기 혼란과 갈등이 조건적이라는 점 역시 현대 연구들에서 확인된다.

> 청소년기의 전반적인 경험과 그것이 "평화로운 성장을 방해"하는 걸로 여겨지는 정도는 개인, 문화, 성별, 가족, 그 외 영향들에 따라 다양하다. 따라서 현대 서술적 연구에서의 합의점은 이 폭풍과 스트레스가 항상 심각하거나 보편적인 것은 아니나, 정신적인 대변동이 청소년기에 나타날 가능성은 보다 높은 것 같다는 것이다. (Karen J. Gilmore & Pamela Meersand, 『아동청소년 정신 발달』, 학지사, 2018, 229)

청소년기 혼란과 갈등이 조건적이라는 사실은 청소년기 체계적 교육과 발달 지원의 필요성을 더욱 부각한다. 발달적 토대가 취약할수록, 환경이 열악할수록 혼란과 갈등의 가능성이 커지기 때문이다. 또한 인격과 세계관이 왜곡된 형태로 형성될 경우 교정 가능성도 아동기에 비해 적어진다. 비고츠키는 환경이 열악하고 혼란과 갈등이 지속되면서 깊어질 경우 정상적 발달의 경로에서 벗어나는 상황이 발생할 수 있다고 봤다. 정상적 발달의 궤도에서 많이 벗어난 경우에는 전문 역량의 정확한 진단과 처방, 대응이 가능한 체계적 지원이 이루어질 필요가 있다.

이중적 가능성의 시기

비고츠키는 청소년기를 모순 속에서 '혼란과 갈등'/'발달과 통합'의 가능성이 동시에 존재하는 시기로 본다.

> 기존 견해와 새로운 견해의 차이는 이행적 연령기의 위기적 특성을 인정하거나 부인하는 데 있는 것이 아니라 이 위기 자체를 어떻게 평가하는가에 있다. 어떤 이에게는 분열과 붕괴의 위기이고 다른 이에게는 생명 활동과 인격 형성이 솟아오르는 위기다. 이 두 경우 위기의 본질은 정반대다. (비고츠키, 『성애와 갈등』, 살림터, 219~220쪽)
>
> 청소년기는 성격상 분열기질적 면모, 즉 고독감, 자폐성, 자신 안에서 살기, 내관, 정신적 분열의 우위로 주목되지만, 동시에 이행적 시기는 사회적, 집단적 생활이 향상되는 시기, 사랑과 우정의 연령기, 타인에 대한 열망의 연령기, 진지한 사회적, 정치적 과업으로 진입하는 연령기라는 것으로도 주목된다. (같은 책, 41쪽)
>
> 청소년은 직관상, 즉 생생하게 사실적이고 정서적인 특성을 수반하며 모든 생각의 사실적 특성을 규정하는 원시적 기억 형태의 존재에 대한 실험 연구로도 주목받지만, 이 연령기는 그 못지않게 추상적 사고로

의 이행, 개념적 사고와 일반적인 지적 접근의 시작으로도 특징지어진다.
(같은 책, 41쪽)

그러나 상반되는 두 가능성이 동일한 것은 아니다. 기본적으로는 청소년기가 주체적 인간으로 발달하는 긍정적 시기라고 말한다. 모순과 위기 속에서 질적으로 새로운 문화적 발달을 이루어 나가는 시기인 것이다.

자신의 '자아'의 발견, 내적 세계의 정복, 외부로부터 내부로의 전환, 내향성을 많은 저자들은 이 시기 전체의 기본 특징이라 부른다 … 그와 더불어 이 저자들의 일부는 객관적 문화의 세계에, 그 각각의 분야와 영역, 즉 법, 윤리, 예술의 세계에 뿌리내린다고 지적한다. 옌쉬는 이 연령기를 기사도와 일반-인도주의적 이상의 연령이라 불렀다. 슈프랑거는 이 시기를 무엇보다 이상주의의 연령이라 여겼다. (같은 책, 42쪽)

어린이 유기체가 즉자적 존재에서 대자적 존재로 변화하는 것, 바로 이것을 인격 형성 과정이라 부른다. … 발달 과정에 나타나는 이러한 급진적 변화를 성숙의 세 지점의 갈라짐으로부터 필연적이고 자연적으로 나타나는 결과로 제시하는 것이 우리의 기본 과업이다. (같은 책, 46~47쪽)

11장

개념적 사고의 중요성과 청소년기 개념 발달

손지희

비고츠키는 겉으로는 그저 감정적으로 격렬하게 요동치고 있는 듯 보이는 청소년의 내부에서는 정서적 변화와 더불어 엄청난 '지적 혁명'이 진행된다고 역설했다. 혁명이라고 칭한 이유는 마치 사회혁명의 과정과 마찬가지로 짧지만 격렬한 '위기'의 시기를 경유하면서 청소년의 고등정신기능 구조 자체가 총체적으로 재편되기 때문이다. 청소년의 지적 혁명을 이끄는 것은 "청소년기에 일어나는 개념 발달"이다. 청소년기에 일어나는 개념적 사고 발달의 근원은 유년기 초기에 있지만 그 성숙은 오로지 청소년기에 이루어진다. 개념적 사고를 중심으로 지각, 주의, 기억 등의 정신기능에서 질적 변혁이 일어난다. 청소년들은 언어를 감정 표출과 의사소통 도구로만이 아니라 상징 기능을 습득하고 이를 개념으로 사용하기 시작함으로써 범주적 지각, 논리적 기억, 능동적이고 의지적인 주의를 강화, 재구조화하게 된다.

비고츠키는 개념적 사고는 자연발생적, 일상적 과정에만 의존해서는 획득할 수 없다는 사실을 강조했다. 그런데, 청소년들뿐만 아니라 성인들의 경우도 개념적 사고역량을 획득하지 못한 채 어린이의 사고 양식을 지속하는 경우가 있다. 개념적 사고는 인간의 DNA를 가지고 태어났다고 해서 무조건 형성되지 않는다. 개념적 사고 발달에 관여하는 핵심적 기제가 바로 '교육'이다.

1. 개념, 개념적 사고

사전적 정의에 따르면 개념은 "어떤 사물이나 현상에 대한 일반적인 지식", "하나의 범주에 속하는 모든 개체에 공통되는 특성을 묶어주는 관념 또는 사유의 형식"으로서 인간이 "세계를 파악하는 인식의 도구"이며 중요한 것은 개념은 '말'에 담긴다는 사실이다.

개:념 (概念) 【명사】
① 어떤 사물이나 현상에 대한 일반적인 지식.
_____ • 아이가 어려서 돈에 대한 ~이 없다.
② 여러 관념 속에서 공통 요소를 뽑아내어 종합한 하나의 관념.
_____ • 선의 ~을 정의하다.

철학에서 개념은 '하나의 범주에 속하는 모든 개체에 공통되는 특성을 묶어주는 관념'으로 세계를 파악하는 인간 의식의 도구.
여러 관념 중에서 공통적이고 일반적인 요소를 추출하고 종합하여 얻은 보편적인 관념을 말한다. (나누는 기능 + 모으는 기능)
개념의 언어적 외피(外皮)는 '말(語)'이다. 개념의 예로는 '동물' '빨강' 등을 들 수 있다.

1. 철학 : 개개의 사물로부터 비본질적인 것은 버리고 본질적인 것만을 추출(抽出)해 내는 사유(思惟)의 한 형식
2. 사물 현상에 대한 일반적인 지식이나 관념.
"인류가 계급에 대한 ~을 가지게 된 것은 청동기 시대 이후부터다"

출처 : 네이버 국어사전

'개념'은 사물이나 현상의 특성을 추출(분석)해 낸 것으로써 사물이나 현상이 갖는 일반적 의미를 뜻한다. 사람들 사이에서 일반화된 의미를 지닌 낱말 모두가 개념이라고 할 수 있다. 개념은 '의사소통의 도구'일 뿐 아니라 나아가 '세계를 파악하는 인간 의식의 도구'다.

개념으로 생각한다는 것(개념적 사고)은 개념의 형성과 아울러 개념을 가지고 조작을 한다는 의미다. 개념적 사고의 강조는 '지식'의 강조와 동일한 의미인가? 추상적 사고가 곧 개념적 사고이며 개념적 사고는 구체성을 결여한 관념적 사고에 불과한 것일까? 개념적 사고라고 하면 흔히 '추상적 사고'를 떠올리고 그 반대편에 구체적 사고를 놓아두는 경우가 많지만, 개념적 사고는 사고 작용에서 추상과 구체의 통일의 과정이다. 비고츠키에 따르면 개념적 사고는 보편적 속성의 연관 관계를 일반화·추상화, 종합적 분석을 통해 사물과 현상의 본질적 이해를 가능하게 하는 것으로서 고등정신기능의 요체다. 개념적 사고는 현상과 지각의 직접적 속박으로부터 자유로워질 수 있는 인간 주체성의 기본 요소다.

2. 개념적 사고의 중요성

"개념적 사고 없이는 현상의 기저에 있는 관계를 결코 이해할 수 없다."[2]

비고츠키는 『생각과 말』 1장에서 "일반화와 사회적 접촉의 관계"를 논의하면서 일반화는 사회적 접촉을 전제로 하고 사회적 접촉의 가장 고등한 형태는 고차적인 일반화의 방식 즉 개념적 사고를 통해 가능하다고 봤다. 비고츠키에 따르면 고차적인 사회적 접촉을 위해 개념적 사고는 불

---

2   비고츠키, 『흥미와 개념』, 살림터, 2020, 254쪽

가피한 것이다.

사회적 관계와 접촉 속에서 인간은 새로운 사고 양식을 획득하고 개념적 사고를 통해 세계를 체계적으로 인식하는 주체가 될 수 있다. 개념적 사고가 제대로 형성되지 않을 경우 세계에 대한 체계적인 인식이 불가능하며 모순에 둔감해진다. 나아가 새로운 내용을 주체적으로 흡수하는 데 굉장한 장벽을 만드는 셈이 된다.

> 개념 형성 과정을 위한 근본적 바탕은, 그 기본적이고 핵심적인 실체의 일부로서, 개인이 말이나 기호의 기능적 사용을 통해 스스로의 정신 과정을 숙달(지배, 통제-필자 주)했느냐에 있다. 이와 같이 보조적인 수단을 통하여 자기 자신의 행동의 과정을 숙달하는 것은 다른 요소들의 도움과 함께, 오직 청소년기에만 그 발달의 최종적인 단계에 도달할 수 있다. (비고츠키, 『생각과 말』, 살림터, 2011, 263쪽)

주체 형성의 과정에서 이토록 중요한 개념적 사고가 시작되는 시기는 청소년기다. 실험적 연구들에 대한 검토와 동료들과의 실험적 연구를 기반으로 비고츠키는 개념적 사고는 학령기가 끝나고 청소년기가 시작되는 것이 맞물리는 과도적 연령기(12,13세)에 비로소 시작되어 청소년기 동안 형성된다는 점을 강조했다.

> 진정한 의미의 지식, 즉 과학, 예술, 문화적 삶의 다양한 영역들은 개념을 통해서만 적절히 습득될 수 있다. 사실 어린이도 과학적 진리를 습득하며, 특정한 이념에 심취할 수도 있고, 문화적 삶의 개별 영역에서 성장하기도 한다. 그러나 이 모든 재료에 대한 부적절하고 불완전한 숙달이 바로 어린이의 특징이며, 따라서 문화에 의해 창조된 이 모든 재료를 지각하면서도 어린이는 여전히 스스로 그 창조 활동에 능동적으로 참여

하지 못한다. 반대로 청소년은 오직 개념을 통해 그 깊이와 범위가 온전히 표현될 수 있는 내용을 적절히 습득하게 되어, 그 앞에 펼쳐진 각각의 문화적 삶의 영역에 능동적이고 창조적으로 참여하기 시작한다. (비고츠키, 『흥미와 개념』, 살림터, 254쪽)

어린이는 확립된 문화적 실재인 세계를 지각하지만, 그것의 창조에 실제로 참여하지는 않는다. 반면, 개념으로 완전하고도 깊게 표현된 내용을 충분히 흡수한 청소년은 자기 앞에 펼쳐진 문화적 삶의 다양한 영역에서 창조적이고 능동적으로 참여하기 시작한다. 비고츠키에 따르면 청소년기는 개념적 사고가 형성되어 자기 자신과 타인, 세계에 대해 보다 체계적으로 인식을 할 수 있게 되는 수단을 획득하는, 주체로서 형성되는 과정에서 매우 중대한 시기다.

현실 인식, 타인 이해, 자기 이해가 개념적 생각과 더불어 따라온다. (같은 책, 273쪽)

개념적 사고는 청소년기의 긍정적 성취다. 대부분의 시대나 사회는 청소년기를 감정에 이리저리 휩쓸리는 질풍노도의 위험한 시기라는 부정적 인식이 강하다. 현상적으로는 일면 옳은 관념이다. 하지만 한편으로 청소년기는 이성이 발달하는 시기라는 것 또한 보편적으로 인정되는 바다. 비고츠키는 위기 속에서 싹트는 청소년기의 내적 변화의 본질이 무엇인지 그 긍정적 성취가 무엇인지 보고자 했다.

나아가 비고츠키는 개념적 사고는 변증법적 사고로 나아가는 경로로서 그 의의를 매우 강조했다. "생각"은 유아부터 성인까지 모든 인간의 정신기능이지만 3세 유아와 15세 청소년은 생각의 방식이 질적으로 다르다고 봤다. 즉 "생각은 인간의 성장과정에서 발달한다"라는 것이 비고츠키를 비롯한 20세기 여러 인지심리학자들이 밝혀낸 바다.

비고츠키에 따르면 일상적 개념과 과학적 개념의 상호보완적 발전으로 인해 개념적 사고가 가능해진다. 과학적 개념과 만나지 못한 일상적 개념은 현상적 이해, 복합체적 사고, 잠재적 사고에 머무른다. 또한 구체적 현상 및 경험과 결합하지 못한 추상적 개념은 형식적 개념에 그친다. 그래서 구체와 추상의 결합, 경험과 지식의 결합임을 강조하기 위해 비고츠키는 과학적 개념과 일상적 개념이 통일된 개념을 '진개념'이라고 불렀다. 바로 체계적인 교수-학습의 과정, 즉 학교에서 교과교육의 과정에서 일상적 개념과 과학적 개념이 결합하고 이 두 가지가 결합해 '근접발달영역'이 창출된다. 비고츠키는 근접발달영역이라는 개념을 통해 '발달적 관점'의 중시 즉 교사는 '학습자의 발달을 진단하고 이를 고려하여 발달의 다음 단계로 나아갈 수 있도록 이끄는 존재'이며 교과서를 가득 채우고 있는 과학적(학문적) 개념이 피상적이고 형식적인 개념 학습에 머무르지 않기 위해서라도 학습자와 부단히 소통하고 학습자를 정확히 이해할 수 있어야 한다.

3. 청소년기 개념적 사고 형성

청소년기 지성 발달의 특성

피아제(1896~1980)의 인지 발달론(1954)에 따르면 인지 발달은 크게 네 단계를 거치며, 질적으로 다른 이 단계들은 정해진 순서대로 진행되고, 단계가 높아질수록 복잡성이 증가한다. 감각운동기(신생아~2세경), 전조작기(2세~7세), 구체적 조작기(7세~11,2세경), 형식적 조작기(11세 이후). 청소년기는 형식적 조작기에 해당하며 이 단계에서 "순전히 추상적이고 가설적인 수준에서도 체계적으로 사고할 수 있는 능력을 발달"시킨다.

피아제에 따르면 구체적 조작기의 아동들은 실제 행위가 가해질 수 있는 구체적인 사물들에 대해서만 논리적이고 체계적으로 사고할 수 있는 것과 달리 형식적 조작기의 사고는 순전히 추상적이고 가설적인 범위에까지 확장된다. "만약 Joe가 Bob보다 작고 Alex보다 클 때, 누가 가장 클까?"라고 질문하면, 구체적 조작기의 아동들은 실제로 사람들을 세워 놓고 키를 비교해야만 이 문제를 풀 수 있고 이를 넘어서면 단지 추측할 뿐이지만 형식적 조작기의 청소년들은 그들의 사고를 단지 마음속으로도 배열이 가능(Crain, 발달의 이론, 171쪽)하다. 피아제의 이론은 발달과 정에 대해 엄격한 단계이론을 발전시켰는데, 피아제는 이러한 단계들은 (1) 불변적인 순서를 따라 전개되고, (2) 질적으로 다른 패턴을 보이며, (3) 사고의 일반적인 속성들을 나타내고, (4) 위계적 통합을 나타내며, (5) 모든 문화에 걸쳐 보편적이라고 주장한다. 피아제는 단계에 많은 주의를 기울인 반면, 다른 단계로의 이행에 대해서는 별로 주의를 기울이지 않았으며 생물학적 성숙이 발달에서 중요한 역할을 한다는 점을 인정하면서 환경은 중요해도 부분적으로만 그러할 뿐이라는 견해를 피력했다. 또한 피아제는 언어는 내부에서 진행되는 사고를 반영할 뿐 사고 발달에 중심적인 역할을 한다고 여기지 않았는데 예컨대, 어린이의 자기중심적 말을 어린이의 자기중심성의 증거로 간주한다.

비고츠키 역시 피아제를 비롯한 당대 연구자들이 밝힌 것을 토대로 아동기에서 청소년기로 넘어가는 과도적 시기에 인지에서의 새로운 양식이 등장하여 사고 발달의 새로운 단계로 진입하기 시작한다고 연구의 결론을 내렸다.

하지만 피아제와 달리 비고츠키는 질적으로 다른 새로운 양식이 출현하는 것에 깊은 관심을 기울였으며 낱말이 이 과정에서 핵심적인 역할을 하는 것으로 봤다. 낱말 의미는 명명 기능에서 상징 기능으로 전이되며 어린이의 낱말 의미가 발달하는 과정의 내적 측면에서 진행되는 것은 질적으로 다른 사고의 양식(비고츠키는 이를 일반화의 구조라고 지칭함)의 출현이다. 그런데 낱말 의미의 발달과 낱말의 기능적 사용의 변화에 따른 새로운 사고 양식 출현의 역동적 과정에 개입하여 발달을 이끄는 것은 다름 아닌 사회적 상호작용을 통한 자연발생적인 일상적 학습과 함께 학교에서의 체계적인 협력과 모방을 근간으로 하는 '교수-학습'이다. 피아제가 아동 스스로 지식을 구성해 나간다고 하고 학습은 발달을 뒤따라 일어난다고 봄으로써 교수-학습에 발달적 의미를 두지 않은 것과 대조를 이룬다.

개념적 사고 형성과 인격의 총체적 재구성

개념의 형성으로 인도하는 과정들의 발달은 그 근본을 유년기의 가장 초기에 두고 있다. 그러나 이러한 과정들은 오직 과도적 시기(청소년기 - 필자 주)에만 성숙된다. 형성되고 발달하는 지적 기능들은 그들 스스로의 특정한 조합을 통해 개념 형성 과정의 심리적 토대를 만든다. 개념적 사고 영역으로의 마지막 이행이 나타나는 것은 어린이가 청소년기에 접어들 때다. 이 나이에 이르기 전에 진정한 개념적 사고와 외적으로 유사한 독특한 지적 형성이 존재한다. 피상적인 연구는 이 두 구성의 외적 유사성에 의해 오도되어 진정한 개념이 아주 어린 시기에도 존재한다는 주장을 낳을 수 있다. 그러나 이러한 지적 측면들은, 훨씬 이후에 성숙하는 진정한 개념과 그 기능적 가능성에 있어서는 실제로 비견할 만한 것으로 보인다. 그들은 개념이 수행하는 것과 유사한 기능을 이행하며 유사한 과업의 해결을 위한 기능을 수행한다. 그러나 그들의 심리학적 본질, 그들의 구성성분, 구조, 활동 양식이 진정한 개념과 대단히 다름을 지적한다. 이러한 형태들과 진정한 개념의 관계는 배아가 성숙한 유기체에 대해 가지는 관계와 대단히 흡사하다. 우리가 이 형태를 동일시한다면 우리는 광범위한 발달의 과정을 무시한 채, 이 과정의 초기와 최종 단계 사이에 등호 표시를 놓는 셈이 된다. (비고츠키, 『생각과 말』, 살림터, 258~259쪽)

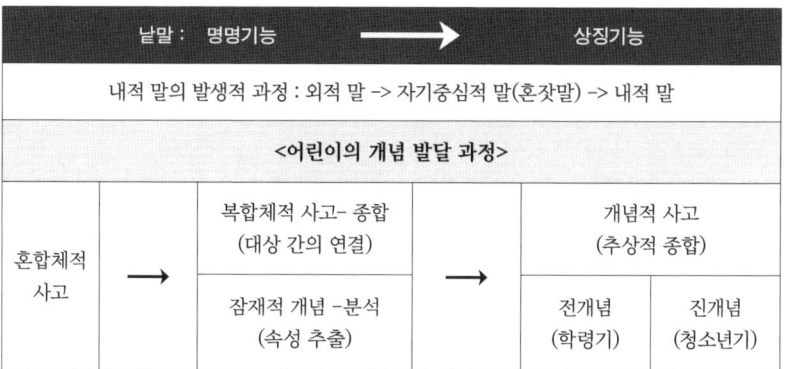

청소년기는 '과도적 시기'로서 인격의 총체적 발달이 일어나는 시기다. 그리고 '개념적 사고'가 청소년 지성과 인격 형성 과정에 선도적 역할을 한다. 그는 개념적 사고가 청소년기에 이르러서야 비로소 시작되고, 청소년기 신형성의 핵심이 바로 개념적 사고라는 것을 실험적 연구를 통해 밝혀냈다.

비고츠키에 따르면 어린이와 청소년은 사회적 관계 속에서 기호를 매개로 한 상호작용을 하면서 점차 능동적이고 의지적인 주체로 발달해 나간다. 발달은 다음과 같은 변화를 함축한다.

하나, 수동적으로 반응하는 존재에서 능동적으로 조작하고 활동하는 주체로의 변화.

둘, 타인으로부터 통제받는 존재에서 자기 스스로 규제하는 주체로의 변화.

셋, 기호의 기능적 사용의 변화. 내적 변혁의 과정에서 핵심적 역할을 맡는 것은 기호다. 기호의 기능적 사용의 변화 곧 대상을 명명하는 기능으로부터 상징 기능을 획득한다.

발달 과정에서 이러한 극적인 변화가 전개되는 시기가 바로 청소년기다. 청소년기는 성적 변화가 급격하게 진행되는 격렬한 생물학적 성숙의 시기일 뿐 아니라 사회적 과정 속에서 기호의 기능적 사용에서의 질적인 변화가 일어나는 내적 변혁의 시기이기도 하다. 물론 청소년기의 이러한 내적 변혁은 새로운 것의 출현 시기일 뿐 아니라, 이전(以前) 과정에서 형성된 것들을 '위기' 속에서 '지양'하는 역동적인 과정이기도 하다.

첫째, 과도적 시기에 놓인 청소년들의 내면에서는 '지적 혁명'이 일어난다. 지적 혁명의 핵심은 '개념적 사고의 형성'이다. 개념적 사고가 가능해지면서 청소년의 인격은 총체적으로 발달한다. 비고츠키에 따르면 개념적 사고는 지각, 주의, 기억, 자아의식, 세계관 등 낱낱의 정신기능의 질적 변화를 이끌고 관계를 총괄하는 핵심으로써 청소년의 고등정신기능[3]

---

[3] 비고츠키는 고등정신기능의 총체가 인격personality이라고 봤다. 정서, 의지, 지성이 기계적으로 산술적으로 더해진 것이 아니라 상호 의존하고 영향을 미치면서 총체적으로 결합된 산물이 바로 인격이다. 많은 성인이 일상적으로 구사하는 정신기능들이 고등정신기능이다. 논리적 기억, 자발적 주의, 창조적 상상력, 개념적 추상적 사고, 심미적 예술적 취향 등의 고등정서, 계획, 숙고, 예측 등이 그것이다. 이렇게 나열하니 엄청난 것으로 보이지만 무슨 일에 앞서 계획을 세우고 뭔가에 대해 숙고하고 일어날 일을 예측해 보고 메모해서 기억하고 글쓰기를 하고 암산하고 말로 생각하고 개념체계를 이해하는 등등 이러한 행동의 내적 측면이 고등정신기능에 해당된다고 보면 된다. 물

의 구조적 변화를 선도한다. 곧, 개념적 사고는 청소년 인격 형성의 열쇠인 셈이다(『청소년기 개념적 사고의 형성』, 비고츠키 선집5권). 청소년기에 개념적 사고는 기억, 주의, 지각, 상상, 정서 등의 다른 정신기능들과 따로 동떨어져서 발달하는 게 아니다. 개념적 사고의 발달이 앞에 나서면서 이러한 기능들이 고차화되고, 기능 간의 관계 즉 정신기능의 구조가 재편된다. 개념적 사고를 통해 청소년들은 자아와 세계관을 형성하고, 세계를 지각에 의해 경험하는 것을 넘어 '인식'할 수 있게 된다. 청소년기 신(新)형성을 주도하는 것이 바로 개념 학습을 통한 추상적 사고의 발달이다. 구체적이고 맥락과 경험에 종속된 사고의 한계를 뛰어넘는 데 있어서 추상적 사고는 필수다. 또한 상상은 추상적 사고와 결합해 창조적인 상상이 될 수 있다. 아동의 구체적이고 경험중심적인 주관적 사고는 개념 학습을 통해 탈맥락적이고 더욱 자유로운 사고로 질적으로 변형된다. 달리 말해, 개념적 사고의 형성이 전제되지 않고서는 기억, 주의, 지각, 상상, 정서 등 다른 정신기능의 고차적 수준으로의 발달은 가능하지 않다.

둘째, 그렇지만 청소년 시기는 생각이 완성되는 시기가 아니라 위기와 성숙의 시기로, 인간의 정신이 구현할 수 있는 높은 고차적 형태의 생각과 견줘 볼 때, 다른 모든 측면과 마찬가지로 과도적 시기다. 청소년은 개념 형성과 개념의 구어적 정의(定義) 사이에서 중대한 틈(괴리)을 보인다. 청소년은 단어를 개념으로 사용하되 복합체로서 정의한다. 복합체적 사고와 개념적 사고 사이에서 머뭇거리고 있는 것이 과도적 시기의 특징이다. 청소년들은 과도적 시기의 마지막에 가서야 비로소 발달된 개념의 의미나 뜻을 새로운 구체적 상황에 확장하여 전이시킨다.

론 인간으로 태어났다고 해서 자동으로 보장되는 기능들은 아니다. 그것은 가능성만을 열어줄 뿐이다.

청소년기 개념적 사고 발달의 다른 측면은 내적 말[4]의 강력한 발달이다. 개념은 말이 없이는 불가능하고, 개념적 사고는 말로 하는 생각 없이는 불가능하다. 핵심은 개념 형성 과정의 수단으로 말을 사용하고 기호를 기능적으로 적용하는 것이다(생각과 말, 5-3-13). 학령기에 형성된 의지적 주의와 문화적 기억, 의식적 파악의 숙달과 함께 개념적 사고 발달이라는 새로운 사고 양식 발달의 토대를 이룬다. 개념은 정적이고 고립된 형태로 출현하는 것이 아니라 과제를 생각하고 해결하는 과정에서 출현한다.

셋째, 전 생애 발달에 비추어 보면 청소년기 전체가 과도적인 성격을 갖지만, 그중에서도 청소년기에 접어드는 13세라는 연령은 각별한 관심이 요구되는 시기다. 어떤 것이든 새로 출현하는 시점에서는 안정적이지 못하지만, 발달의 필연적인 과정인 만큼 이 시기를 잘 이해하는 것이 중요하다. 위기의 시기에는 새로운 형태가 발달의 첫 모습을 이제 막 드러내면서, 비록 안정적이지 않지만, 과거의 것을 지양해 나가면서 고양의 과정으로 나아가게 되는 것이다.

〈보충〉

개념 발달과 정신 구조의 재구성

비고츠키는 개념적 사고 발달이 생각만이 아니라 지각과 기억 등 다른 정신 요소들도 변화시키면서 정신 구조 전체를 재구성한다고 말한다. 이에 대한 논의를 요약, 소개한다.

---

[4] 비고츠키는 실험적 연구와 당대 이론에 대한 비판적 검토를 통해 말 발달 과정이 외적 말 -> 자기중심적 말 -> 내적 말의 경로를 따른다고 밝혔다. 외적 말의 기능은 의사소통과 표현적 기능의 사회적 기능이다. 언어의 사회적 기능으로부터 성장 과정에서 지적 기능이 분리되어 나오게 된다. 내적 말은 말의 지적 기능의 측면을 보여준다. 청소년기 내적 말의 강력한 발달은 청소년기 사고 발달과 쌍을 이룬다.

지각과 개념적 사고 : 범주적 지각의 형성

인간은 대상을 개념으로 창조함으로써 즉각적 상황으로부터 자유를 획득하게 된다. 낱말의 도움으로만 어린이는 사물들을 인식할 수 있으며 어린이는 개념의 도움이 있어야만 비로소 대상을 실재적이고 지적으로 지각할 수 있다. 청소년의 시각적 사고는 추상적 사고와 개념으로 생각하는 것을 포함하는데 청소년은 그가 지각한 실재를 개념 속에서 종합한다. 즉 청소년은 시각적 지각 행위 속에서 구체적이고 추상적인 사고가 복합적으로 종합된다. 이것이 복합체로 사고하는 어린이와 개념으로 사고하는 청소년의 지각에 의해서의 차이이며 개념적 사고를 통해 청소년은 범주적 지각을 할 수 있게 되며 지각을 통해서보다 생각을 통해 더 많이 기억한다.

기억과 개념적 사고 : 논리적 기억의 발생

자연적 기억 능력이 학령기 막바지에 최고조로 달하는 것은 맞지만 지성과 기억의 종합을 토대로 하는 논리적 기억은 오직 청소년기에 진정으로 성취된다. 학령기 초기 어린이의 지성은 기억에 의존한다. 즉 기억에 의해 생각한다. 학령기 어린이는 직관에 주로 의존하며 기억과 생각은 강하게 연결되어 있다. 어린이에게 생각한 것을 이야기하라고 요구해도 기억한 것을 이야기한다. 어린이의 사고는 구체적이라는 특징이 있으며 기억, 경험, 심상에 의존하며 어린이 지성의 주된 토대는 기억이다. 즉 학령기에는 기억에 의해 지적 활동이 지배되던 관계였다면 청소년기 발달의 과정에 접어들면 기억과 지성의 관계가 뒤바뀌기 시작한다. 청소년의 기억은 사고에 의존한다. 어린이가 경험적으로 지각한 이미지를 기억하고 기억을 통해 사고를 하는 반면, 개념적 사고와 추상적 사고를 할 수 있는 청소년은 지각한 것을 논리적으로 종합하여 기억한다. 즉 지각한 이미지를 기억하는 것이 아닌 관념을 기억하게 된다. 과도적 시기에 직접적이고, 직관적이고, 자연적인 기억은 매개된 형태의 문화적인 기억으로 전이된다. 낱말을 상징으로 사용하고 낱말을 매개로 기억을 하는 것은 상당히 이른 시기에 시작되지만 이것만으로는 문화적 기억이 발생하는 것은 아니다. 자신의 기억을 스스로 통제할 수 있는 기호의 기능적 사용 즉 인류가 기억술을 만들어내면서 자신의 기억을 통제했듯이 어린이의 기억 발달 과정도 마찬가지다. 청소년기에는 개념을 통해 기억한다. 청소년의 기억은 직접적이고 직관적인 이미지로부터 자유로우며 개념으로 기억하는 언어적 기억이다. 청소년은 내적 말이 외적 말로부터 완전히 떨어져나와 강력하게 발달하는 가운데, 내적 말에 의존하는 언어적 기억 그 자체는 지적 기능의 일환으로 전환되고 기억과 사고의 이전 단계의 관계는 완벽하게 뒤집히고 만다. 논리적 기억은 매개된 기억의 내적 형태다. 어린이에서 청소년으로 성숙하는 과도기에 일어나는 내적 기억으로의 이행은 내적 말의 강력한 발달과 연결되어 있다. 외적 기능의 내적 기능으로의 전이의 법칙은 여기에서도 마찬가지다.

주의와 개념적 사고 : 능동적 주의의 강화

주의도 기억과 마찬가지로 지성화된다. 주의를 어떻게 스스로 통제하는지 모르는 동물들은 시각장의 노예나 마찬가지다. 이 때문에 시각장의 구조의 영향으로부터 자유로울 수가 없다. 어린이의 사고는 주의에 종속되지만 발달의 과정에서 주의는 사고에 의존한다. 능동적이고 의지적인 (자발적) 주의의 일차적인 특징은 그것이 생각과 결합되었다는 점이다. 전통적 관점에서 청소년의 주의는 증상적 이해에 지나지 않는 것으로서 주의의 범위가 확장되고 안정성이 증가한다는 다시 말해, 양적 측면에서 이해되었다. 주의의 발달과 개념의 발달은 상호 관련된다. 주의의 발달이 개념의 발달에 앞서 개념 발달을 이끌며 개념의 발달은 주의를 더욱 높은 수준으로 고양된다. 어린이는 성인보다 풍부하고 세밀하게 대상을 지각한다. 이러한 어린이 지각 특성의 이면에는 협소하고 비자발적인 주의가 있다. 어린이는 자신의 의지 하에 과정과 대상을 통제하는 주의의 기제를 가지지 못한 상태다. 어린이의 주의는 직접적이고 비의지적(비자발적)이며 외부에 의해 통제된다. 주체와 대상의 관계에서 대상의 지배를 받는다. 대상이 주체의 주의를 흩트리거나 잡아끈다. 달리 말해 어린이는 자신의 주의를 끄는 대상에 주의를 기울인다. 반면 청소년 시기에는 사고의 발달과 개념적 사고를 통해 고차적 형태의 매개된 주의가 발달한다. 주의 발달의 두 가지 기본적인 발생적 단면을 경과한다. 첫째는 외부의 통제를 받는 단계다. 두 번째는 내적(자율적) 통제의 단계다. 학령기 어린이가 첫 번째 단계에 해당하며 청소년기가 두 번째 단계에 해당한다. 과도적 시기에 외적 통제로부터 내적 통제로의 내적 혁명이 일어난다. 외적 기호의 조작이 없이도 내적인 조작을 통해 스스로 주의를 조절할 수 있게 된다. 고차적 주의는 개념적 사고에 기능적으로 의존한다.

청소년의 상상과 개념적 사고 : 창조적 상상의 발생

비고츠키는 병리적 퇴행 현상으로부터 안티테제를 끌어낸다. 어떤 원인에 의해 고차적 정신기능이 붕괴된 환자들은 상상을 전혀 하지 못한다. 이는 통념과 다르다. 환각과 상상에 빠져 현실감이 없을 거라고 여기는 대부분의 경우나 어린이가 상상이 더 자유롭고 풍부할 것이라는 일반적 견해와 반대되는 것이다.

비고츠키의 사례 관찰에 따르면, 정신적 병리 현상을 겪는 고등정신기능이 붕괴한 환자는 상상을 전혀 하지 못한다. 그들은 지각에 종속되어 철저히 구체에 속박된 사고를 함으로써 사고 기능에서 상상을 할 수가 없다. 고차적 정신기능은 개념적 사고와 말을 토대로 구축되지만 이것이 붕괴된 환자는 직접적이고 구체적인 지각에 완벽히 의존하는 상태가 된다. 예컨대, 어떤 환자는 갈증을 느끼지 않는 상태에서는 컵에 물을 붓지 못했다. 오른손을 쓸 수 없게 된 어떤 환자는 "나는 오른쪽 손으로 글씨를 아주 잘 쓸 수 있다"라는 문장을 그대로 따라 하지 못했다. 번번이 "오른쪽" 대신에 "왼쪽"이라는 단어로 바꾸어 따라 했다. 이 모든 경우는 구체적 상황에 행위, 사고, 지각, 행동이 완전히 의존하고 있음을 보여주는 것으로서, 이러한 구체적 상황에의 종속은 고차적 정신기능들이 붕괴되었을 때 나타나는 퇴행적 결과이며 개념으로 생각하는 메커니즘이 붕괴되어 발생적으로 초기의 형태인 구체적 사고가 그것을 대체하게 된 것이다(『청소년의 상상과 창조』, 비고츠키 선집5권, 151쪽).

상상과 창조는 경험한 것들을 자유롭게 처리하고 자유롭게 결합하는 것이다. 상상과 창조는 "구체적 상황과 직접적 지각으로부터 자유로울 수 있을" 때 비로소 가능하다. 사고와 행동, 인식의 내적 자유가 상상과 창조가 가능한 전제 조건이다. 이러한 구체적 상황의 구속에서 벗어난 생각의 내적 자유는 개념 형성에 숙달하게 되었을 때 비로소 획득된다.

기존의 견해에서는 상상과 창조를 청소년 정신 발달을 중심, 선도 기능으로 간주했으며 상상을 정서하고만 연결시키고 지적 영역과 연결을 배제했지만, 푸시킨이 "상상은 시에서만 필요한 것이 아니라 기하학에서도 반드시 필요하다"라고 말한 것처럼 비고츠키에게 있어서 상상은 특별한 상황과 활동에서만 필요하고 발휘되는 것이 아니라 인간의 정서적, 지적 활동 모두에서 보편적으로 필요한 것이며 누구나가 획득할 수 있는 능력이다.

당대의 학자들이 상상과 개념적 사고를 독립적이고 심지어 대립적이라고 본 것과 반대로 비고츠키에 따르면 청소년기의 상상 역시 기억, 주의, 지각, 의지와 마찬가지로 개념적 생각과 연결된다. 아동기 기억영역에서 작동하던 직관적 심상은 청소년기에 기억영역으로부터 상상과 창조의 영역으로 이동한다. 아동기의 놀이는 청소년기의 상상으로 전환된다. 그러나 아직 청소년기의 상상은 구체적 표상의 형태로서 구체가 뒷받침되어야 한다. 시각적이고 구체적인 사고는 청소년의 지적 삶에서 사라지지 않으며 다만 상상의 영역으로 이동하여 다른 기능들이 그러하듯이 고차적인 수준으로 상승한다. 시각적이고 구체적인 사고는 개념의 영향 하에 상상의 영역으로 이행한다.

청소년기에는 기초적 형태의 창조가 발생하는데, 청소년의 상상은 어른의 상상보다 덜 창조적이지만 어린이의 상상에 비하면 창조적이다. 다만 상상이 창조적인 형태로 나타나는 첫 시기가 청소년기라는 데 의미가 있다. 여기에서 청소년의 지성과 상상의 관계는 명백하다. 병리적 현상에서 봤듯이 구체적 상황으로의 자유가 전제되지 않는 한 상상은 불가능하다. 이러한 자유는 오직 개념으로 사고할 수 있을 때만이 가능하다. 이렇게 볼 때 청소년기 창조적 상상을 형성하는 가장 핵심적인 요소는 (정서적 요소가 아닌) 개념적 사고다.

교과교육의 중요성 : "과학적 개념은 의식적 고양의 문을 열어젖힌다"

청소년기 발달의 선도 기능을 하는 개념적 사고의 형성에서 중심적이고 필수적인 기제는 학교에서의 체계적인 교수-학습이다. 진정한 개념을 형성하려면 일상적 개념과 과학적(학문적) 개념이 만나야 하고, 과학적 개념은 바로 학교에서의 교수-학습 과정을 통해 체계적으로 습득된다.

학교에서 다루는 개념은 비자연발생적인 것으로서 성격상 과학적(학문적) 개념이다. 이것은 일상에서 자연스럽게 접하는 개념들과 성격이 다르다. 어린이들이 이미 품고 있는 일상적 개념은 학교에서 학습하는 과학적(학문적) 개념과 만나 상호작용하여 발달의 다음 영역(ZPD : Zone of Proximal Development)을 창출한다.

〈일상적 개념과 과학적 개념의 상호 침투에 의한 생각의 고양〉

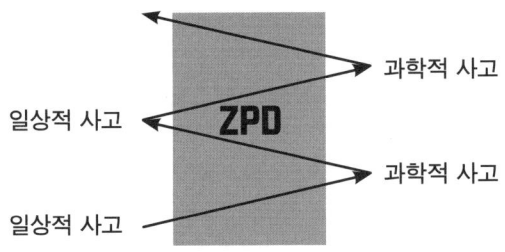

과학적 개념이 가지는 발달적 중요성은 그것이 '의식을 고양'시키기 때문이다. "과학적 개념은 개념에 대한 의식적 파악의 성취와 그에 따른 그것들의 일반화와 숙달이 최우선적으로 일어나는 영역"이며 "과학적 개념은 의식적 고양의 문을 열어젖힌다." 이 과정에서 의심의 여지 없이 결

정적 역할을 하는 것은 "무엇보다도 학교에서의 학습"[5]이다. 과학적 개념은 일상적 개념과 달리 그것이 체계적이라는 본질로 말미암아 "반드시 의식적 파악을 포함한다." 오직 체계 안에서만 개념은 의식의 대상이 되고 오직 체계 안에서만 어린이는 의지적 통제력을 획득한다. 요컨대 일상적 경험만으로 이루어질 수 없는 발달의 영역이 학교에서의 체계적인 교수-학습을 통해 창출된다.

이로써 중등교육에서 교과교육이 갖는 중요한 발달적 의의는 바로 개념적 사고 형성의 기제라는 것이 밝혀졌다. 청소년기에 비로소 개념적 사고의 발달이 시작되고 개념적 사고가 청소년기 신형성(범주적 지각, 능동적 주의, 논리적 기억, 창조적 상상 등 고등정신기능의 총체적 변화)을 이끄는 중심 기능이라는 사실에 비춰 봤을 때 중등 교과교육은 개념적 사고 형성에 초점을 맞춰 전개되어야 한다는 결론에 이르게 된다. 하지만 개념적 사고의 형성은 교과교육과정에 노출되는 것만으로는 불충분하다. 이에 맞는 외적 상징 활동을 조직해야만 하고, 이런 활동들이 내적 변화로 전이되는 것이다.

4. 개념적 사고 형성과 학교 교육

현대 청소년이 처한 개념 형성 '환경'의 특수성과 개념적 사고 형성의 역사적 보편성

현대 청소년은 특정한 역사적 조건과 상호작용하는 동시에 인류가 형성해 온 보편적 가치와도 상호작용한다. 생각과 말이 불가분의 관계로

---

[5] 비고츠키, 『생각과 말』, 살림터, 2011, 426쪽

엮여 있다는 비고츠키의 가르침을 떠올리면 현대 청소년의 언어로부터 청소년의 인식 상태를 어느 정도 짐작할 수 있을 듯하다. 인터넷과 스마트폰 등에 둘러싸인 현대 청소년의 일상적 언어를 접해보면 우려를 금할 수가 없다.

일상적 개념 형성의 토대가 구조적으로 새롭게 변화했다고 볼 수 있다. 어른들과의 상호작용을 토대로 한 일상적 개념의 획득은 여전히 이루어지고 있지만 축소되고 있다고 보는 것이 타당해 보인다. 가족 형태와 생활 형태의 변화로 성장기에 접하는 사회적 관계는 협소해지고 있고 정체불명의 낱말들이 사이버 공간에서 만들어진다. 때로는 원래의 의미를 크게 훼손하여 맥락 제한적으로 사용하다가 이를 다른 범위에 왜곡 적용하기도 한다. 경제활동에 바쁜 부모들, 어린 나이부터 학원을 전전하기에 바쁜 아이들은 서로 최소한의 대화조차 나누기 힘든 실정에 있는 경우가 적지 않다. 아이들은 사회적 관계 속에서 다양한 형태로 언어를 매개로 교류하기보다는 여유시간이 나면 스마트폰과 함께 보낸다. 그런데 이런 매체들은 대부분 자극-반응의 도식에 따라 인간 심리를 조형한다. 반사적인 형태의 행동과 언어적 반응이 늘어나는 것도 이와 무관하지 않아 보인다.

생각과 말이 단절된 채 튀어나오는 생각 없이 반사적으로 하는 말을 빈번하게 접하기도 한다. 공동체의 약화와 소통 불가능의 증가, 관계의 적대성은 현재의 사회적 조건 속에서 일상적 개념 형성의 토대가 전반적으로 악화해 있음을 의미한다. 역설적으로 이러한 현대 사회의 특성은 중등학교 교육에서 개념적 사고 발달의 중요성을 더욱 강조해야 하는 계기가 된다.

이러한 일상적 토대의 악화도 분명하지만, 대부분의 어린이와 청소년들이 '이상적 형태'와 교류할 가능성이 과거 역사 시기에 비해 훨씬 커진 것도 부정할 수 없는 사실이다. 바로 보편적 학교 제도 덕분이다. 바로 이 이유 때문에 비고츠키는 인간 발달에서 학교 교육의 긍정적 역할에 대해 유난히 강조했던 것이라고 보인다. 하지만 이는 최소한의 가능성일 뿐이다. 한국의 학교 환경은 그야말로 최소한의 역할밖에 하지 못하는 실정이라고 해도 과언이 아니다.

개념적 사고의 동력과 기제의 양 측면에서 봤을 때 한국의 청소년들에게 주어진 최대의 과업은 '입시에서의 성공'이다. 개념 발달을 추동하는 과업이 될 수가 없다. 요구되는 과업이 개념체계를 의식하게 하기보다는 수평적으로 확장되는 무수히 많은 양의 개념을 소화하는 것이 관건이며 '문제 풀이'라는 반응적 속성을 강화하는 것에 그치기 때문에 입시 준비를 열심히 하는 경우에도 개념의 피상적 습득에 그치는 경우가 허다하다. 더욱 심각하게는 발달의 결손이 누적되어 이러한 수업조차 거부하는 환경과 분위기로 청소년을 몰아가고 있다는 사실이다.

한국의 기성세대들은 대부분 이 위태로운 시기에 입시에서의 성공을 위해 청소년들이 정서적 격정의 불꽃을 다독여주는 게 우선이라는 지극히 피상적인 인식에 머무르고 있다. 그리고 입시 경쟁의 대열에서 이탈한 발달 왜곡의 상태에 처한 청소년들은 아예 격리 조치를 취하게 된다.

부정적인 방식으로 문제를 제기하자면 "학교가 아예 없다면 최소한의 가능성마저도 제거된다"는 결론에 도달하게 된다. 문제의 해결 지점은 중등교육의 재구성에 있는 것이지 공교육의 제거에 있지 않은 것이다. 비고츠키는 '체계적 협력과 모방을 통한 근접발달영역(발달의 다음 영역)의 창출'이 교수-학습 과정에서 이루어져야 한다고 본다. 보다 고차적인 인간적 가치를 실현하기 위한 매우 주요한 통로로 비고츠키가 설정한 개념적 사고는 일상적으로 부지불식간에 형성되는 것은 결코 아니기 때문이다. 또한 일상적으로 형성된 개념은 과학적 개념을 통해 점검되고 재구성될 수 있다. 현재의 문제는 학교 교수-학습에서 일상적 개념과 과학적 개념이 만나기 어려운 단절의 상태에 있고 교과교육과정이 발달의 과정을 거의 고려하지 않고 있다는 것에 있다.

교사의 교사 : 청소년의 발달과 교육활동에 대한 의식적 파악과 숙달

비고츠키의 청소년 발달론으로부터 다음과 같은 시사점을 추려낼 수 있다.

1) 외적 변화 속에 감추어져 일어나고 있는 내적 변화에 눈을 돌림으로써 청소년기 '지적 변화'에 대한 적극적인 교육의 관점을 확립할 수 있다. 비고츠키는 청소년기가 문화역사적 주체 형성에서 매우 중요한 시기임을 밝혀내었다. 이를 통해 '무사히 지나가기만을 바라는 시기'로 청소년기를 바라보는 소극적 관점에서 벗어나는 계기로 삼을 수 있다.

2) 비고츠키는 청소년기 발달의 핵심이 '개념적 사고'임을 입증하고 개념적 사고가 청소년의 총체적인 '인격 형성'에 있어서 선도적인 기능을 한다는 점을 밝힘으로써 중등학교 교육의 핵심적 발달 과제를 시사해 준다. 아울러 개념 형성의 심리적 토대가 의식적 파악과 의지적 숙달, 자발적 주의집중에 의한 학습 수행 능력의 형성에 있음을 밝힘으로써 연령을 무시한 무차별적인 '개념 강조'가 아닌 발달의 다음 영역을 이끌어 주는 심리적 토대의 형성이 중요한 교육적 과제임을 시사한다.

3) 일상적 개념과 과학적 개념의 변증법적 관계를 '근접발달영역'을 통해 설명하고 체계적인 학습을 통한 모방과 협력이 발달을 추동하는 중심 기제임을 밝힘으로써 진개념에 도달하기 위해 중등학교의 교육과정과 교수-학습의 과정이 어떻게 방향을 정해야 하는지, 얽힌 중등교육과정 실타래를 푸는 단초로서 가치가 있다.

4) 인류의 역사적 산물인 다양한 기호체계는 자연적 상태의 생물학적 인간 무리와 달리 모든 인간이 보편적 발달로 도약할 수 있도록 해주

는 공동의 발판이다. 따라서 개념적 사고의 형성 가능성은 모든 인간에게 열려 있다. 여기에서 그 보편성을 실현하는 핵심 기제로서 학교 교육이 기능하도록 변혁하는 것은 주체의 의식적 실천의 문제다.

비고츠키의 청소년 발달론에 입각해서 봤을 때 학교는 청소년의 개념적 사고 발달, 그것도 보편적인 발달을 위한 둘도 없는 공간이다. 불행하게도 현재의 한국 교육은 총체적인 위기에 빠져 있다. 하지만 출발점조차 찾지 못한다면 미궁에서 빠져나올 수가 없을 것이다.

한국 교육의 위기라는 미궁을 빠져나가는 실을 꽉 움켜쥐고 한 발 한 발 헤쳐 나가는 행렬의 가장 앞에 교사들이 서 있다. 자각하지 못했을지라도 이미 그러한 위치에 있다. 교사들은 일상적으로 학생들에게 개념을 가르치고 그들의 발달을 돕고자 끊임없이 도모하지만 자신의 교육 활동과 그것이 청소년의 발달에서 갖는 의미와 역할에 대한 의식적 파악과 의지적 숙달은 결여된 상태일 수 있다. 비고츠키의 용어를 빌어 표현하면 교육과 발달 등에 대한 일상적 개념은 형성되어 있고 한국 교육의 문제점과 교과서와 교육과정의 문제를 일상적으로 경험하고 때로 표현하지만 이에 대한 과학적 개념과 만나지 못한 상태라고 볼 수 있겠다. 필자의 경우도 내가 하는 교육활동이 청소년의 발달에서 어떤 의미를 가질 수 있는지 비고츠키의 발달론에 전개된 개념을 접하면서 비로소 깨닫게 되었다.

비고츠키에 따르면 무의식적으로 개념을 사용하는 것이 개념에 대한 의식적 파악에 앞서 일어난다. 마찬가지로 교사들은 의식적으로 파악할 대상을 수중으로 가지고는 있지만 다만 이것을 의식의 영역으로 이끌어 고양할 '수단'을 아직 가지지 못했다고 볼 수 있다.

이처럼 한국의 교사들은 가르쳐야 할 것을 알고 있고 실제로 하고 있지만 그것을 의식적으로 파악하고 의지적으로 행하고 있지는 못하다.

교과서에 등장하는 수많은 개념과 그것을 전달하기 위해 행하는 활동들의 청소년 발달에서 어떤 의미를 가지는지는 정확히 포착하지 못하는 경우가 많다. 예컨대, 현재의 교과서가 외형상 좋아진 것처럼 보이지만 문제가 있다는 사실을 막연한 정도로 직관에 의해 파악하는 경우가 많을 뿐이다.[6] 청소년들의 수많은 문제행동을 접하지만 이것을 체계적으로 파악하기는 어렵다. 청소년의 내적 변화와 외적 행동의 관계를 이해하고 파악할 수단을 접하지 못했기 때문이다. 경험적인 타당성만을 소유하고 있는 경우가 많다. 그만큼 한국의 교사들에게 '유용한' 이론은 없었다고도 볼 수 있다. 청소년의 과거와 현재와 미래에 대해 교사들은 정확히 파악할 수단 또한 없다. 경험에 의존하여 판단하고 처리해야 하는 처지에 있다.

청소년의 내적 발달의 과거와 현재와 미래를 의식으로 파악하지 못한 채 현재의 상황에 맞춰 그날그날의 교육활동을 버겁게 수행하는 것과 이를 인식하고 의식적으로 '근접발달영역'을 창출하고자 하는 것은 매우 다를 것이다. 또한 이의 중요성에 대한 의식적 파악은 교육을 둘러싼 환경에 대한 의식적 파악으로 나아갈 수 있다. 즉 근접발달영역의 창출을 가로막아 청소년들의 문화역사적 주체화의 가능성을 봉쇄하는 기존의

---

6 현재의 교과서는 외형상 매우 좋아졌지만, 청소년들이 개념체계를 파악하기에 적합하지 않다. 체계 없이 너무나 많은 내용이 수평적으로 나열되어 있어서 진도 나가기에 급급한 지경이다. 또한 능동적 주의를 이끌어내기보다는 자연적 주의에 의존하는 겉치레식의 화려함에 치중하고 있다. 능동적 주의로 고양하는 것이 교육인데 능동적 주의가 그다지 필요 없는 자극적 구성으로 주의를 끌려고 하지만 자발적이고 의지적인 활동을 요하지 않음으로써 정신의 고양에는 오히려 좋지 않아 보인다. 교과서는 단편적인 예에 불과하다. 컴퓨터 매체나 교구를 활용한 시각적 수업이 무차별적으로 선호되는 것에도 문제는 분명히 있어 보인다. 일종의 악순환인데, 초등 단계의 가장 중요한 기능인 기억과 주의가 미발달된 상태가 많다 보니 중등 단계에서 저차적인 수준의 기억과 주의를 요하는 방식으로 수업이 이루어진다.

교육 환경을 의식적으로 파악하면서 그 변화를 위한 실천으로 연결될 가능성까지 담지한다고 감히 말할 수 있다.

[시론]

급별·시기별
발달 과제

김형숙 / 천보선

초등학교 발달교육과정 관점 잡기

김형숙

발달교육과정이란 역동적이고 전 생애적인 인간 발달이란 관점에서 학교급별 발달 목표와 발달 과제를 설정하고 이에 적합한 핵심 교육과정을 만드는 것을 말한다. 비고츠키 교육학의 과학적인 설명력을 토대로 학생들이 발달 경로에서 내재화해야 할 고등정신기능들을 중심으로 하여 교육과정을 짜는 것이다. 이때 정서-지각-기억-생각이라는 인간 발달의 경로와 생각 구조의 발달은 전체 교육과정 설계에서 중요한 기본 축으로 기능한다. 이 글은 모든 아이들의 올바른 성장을 지원하는 '발달교육'이라는 취지에서 초등학교 발달교육과정을 제대로 정초하기 위한 관점 잡기를 목표로 서술된다. 전체 글은 크게 둘로 나뉘는데, 앞부분에서는 초등학교 발달교육과정 관점 잡기 표를 설명하고자 하며, 뒷부분에서는 학년 발달교육과정의 예시로 1학년 발달교육과정에 대한 시안을 제출해 본다.

I. 초등학교 발달교육과정

초등학교 발달교육과정의 전체적인 흐름은 초등학교 6개 학년의 교육과정을 하나의 전체로 설정하고, 학생의 발달 특성을 토대로 학년군별 목표와 과제를 잡는 방식이다. 2개 학년씩 묶는 학년군제는 일반적으로 초등학교를 저, 중, 고로 나누는 구분법이기도 하지만 세부 학년교육과정으로 들어가기 전에 큰 줄기를 잡기 용이하다. 학년군별 교육과정 목표는 핀란드 국가교육과정의 초등교육[1] 영역을 참조했다. 그리고 발달 과제 혹은 중심 발달 기능은 인간 발달에 관한 비고츠키 교육 이론을 기본 토대로 하여 마음과 정서 발달에 관한 현장 교사의 체험적 지식을 조합하여 구성했다.

[초등학교 발달교육과정 관점 잡기][2]

학년	목표	발달 영역	발달 과제(중심 발달 기능)	핵심 교육활동
1~2	초등학생 되기	신체 인지 정서 사회적 행동	자기 규제 / 자발적 주의 소근육 발달 감각적 기억 → 언어적 기억 **안정감 / 긍정적 자아감** 친구와 어울려 놀기	균형 잡고 서고 바른 자세로 걷기 **한글 & 수** 몸놀이, 말놀이 낭독, 낭송, (그림)일기 학교 생활 규칙
3~4	학습자로 발달하기		운동 기능 향상 **언어적 기억** 세상에 대한 흥미 사회 정서 (존중, 신뢰) **협력적 관계 맺기**	규칙 기반 놀이 암송, 생활글 관찰, 탐색 **즐거운 교과 학습** 모둠활동 교실 공동체 약속
5~6	주체적인 학습자 되기		몸의 변화 수용 (에너지 발산과 승화) **의식적 파악** 언어적 기억 → 논리적 기억 **확장된 사회 정서** (공감, 배려, 공동체 의식)	스포츠, 도전 활동 토론, 주장하는 글 학생자치 **집단에의 기여** (공동 과제 수행) 공동체 생활 협약

---

1 핀란드 국가교육과정에서는 초등 1~2학년 목표를 '초등학생 되기'로, 3~6학년 목표를 '학습자로 발달하기'로 설정하고 있다.

2 이 표는 필자가 2023년 전교조 서울지부 참교육실천대회에서 발표했던 초안을 바탕으로 '초등발달학습팀'(진보교육연구소와 전교조 초등교육과정연구모임 공동 구성)에서 토론을 거쳐 수정 보완한 협력적 산출물이다. 5~6학년 발달 목표인 '주체적인 학습자 되기'와 '집단에의 기여' 등 일부 내용은 필자가 수정했다.

1. 발달 과제 중심의 입체적 구성

초등학교 발달교육과정을 하나의 전체로 정리한 이 표의 핵심은 발달 과제(중심 발달 기능)이다. 비고츠키가 학령기 발달 기능으로 설정했던 자기 규제, 자발적 주의, 기억, 의식적 파악(메타인지)이라는 고등정신기능의 발달 경로를 기본 축으로 하고, 신체와 정서, 마음의 발달 과정을 결합해 학년군별 발달 과제를 도출했다. 그리고 초등학교에 갓 입학한 한 아이가 초등학교 전체 교육과정을 이수해 나가는 과정을 유추해 가며 발달 과제를 배치한 것이므로 이 표에는 이론과 실제가 씨줄과 날줄로 교차 조직되어 있다. 따라서 이 표는 발달 특성과 발달 과제를 중심으로 종으로 횡으로 교차해 가며 입체적으로 살펴볼 필요가 있다. 실제로 우리가 만나는 교실 속 아이들은 같은 학년이더라도 신체, 인지, 정서, 사회적 행동이라는 각 영역의 발달 특성상 대략 2개 학년 정도에 걸쳐 있는 경우가 허다하기 때문이다.

발달 특성은 신체, 인지, 정서 및 사회성이라는 일반적인 3영역 구분이 아니라 4영역으로 설정해 봤다. 정서와 사회성을 분리하고, '사회성'을 '사회적 행동'이라는 관계적이고 역동적이며 관찰이 가능한 행동 언어로 교체했다. 발달심리학에서는 생존에 관련된 1차 정서(기쁨, 슬픔, 놀람, 분노, 공포 …)가 유아기를 거치면서 차츰 분화되어 2차 정서(자부심, 안도감, 질투, 수치심 …)로 발달한다[3]고 말한다. 그런데 아이들은 학교와 교실이라는 공적 공간에서 복합적인 정서적 체험을 하게 되며 내면의 정서도 발달해간다. 여기에 착안해 외연적으로 확장되는 집단을 배경으로 형성되는 '사회 정서'와 '확장된 사회 정서'로 나누어 봤다.

사회성은 일반적으로 "타인과 원만하게 상호작용하는 능력, 다양한 사람과 긍정적인 관계를 형성하는 능력"을 의미하고, 사회적 행동은 "둘

---

[3] 송현주 외, 『최신발달심리학』, 사회평론아카데미, 2020, 274~279쪽 참조.

이상 개체 간의 상호작용하는 행동"을 의미한다. '사회적 행동'이라는 용어는 직접적으로는 독일 초등학교 입학 전 아동의 발달 진단 체크리스트[4] 영역명에서 차용했는데, 교실 속 학생들이 또래들과 상호작용하는 역동적 행동에 주목한다는 점에서 중요한 전환이라고 할 수 있다. 참고로 초등학교 1~2학년의 사회적 행동의 발달 특성은 다음과 같다.

영역	진단 내용
사회적 행동	- 모방을 통해 규칙과 질서를 배워감 - 짝 활동을 잘하고 선호함 - 혼자 놀이에서 벗어나 차츰 또래와의 놀이를 즐김 - 경쟁심이 강하고 잘 싸우나 곧 풀어짐 - 남녀 구별 없이 잘 어울리며 물건을 갖고 놀기를 좋아함

2. 초등학생 되기 : 1~2학년

초등학교 1~2학년 교육과정의 목표는 '초등학생 되기'다. '초등학생 되기'란 아이들이 안정감 속에서 초등학생으로 자기 자신을 긍정적으로 인식하고, 이후 본격적인 교과 학습을 할 수 있는 기초를 마련하는 것을 말한다. 일종의 학교 적응기라고 할 수 있는 이 시기에 아이들은 학교의 일상적 시간 리듬과 공간 질서에 익숙해져야 한다. 등하교 시각 지키기를 비롯하여 수업 시간, 쉬는 시간, 급식 시간 등의 구분과 교실과 복도, 화장실 등 각 공간의 특성에 따라 말과 행동의 규제와 조절이 이루어져야 한다.

미래 학습을 위한 기초 기능을 제대로 익히는 것도 초등학생 되기의 기본이다. 기초 기능에는 자발적 주의와 자기 규제 등 학교 공부의 전제

---

4 교육정책 네트워크 정보센터, 「독일: 초등학교 입학 자녀를 위한 학부모의 지원 방법」, 『해외교육동향』, 포커스(2012.3.21.)

가 되는 발달 기능뿐만 아니라 한글과 수라는 기호 습득과 쓰기, 낭독, 말하기 등이 해당한다. 그리고 무엇보다 초등학생 되기에서 중요하게 다루어져야 할 것은 개별 학생들의 발달상 문제와 학습 곤란 정도를 제대로 '진단'하고 '적시에' 지원하는 일이다. 이를 위해서는 핵심적으로 추려진 교육활동과 학교의 일상생활 속에서 발달 관점에 입각한 교사의 세밀한 관찰이 필수적이다. 그 과정에서 발견되는 주의력 결핍, 과잉행동, 난독, 난산, 정서 장애 등 전문적 치료가 필요한 아이들에게는 '발달지원시스템'[5]을 통한 체계적인 지원이 이루어져야 한다.

1~2학년은 몸의 균형감과 소근육이 발달하는 시기이므로 잘 넘어지고 눈과 손의 협응력이 다소 미흡하며 관심 있는 대상에 몸이 먼저 반응하고 다가간다. 글말보다는 입말 표현이 왕성하여 직접 겪고 보고 들은 것을 기억하여 말하는 것을 좋아하며 자기 맥락적(자기중심적)이라 전체를 보기 어렵고 상상과 현실을 혼동하기도 한다. 능청스러운 거짓말을 할 수 있고 감정의 전파가 빠른 편이며 짝 활동을 좋아하고 모방을 통해 규칙과 질서를 배워간다.

이 시기의 발달 과제는 '자기 규제'와 '자발적 주의'이다. '자발적 주의'는 반응적 주의를 넘어서 (자극적 요소가 없음에도) 자신의 의지에 의해 특정한 것에만 정신을 집중하는 것을 말한다. 자발적 주의가 지각이나 마음을 스스로 조절하는 기능이라면 자기 규제는 일종의 행동 조절 능력으로 만족을 지연하고 충동을 억제할 수 있는 능력이다. 이 두 기능은 학교 공부의 전제가 되는 기능이자 이후 모든 고등정신기능 발달의 기초가 된다는 점에서 중요하다. 이 기능들이 미비할 경우 과제 수행, 규칙

---

[5] 발달지원팀, 학생발달지원센터 등 발달지원시스템에 관한 자세한 설명과 3단계(일반-개별-특별) 학생 지원 모델에 관한 구상 및 제안 내용은 김형숙, 「아동 발달 위기에 대한 대응 방안-교육과정과 제도적 지원을 중심으로」, 『진보교육』 79호, 2021. 참조

준수, 또래들과 원활한 상호작용에 지장을 초래하므로 학교생활에서 안정감과 긍정적 자아감을 맛보기 어렵다. 정서적인 안정감을 바탕으로 형성되는 긍정적 자아감은 이후 발달하는 자아존중감의 씨앗이다. 그러므로 특히 이 시기 아이들에게 교실은 정서적으로 교감하는 교사가 있는 안전한 공간이고, 학급은 서로를 환대하는 온화한 공동체가 되어야 한다. 그렇게 할 때에야 사회적 행동 영역의 주요 기능인 '친구와 어울려 놀기'와 '생각과 느낌을 말로 잘 표현하기'가 발달할 수 있다.

핵심 교육활동은 이 시기 아이들의 발달 특성을 고려하여 발달 과제 수행에 적합한 활동들을 추려본 것이다. 따라서 이후 현장 연구와 실천을 통해 더 보완되고 확충되어야 할 부분이다. 저학년의 핵심 교육활동은 한글과 수의 습득과 숙달, 그림책 소리내어 읽기, 말놀이, 몸 움직임 활동과 놀이, 교실 공동체 약속, 자연 생태 체험, (그림)일기이다. (그림)일기는 이 시기 아이들에게 생생한 자기표현이자 생활 기록으로 일상의 경험을 의식적으로 되돌아보게 한다. 그리고 그 과정에서 자발적 주의, 자기 규제, 기억 기능이 총체적으로 발달한다. 또한 몸으로 배우고 반응하는 이 시기 아이들에게 얼음땡, 비사치기 등 다양한 놀이는 자기 규제와 자발적 주의를 발달시키기에 최적의 활동이다.

3. 학습자로 발달하기 : 3~4학년

초등학교 3~4학년 교육과정의 목표는 '학습자로 발달하기'이다. 본격적으로 교과 학습이 시작되는 이 시기에 가장 중요한 정체성은 발달 지향적인 학습자가 되는 것이다. 1~2학년 동안 '초등학생 되기'라는 발달 과제를 수행해 온 아이들은 이제 자발적 주의와 자기 규제 기능이 점차 형성되고 있고, 한글과 수 기호를 습득, 숙달함을 통해 수업의 소통 도구와 세계에 대한 표상을 획득한다. 이를 바탕으로 체계적인 교수-학습 과정에 원활하고 능동적으로 참여하는 것이 학습자로 발달하기의 시작 지점이다. 수업에 능동적으로 참여하기 위해서는 아이들이 학습의 즐거움과 자기 스스로 작은 성취감을 맛보는 경험들이 누적되어야 한다.

이를 위해서 핀란드 국가교육과정처럼 초등 2학년에서 3학년으로 들어서는 시기를 이행기로 규정하고, 종합적인 진단 활동을 통해 학습의 어려움이 있는 학생을 개별 지원하는 발달지원 시스템이 필요하다. 현재 시행되고 있는 표준화된 일제 검사를 통한 '선별-보정-관리'가 아니라 '진단-지원-성장'의 질적 전환이 요청된다. 즉 학생들의 발달 기능(신체, 인지, 정서, 사회적 행동)을 진단하고 전문적, 체계적으로 지원하여 모든 학생들이 즐거운 학습자로 발달하는 것을 목표로 해야 하는 것이다.

진단검사		진단 활동
선별 → 보정 → 관리	↔	진단 → 지원 → 성장
표준화된 진단 도구 (읽기, 쓰기, 셈하기)		학생의 발달 기능 (신체, 인지, 정서, 사회적 행동)
교사 & 학생 대상화		교사 & 학생 주체적 참여

3~4학년은 이전 학년에 비해 몸이 균형적으로 발달하여 가장 안정적으로 신체를 움직일 수 있는 시기이다. 운동 기능이 향상되어 빠른 속도로 몸 움직이기를 좋아하고 남녀의 성차와 개인차가 커지며 무리 내부에 리더와 힘의 서열이 생겨난다. 새로운 것에 대한 호기심이 많아지고, 새로운 일에 의욕을 보이며 관심과 탐색의 영역이 비약적으로 확장된다. 새로운 지식과 배움을 스펀지처럼 잘 흡수하는가 하면 학습 내용이 어려워지면 금세 포기하려는 경향을 보이기도 한다.

이 시기 아이들은 일상의 소소한 체험과 일, 특히 학급의 일인일역에서 즐거움을 느끼고 감수성이 풍부해지며 유머를 이해하고 즐길 줄 알게 된다. 규칙을 매우 중요하게 여기고 집단 놀이에 열광하며 친구에게 관심이 부쩍 많아져 단짝이나 무리를 만들기 시작하고, 그만큼 또래들 간에 갈등이나 언쟁이 빈번해진다. 낱말의 언어적 의미를 이해하기 시작하고 표현 욕구가 왕성해지며 수업 시간에 역동적으로 참여하기를 즐긴다. 자아 개념과 자발성이 생겨나는 시기로 배운 것을 그대로 행하려는 경향이 있으므로 그렇게 행동하지 않는다고 여겨지는 어른을 향해 따져 묻기도 한다.

중학년의 발달 과제는 언어적 기억과 협력적 관계이다. 언어, 즉 말과 글은 본격적인 교과 학습 시기인 중학년에서 핵심 도구이다. 언어를 활용하여 지각하고 기억하는 활동은 학습의 기초가 되며 이것이 숙달되어야 즐거운 학습이 가능하기 때문이다. 학습을 가능하게 하는 주요 기능으로 주의력, 작업 기억력, 실행 기능을 거론하기도 하는데, 이때 작업 기억력은 수동적 기억이 아니라 설명을 정리하거나 문장의 의미를 생각하는 능동적 인지 활동으로 언어적 기억이 발달해야 가능하다.

그리고 신체 활동이 활성화되고 또래들 간에 무리 짓기가 시작되는 이 시기에 힘의 우위에 따른 위계가 아니라 평등하고 협력적인 관계를 최우선으로 체험해 보게 하는 것이 중요한 발달 과제로 주어져야 할 것이다. 그러기 위해서는 학급 공동체가 서로의 다름을 인정하고 존중하고 신뢰하는 문화를 형성해야 한다. 세상에 대한 흥미와 호기심은 현실적인 일에 관심이 커지는 이 시기 발달 특성을 반영한 것으로 물리적인 환경만이 아니라 일상생활에서 만나는 다양한 사람들, 그리고 동식물을 포함한 생태 환경까지 확장될 수 있을 것이다.

핵심 교육활동의 첫 번째는 즐거운 교과 학습이다. 사회, 과학, 음악, 미술, 체육 등 처음 접하는 교과에 대한 아이들의 관심과 흥미를 즐거운 학습으로 이어가기 위해서는 현행 교육과정의 과도한 학습량과 난이도부터 조절해야 한다. 사회성과 지적 호기심이 싹트는 시기의 공동 학습과 모둠활동은 아이들이 가장 좋아하고 잘할 수 있는 학습 방법이다. 모둠

활동은 교사의 구체적이고 세부적인 안내와 함께 서로 협력하여 해결하기에 아주 쉬운 과제부터 시작해야 한다. 그래야 활동 과정에서 협력의 경험을 쌓을 수 있으며 이후 어려운 과제가 주어졌을 때 아이들 스스로 공동 활동을 시도하게 된다.

이전 시기의 그림일기는 생활글 쓰기로 이어져 본격적인 글쓰기로 발달한다. 지각과 주의를 의지적으로 조절하는 것이 가능해지고 사물에 대한 관찰이 세밀해지며 탐색의 영역이 확장되는 중학년들에게 일상의 체험을 글과 그림으로 기록해 보는 활동은 스스로에게도 성취감을 준다. 무리를 짓기 좋아하는 때이므로 동아리 활동을 시작하기에 적합하고, 생명에 대한 관심과 생태 감수성이 한창 발달하는 시기이므로 생태 텃밭 활동 등도 권할 만하다. 그리고 축구, 야구 등 스포츠 경기 규칙을 단순화한 경기형 놀이와 규칙 기반 놀이는 중학년 아이들의 발달 과제인 신체 활동 활성화와 운동 기능 향상에 최적인 활동들이다.

4. 주체적인 학습자 되기 : 5~6학년

초등학교 5~6학년 교육과정의 목표는 '주체적인 학습자 되기'이다. '주체적인 학습자'는 큰 틀에서는 3~4학년의 '학습자로 발달하기'의 연속선상에 놓여 있으며 4학년 무렵 생겨나는 자발성에 기대어 능동적인 학습자로 발달함을 강조하는 표현이다. 주체적인 학습자란 교수-학습 과정에 흥미와 관심을 가지고 자발적으로 참여하며 궁금한 것을 적극적으로 질문하는 학습자이다. 그리고 논리적으로 명쾌한 설명과 풀이를 접하고는 '아하! 경험'을 맛보며 배움의 기쁨에 즐거워하는 학습자이다. 의식적 파악(메타인지)이 가능해짐에 따라 아이들은 자기 스스로 알고 모르는 것을 인지하기 시작하고, 학습의 우열을 견주며 어려운 학습을 지레 포기하기도 한다. 그러나 이 시기는 기억력이 최고조로 발달하며 자기 나름의 학습 방법과 기능을 만들어가는 때이므로 학습 활동에 내적 동기와 흥미를 불러일으킬 수 있는 환경 조성이 필요하다.

5~6학년은 성적 성숙으로 인한 2차 성징과 함께 몸의 변화가 급격하게 이루어지는 시기로 성에 대한 호기심과 외모와 이성, 이성 교제에 대한 관심이 급증하는 때이기도 하다. 아이들은 신체 각 부분의 성장 속도가 달라 신체 비율이 조화롭지 못한 반면 스스로 다 자랐다고 생각하며 어설프게 어른 흉내를 내기도 한다. 미성숙한 마음과 성적 성숙 간의 간극 혹은 불균형 속에서 생겨나는 고민을 주로 또래들과 해결하고, 가정과 어른에게서 정신적으로 독립하려는 경향을 보인다.

현상에 대한 논리적 설명과 토론을 좋아하고, 과거, 현재, 미래의 시간 개념이 생겨나 역사적인 서사에 흥미를 보이며 사회 또는 사회적 이슈에 대한 관심이 커져간다. 성호르몬에 의해 감정의 기복이 심해지고 또래들의 시선에 민감하게 반응하며 또래 집단에 소속되거나 인정받는 것을 매우 중요하게 여긴다. 무리 속에서 힘의 서열을 정하기도 하고, 똑같은 차림새로 떼 지어 다니며 안정감이나 자신감을 느끼는 아이가 있는가 하면 스스로 '나는 나'를 선언하며 자기만의 세계로 침잠하는 아이도 생겨난다. 차별과 편애에 민감하고 수치심에 발끈하며 부당하다고 생각하는 일에 대해 비판적으로 따지거나 어른들의 훈육에 반발하기도 한다.

고학년의 발달 과제는 몸의 변화 수용과 의식적 파악(메타인지)이다. 성적 성숙으로 인한 2차 성징의 출현과 급속한 몸의 변화가 성장 과정에서 일어나는 자연스러운 현상이고, 인간이면 누구나 겪게 되는 과정임을 인지하고 받아들이는 것이 중요하다. 이를 위해서는 청소년기 성적 성숙과 몸에 관한 교육이 아이들의 눈높이에 맞게 과학적 지식으로 다루어져야 한다.

또한 성적 충동과 성에너지를 몸 운동과 다양한 문화 예술 활동을 통해 건강하게 발산하고 승화하는 경험이 필요하다. 의식적 파악은 학령기 동안 지각, 주의, 기억에 대한 의식적, 의지적 사용을 거쳐 생각에 대한 의식적 파악에 이른 것으로 자기 머릿속 생각 과정을 대상화하여 인지하는 것이다. 학령기를 마무리하는 이 시기에 의식적 파악이 충분히 발달해야 다음 발달 과제인 개념적 사고 형성이 가능하다. 정서 영역의 발달 과제는 확장된 사회 정서, 즉 공감, 배려, 공동체 의식의 체험과 내면화이다. 그리고 관계 속에서 발생하는 부정적 감정들을 잘 처리하는 방법을 배우는 것도 중요하겠다.

고학년의 핵심 교육활동은 아이들의 자발성과 욕구 존중, 그리고 합리적 의사소통에 주안점을 둔다. 타당한 근거를 제시하며 주장하는 글쓰기는 의식적 파악, 논리적 기억, 범주적 지각 등이 종합적으로 작동하고 발달하는 활동이며 친구들과 토의, 토론 과정에서는 자기의 주장과 생각을 논리적으로 따져보며 성찰하는 기능이 생겨난다. 스포츠와 춤, 예술 창작과 감상, 그리고 다양한 도전 활동들은 성적 성숙기에 접어든 아이들에게 넘쳐나는 에너지의 발산과 승화를 위해 꼭 필요하다. 교사의 지원 속에 아이들이 스스로 기획하고 진행하는 프로젝트 협력 활동은 고학년 아이들이 좋아하고 잘하는 활동이기도 하며 그 과정에서 공감, 배려, 공동체 의식을 배울 수 있다.

아이들은 학교 또는 학급을 민주적인 공동체로 운영하기 위한 자치 활동과 생활 협약 만들기에 직접 참여하는 경험을 통해 주체적인 역량을 키워간다. '집단에의 기여'는 학교 공동체 구성원으로서 학령기 동안의 배움들을 유의미한 활동으로 기획하여 함께 나누는 것을 말한다. 저학년과의 어깨 짝 활동, 1~2학년에게 책 읽어주기, 3~4학년들과 텃밭을 함께 가꾸고 그 생산물로 요리해 나누기, 생태 봉사 활동 등이 이에 해당한다. 학교 공동체에 도움을 주는 공동의 과제를 직접 완수해 보는 경험은 주체적인 학습자로 발달해가는 고학년 아이들에게 자부심과 뿌듯함을 안겨줌으로써 지역 사회 일원으로 성장해 가는 청소년기 발달을 이끄는 힘이 된다.

Ⅱ. 초등학교 1학년 발달교육과정[6]

1. 학년 교육과정 목표 : 초등학생 되기

초등학교 1학년은 유치원 과정을 마친 아이들이 초등학교라는 문턱을 넘으면서 처음으로 만나는 학년이다. 그런데 실제로는 이런저런 사정으로 유치원이 아니라 어린이집이나 가정에서만 생활한 아이도 있고, 유치원도 매우 다양하므로 초등학교 1학년 아이들의 유아교육 경험의 편차는 매우 크다. 그러므로 초등학교 1학년의 교육과정은 이러한 아이들이 초등학교라는 낯선 공간에 익숙해지고 초등학생이 되도록 지원하는 데 초점을 두어야 할 것이다.

1학년 전체 교육활동을 총괄하는 목표는 '초등학생 되기'이다. '초등학생 되기'란 아이들이 안정감 속에서 초등학생으로 자기 자신을 긍정적으로 인식하고, 이후 본격적인 학습을 할 수 있는 기초를 마련하는 것을 말한다. 학급 공동체에서의 격려, 인정과 환대의 경험과 함께 학습의 기쁨, 성취감을 맛보면서 아이들은 '초등학생'이 되어간다.

1) 미래 학습에 필요한 '기초 기능' 익히기

초등학생이 된다는 것은 이후 이어질 본격적인 학습에 필요한 기초 기능을 익히는 것을 의미한다. 1학년 아이들이 초등학교 학생으로 변화해 가는 이 시기가 바로 다음 학습을 위한 중요한 준비기이다. 학습에 필요한 기초 기능의 핵심은 자기 규제와 자발적 주의이다. 앞서 강조했듯이

---

6 Ⅱ장은 비고츠키 발달 교육 이론과 필자의 1학년 담임교사 경험을 토대로 작성한 것으로 초등학교 1학년 학생들의 발달을 제대로 이해하기 위한 교사와 보호자(양육자)를 위한 교육 자료로 기술되었다.

자발적 주의와 자기 규제는 학교 공부의 전제가 되는 발달 기능이며, 이 기능들이 미비할 경우 수업 참여가 어렵다. 그리고 자기 규제와 자발적 주의는 이후 모든 발달의 기초가 되므로 초등학생 되기의 시작 지점인 1학년 시기에 반드시 체화해야 할 기초 기능이라고 할 수 있다. 또 하나의 기초 기능은 한글과 수 기호의 습득과 이야기하기, 낭독, 글쓰기이다. 한글과 수를 충분히 익혀 주어진 자료를 읽고 이해하는 것은 교과 학습의 기본이다. 그리고 이야기, 낭독, 글쓰기 연습을 통해 자기 생각을 말과 글로 표현하는 것은 교과 학습의 실제 수행에 가장 필수적이다.

2) 학교의 시간 리듬과 공간 질서에 익숙해지기

초등학생이 된다는 것은 초등학교의 시간 리듬과 공간 질서에 익숙해지는 것을 말한다. 일정한 시각이 되면 등교하고 40분 수업 시간과 10분 쉬는 시간을 지켜가며 학교생활을 하는 것은 처음 학교에 입학한 1학년 아이들에겐 쉽지 않은 과제다. 게다가 쉬는 시간에 화장실 볼일도 스스로 보아야 하고 책상 정리도 해야 한다. 이 외에도 놀이 시간과 점심시간, 하교 시각까지 '학교의 하루'라는 시간 리듬에 아이들의 몸이 익숙해지기 위해서는 꽤 많은 시간이 필요하다. 그 익숙해짐에는 수업 시간, 쉬는 시간, 놀이 시간을 구별하여 행동하는 것 등 각 시간에 알맞게 행동하는 것이 포함된다.

공간 질서에 익숙해진다는 것은 학교라는 전체 공간만이 아니라 구획된 공간들 즉, 교실, 복도, 화장실, 식당, 운동장, 체육관, 도서실 등 각 장소의 규칙과 질서에 아이들이 익숙해지는 것을 의미한다. 교실과 교실 밖, 실내와 실외, 공적인 곳과 사적인 곳(화장실)의 구분과 각 장소에 알맞게 행동하는 것은 학교 구성원으로서 지켜야 할 약속과 규칙을 배우는 과정이기도 하다.

★ 개별 학생의 발달 문제, 학습 곤란을 확인하여 적시에 지원

초등학생 되기에서 가장 중요하게 다루어져야 할 것은 개별 학생들의 발달상 문제와 학습 곤란 정도를 '진단'하는 일이다. 이를 위해서는 핵심적으로 추려진 교육활동과 학교의 일상생활 속에서 발달 관점에 입각한 교사의 세밀한 관찰이 필수적이다. 이 과정에서 자기 규제나 자발적 주의가 어려운 아이와 난독, 수 학습 장애, 정서 행동 장애 등 전문적 치료가 필요한 아이들을 찾아낼 수 있을 것이다. 다음은 교사용 학생 발달 기능 체크리스트의 예시이다.

1학년 학생 발달기능 체크리스트 (교사용)

영역	진단 내용
자기 규제	자연스럽게 팔을 흔들며 바른 자세로 걸을 수 있음
	몸을 흔들지 않고 일정한 간격으로 줄을 설 수 있음
	수업 시간과 쉬는 시간을 구별하여 행동함
자발적 주의	주어진 과제를 15분 이상 집중하여 수행함
	수업 시간 선생님과 친구들의 말을 집중하여 경청함
	선생님이 들려주시는 이야기 중 일부를 기억하여 말할 수 있음

진단이 이루어진 이후에는 적절한 지원이 적시에 이루어져야 한다. 이를 위해서는 학교 안에 학생들의 성장과 발달을 지원하는 사람들(상담사, 중재 전문가, 발달지원 코디네이터 등)로 구성된 '발달지원팀'이 있어야 한다. 그리고 학교 밖에는 전문적이고 체계적 지원이 가능한 협력형 통합지원 시스템[7]이 필요하다. 1학년 학생들을 위한 적절한 지원은 핀란드의 3단계 학생 지원 모델을 참조할 만한데, 담임교사와 발달지원팀의 진단을 토대로 일반지원, 개별지원, 특별지원이 이루어져야 할 것이다. 그 과

정에서 보호자와의 협력과 소통은 필수적이다. 1학년 담임교사들이 곤혹스러워하는 상황은 큰맘 먹고 과잉행동, 분노 조절 장애, 우울증 등의 징후를 보이는 아이의 보호자에게 전문 상담과 치료를 권함에도 그들이 교사의 전문성 운운하며 발끈할 때이다. 교사와 보호자 간의 불필요한 갈등과 감정 소진을 막고, 발달 위기 학생에게 적절한 지원을 위해서는 발달 지원 시스템 마련이 시급하다.

2. 1학년 발달 특성과 과제

구분	발달 특성	발달 과제
신체	- 유치를 갈며 운동 기능 발달로 몸 움직임 활발함 - 관심 있는 대상을 향해 몸이 먼저 반응함 - 균형감이 덜 발달하여 잘 넘어짐 - 소근육 발달 - 눈과 손의 협응력 발달 (연필 잡기, 가위질, 젓가락질 연습과 숙달 요망) - 피로를 쉽게 느끼므로 활동 후 적절한 휴식 필요	- 자기 몸과 행동을 스스로 조절, 규제 - 균형 잡고 서기 - 바른 자세로 걷기
인지	- 새로운 것에 호기심이 많아 질문이 많음 - 글말보다 입말이 왕성함 - 기억 발달이 급속하게 이루어짐 (경험한 것을 떠오르는 대로 말하는 것을 좋아함) - 주의와 관심이 수시로 빠르게 변함 - 자기 맥락적(자기중심적) - 현실과 상상 혼동 - 직접 겪고, 보고 듣는 체험을 통해 학습	- 자발적 주의 - 감각적 기억 → 언어적 기억

---

7 '학생발달지원센터'는 학교 자체적으로 해결하기 어려운 학생들을 전문적이고 체계적으로 지원하는 교육청 단위의 협력형 통합 지원 모델이다. 소아 청소년 정신과 전문의, 임상 심리 전문가, 상담교사, 장학사, 교사, 주무관 등이 센터에 상주하며 학교에서 요청 시 즉시 지원할 수 있어야 한다.

정서	- 정서의 지속 시간이 짧고 강렬하며 자주 변함 - 감정의 전파가 빠른 편임 - 교사의 인정, 칭찬에 민감하며 우쭐대거나 자랑하고 싶어함 - 주목받기 위해 거짓말이나 심한 장난을 치기도 함 - 낯선 환경에 부쩍 불안해함.	- 안정감 - 다양한 정서적 체험
사회적 행동	- 모방을 통해 규칙과 질서를 배워감 - 짝 활동을 잘하고 선호함 - 혼자 놀이에서 벗어나 차츰 또래와 놀이를 즐김 - 경쟁심이 강하고 잘 싸우나 곧 풀어짐 - 남녀 구별 없이 잘 어울리는 편이며 물건을 갖고 놀기를 좋아함	- 친구와 어울려 놀기 - 자기의 생각, 느낌을 말로 표현하기

1) 신체 발달 특성과 과제

초등학교 1학년 아이들은 이전 시기의 대근육 발달을 토대로 몸 움직임이 무척 역동적이고 활달하다. 그러나 동시에 몸의 균형감이 아직 덜 발달하여 멀쩡하게 서 있다 넘어지는가 하면 또래들과 자주 부딪히기도 한다. 자기의 신체를 자기 맘대로 조절하고 제어하기가 쉽지 않기 때문이다. 한편, 소근육 발달이 한창 이루어지는 시기이므로 연필 잡기, 가위질, 젓가락질 연습을 통해 눈과 손의 협응력을 키워야 할 때이기도 하다. 이 시기 아이들은 움직임이 부산하고 활동량이 많아지는 것에 비례하여 피로도 빨리 느끼므로 일정량의 활동 후에는 반드시 충분한 휴식이 필요하다.

1학년의 신체 발달 과제는 "자기의 몸과 행동을 스스로 조절하고 규제"하는 것이다. '바른 자세로 걷기'와 '균형 잡고 서기'는 자기 규제 기능을 파악하기에 가장 적합한 활동이다. 실제로 1학년 교실에는 두 팔과 다리를 자연스럽게 흔들며 일정한 보폭으로 걷지 못하는 아이들과 균형 잡고 서지 못하는 아이들이 부쩍 늘고 있다. 종잇장이 날리듯 펄럭펄럭 걷는 아이, 두 손을 몸에 엉거주춤하게 붙인 채 용수철처럼 통통 튀며 걷는 아이, 걷거나 달리다가 제 다리에 꼬여 넘어지거나 의자에 멀쩡하게 앉아있다 콰당 넘어지는 아이들도 있다. 필자의 관찰에 의하면, 바른 자세로 자연스럽게 잘 걷는 아이들은 내면이 단단하고 안정감이 있다. 산만하고 부산한 아이들일수록 팔과 다리를 펄럭거리며 공간을 휘젓듯이 지난다. 발뒤꿈치를 바닥에 제대로 딛지 못한 채 교실 속을 흐느적거리며 걷다가 이리저리 부딪히는 것이다.

아이들은 몸에 대한 자기 조절과 규제 기능이 형성되면서 스스로 주의 집중하는 능력도 생겨난다. 이 시기 아이들의 발달 특성상 몸으로 습득하는 것이 무엇보다 우선하기 때문이다. 온몸으로 노는 '얼음땡' 같은 놀이를 통해 아이들은 자기 몸을 제어하는 연습을 즐겁게 반복할 수 있는 것이다.

자기 규제는 "자기 자신을 제어하여 상황에 맞는 행동을 취하는 것"을 말한다. 즉, 자신의 감정, 행동이나 생각을 조절하고 관리하는 능력을 의미한다. 자발적 주의가 주로 지각이나 마음을 스스로 조절하는 기능이라면 자기 규제는 일종의 행동 조절 능력으로 만족을 지연하고 충동을 억제할 수 있는 능력이라고 할 수 있다. 이러한 기능은 단지 수업 시간의 바른 자세만이 아니라 주어진 과제 수행, 약속과 규칙 지키기, 친구들과 원활한 상호작용 등 거의 모든 사회적 활동의 토대가 된다는 점에서 매우 중요하다.

주위 환경의 변화나 주변 사람들의 요구에 따라 유연하게 자기의 몸과 행동을 통제하는 능력은 유아기부터 조금씩 가능하다고 한다. 그러나 자기 조절 기능의 본격적인 발달은 공동체 생활의 시작인 유치원 시기와 최초의 학교 경험이 이루어지는 초등학교 1학년 때 집중적으로 이루어지며 이후 학교생활을 통해 지속적으로 발달해간다. 품행장애와 과잉 행동 장애를 보이는 아이들이 늘고 있는 현재 1학년 교실 상황을 고려할 때 '자기 규제' 기능은 이 시기 학생들의 신체 발달의 핵심 과제가 되어야 할 것이다.

2) 인지 발달 특성과 과제

1학년 아이들은 모두 제각기 하고 싶은 말들이 많다. 수업 시간에 자기가 들어본 듯한 무언가가 등장하면 아는 걸 다 말해야 직성이 풀린다. 듣는 것보다는 내가 하고 싶은 말을 하는 것에 관심이 더 크다. 글말보다는 입말이 왕성하고 새로운 것에 대한 호기심으로 눈빛이 반짝이는 이 시기 아이들은 질문도 많다. 그래서 늘 "왜요?"를 입에 달고 다닌다. 그런가 하면 주의와 관심이 수시로 빠르게 변하며 주위를 두루 보지 못하고 자기 맥락적(자기중심적)이라 작은 사건이라도 발생할라치면 일어난 일의 조각들을 맞추기가 만만치 않다. 게다가 실제 현실과 상상한 것이 서로 뒤섞이기도 한다.

비고츠키는 이 시기 아이들의 인지적 특성을 "거대한 지각, 큰 기억, 작은 생각"이라고 말한다. 유아기에 발달한 감각과 지각 기능을 바탕으로 기억력이 급속하게 발달하고 생각 작용은 아직 미약한 시기라는 것이다. 아이들의 감각적 기억은 점차 언어적 기억으로 발달하게 되는데, 문화적 도구인 글말의 습득이 기억 기능의 질적 변화를 가능케 하는 것이다. 뇌 과학에서도 언어를 담당하는 측두엽의 발달이 7세 이후 활발하게 이루어지므로 이 시기가 언어 학습의 최적기임을 입증하고 있다.

이 시기 인지 발달 과제로 주목할 것은 '자발적 주의'이다. 일반적으로 주의란 "집중이 필요한 일에 정신을 한데 모으는 것"으로 반응적 주의와 자발적 주의로 나눌 수 있다. 반응적 주의는 갑작스러운 소리에 깜짝 놀라 무의식적으로 반응하는 것이고, 자발적 주의는 스스로의 의지에 의해 특정한 것에만 정신을 집중하는 것이다. 즉, 형태와 배경을 의지적으로 구분하는 능력으로 자기가 선택한 중요한 것에만 온 정신을 집중하고 나머지는 배경으로 처리할 줄 아는 능력이다. 주의에서 '선택'과 함께 중요한 것은 '지속성'이다. 지속성은 유아기부터 발달하기 시작하고 '선택적 주의(자발적 주의)'는 6~10세에 급격히 향상되며 청소년기에도 지속적으로 발달한다. 그리고 자발적 주의의 발달은 자기 규제 기능과 직접적으로 연관되어 있다.

3) 정서 발달 특성과 과제

1학년 아이들에게 초등학교 교실이라는 새로운 환경은 본격적인 관계 형성의 장이다. 그 속에서 아이들은 이전 시기보다 훨씬 다양한 정서 체험을 겪는다. 아이들은 기쁨, 만족, 즐거움, 자부심과 같은 긍정적 정서와 함께 불안, 두려움, 우울, 수치심과 같은 부정적 정서를 경험하면서 정서도 발달해가는 것이다. 1학년 아이들은 정서의 지속 시간이 짧고 강렬하며 자주 변하므로 하나의 작업에 열중하기 어려워한다.

감정의 전파가 매우 빠른 편이라 교실 한쪽 구석에서 훌쩍이는 친구가 생기면 그 울음이 교실 전체로 번지기도 한다. 반대로 깔깔거리는 웃음이 확 퍼지기도 한다. 인정받고 싶은 욕구가 강해서 친구들이나 교사의 주의를 끌거나 불만을 해소하기 위해 때로는 거짓말이나 심한 장난을 하기도 한다. 교사의 칭찬에 매우 민감하여 칭찬을 받고 나면 우쭐대거나 자랑하기를 좋아한다. 비고츠키가 '7세 위기'로 표현했던, 어린이다운 순진함을 상실한 우쭐거림과 허세, 가식적이며 인위적인 부자연스러운 행동[8]을 보이는 것이다.

이 시기 정서적 발달의 핵심 과제는 '안정감'이다. 부모와의 분리불안

---

8 이러한 징후의 근원을 비고츠키는 7세 인격의 내적 외적 분화에서 찾는다. 내적 마음과 외적 행동 사이에 인지적인 것이 개입되면서 비로소 아이는 내면과 다른 표정을 천연덕스럽게 지을 수 있다는 것이다. 7세 위기를 거치면서 확립되는 것이 이후 자아의 토대가 되는 원시적 자아이다.

을 등교 거부로 강하게 표출하는 아이뿐 아니라 모든 아이들이 학교라는 낯설고 큰 공간에 처음 들어서면 불안해한다. 신입생 아이들의 긴장된 몸, 강박적이고 반복적인 확인과 물음, 빈번한 화장실 출입, 잦은 배앓이와 보건실 방문이 이를 보여준다. 사람에 대한 불안과 경계심이 큰 아이일수록 교사나 친구들에게 도통 곁을 내주지 않는다. 이 시기 아이들의 발달 특성상 정서적인 친근감과 안정감이 형성되어야 인지적 활동도 학습도 가능하다. 이때 안정감을 바탕으로 형성되는 긍정적 자아와 자기애는 이후 발달하는 자아존중감의 씨앗이다. 그러므로 1학년 아이들에게 교실은 정서적으로 교감하는 교사가 있는 안전한 공간이고, 학급은 서로를 환대하는 온화한 공동체가 되어야 할 것이다.

4) 사회적 행동 발달 특성과 과제

1학년 아이들은 나에 대한 의식이 강하며 자기의 능력에 대한 자신감도 큰 편이다. 혼자 놀이에서 벗어나 차츰 또래와의 놀이를 즐기는데, 친구와 함께 호흡을 맞춰 가며 짝 활동하는 것을 좋아하고 가장 잘한다. 단짝 친구를 만들고 기뻐하며 점차 놀이 집단 규모가 커짐에 따라 협력적이고 조직적인 놀이를 시도하기도 한다. 자기중심적이고 경쟁심이 강해서 잘 싸우는가 하면 감정이 오래 지속되지 않아 금방 풀어진다. 다른 학년에 비해 남녀 구별 없이 잘 어울리는 편이며 교실 안의 온갖 물건을 갖고 놀기를 좋아한다. 그리고 이 시기 아이들은 모방을 잘하는데, 학급 공동체의 규칙과 질서도 모방을 통해 배워간다는 점이 특징적이다.

사회적 행동 영역에서 발달 과제는 '친구와 어울려 놀기'와 '생각과 느낌을 말로 표현하기'이다. 1학년 아이들에게 교실 속에서 놀 친구를 찾아 서로 어울려 논다는 것은 쉬운 과제가 아니다. 기질적 차이도 있겠지만 스스로 놀아본 경험이 적은 아이들일수록 교실을 어슬렁거리거나 혼자 놀곤 한다. 친구와 어울려 놀기 위해서는 놀이 규칙을 잘 지키고 문제 상황을 참을 수 있어야 한다. 동시에 친구에게 자기의 생각과 느낌을 말로 표현할 수 있어야 한다. 아이들은 말로 표현이 제대로 안 될 때 놀잇감을 던지거나 친구를 밀치고 주먹질을 하기도 한다. 내가 하고 싶은 말을 다른 사람에게 잘 전달하는 것은 친교의 기본이다. 교실이라는 작은 공동체에서 아이들이 교사와 친구들에게 필요한 도움을 요청하고, 전달하고자 하는 바를 스스럼없이 또박또박 말하는 것은 학습과 연습이 필요한 부분이다. 그리고 이러한 기능의 숙달은 서로 존중하고 배려하는 학급 문화 속에서 더 잘 이루어질 것이다.

3. 교육활동 주안점

1) '한글'과 '수'의 습득과 숙달

한글의 자모를 익혀서 낱말을 바르게 읽고 쓰는 것은 초등학교 1학년 교육활동에서 가장 중요한 과정이다. 수와 숫자를 익히고 셈하기를 배우는 것 역시 이 시기에 핵심적인 학습 활동이다. 한글과 수라는 기호는 이후 체계적인 교수-학습을 위한 기초 도구이기 때문이다. 수업 시간에 바른 자세로 앉아 글자와 숫자를 정성껏 바른 자형으로 쓰는 활동은 자기 규제와 자발적 주의를 발달시키는 최적의 활동이다. 동시에 이 두 기능이 어느 정도 갖추어져야 바른 자세로 글자를 쓰는 것이 가능하기도 하다.

교실에서 이루어지는 그림책 낭독, 시 낭송, 말놀이는 대화와 경청의 시작이다. 그리고 교사가 그림책을 읽어주거나 이야기를 들려주는 활동을 통해 아이들은 자발적 주의와 기초 문해력을 키워간다. 수업 시간에 교사가 들려준 이야기를 가족들에게 전달하는 과제는 기억력이 한창 발달 중인 아이들에게 매우 유용한 활동이다.

2) 겪은 일을 말, 글, 그림으로 표현하기

초등학교 1학년은 표현 욕구가 한창 왕성한 시기이다. 이러한 아이들에게 자기표현의 도구로 말, 글, 그림을 잘 부려 쓰도록 가르치는 일이 중요하다. 글말의 습득은 입말처럼 자연스럽게 이루어지지 않으므로 체계적인 학습과 숙달 과정이 필요하다. 한글 닿소리와 홀소리를 익히는 과정에서 각각의 소리가 들어가는 말들을 찾아 그림으로 그리거나 친구들과 모아보고 교사와 함께 써보는 활동이 유용할 것이다. 학급 산책 후 떠오르는 낱말이나 하고 싶은 말을 한 문장으로 말하고 그것을 교사와 함께 글자나 문장으로 써보는 활동이 차례대로 수행되어야 한다.

아이들의 자유로운 낙서는 끄적거림으로 그리고 글쓰기로 이어진다. 그리기를 유독 어려워하는 아이들에게는 그림책이나 교과서에서 자기가 그리고 싶은 것과 닮은 것을 찾아서 보고 베끼는 활동을 제시한다. 학급 공동의 체험 후에는 이야기를 나누고 학급 전체가 함께 우리 반 일기를 써보는 것도 좋겠다. 이러한 협력적 활동들이 축적되어야 비로소 아이들 각자 자기의 체험을 그림일기로 쓰는 것이 가능해진다. 그림일기는 1학년 아이들에게 생생한 자기표현이자 생활 기록으로, 일상의 경험을 의식적으로 되돌아보게 한다. 그리고 그 수행 과정에서 자발적 주의, 자기 규제, 기억 기능이 총체적으로 발달한다.

3) 풍부한 자연 생태 체험

학급 전체의 주기적인 학교 산책은 감각적 기억이 언어적 기억으로 발달하는 이 시기 아이들에게 유용한 활동이다. 학교 운동장 또는 인근의 산이나 강, 공원을 돌아보면서 나무의 색깔, 냄새 등 계절의 변화를 체험하는 것이 이에 해당한다. 냉이꽃, 제비꽃 관찰, 봉숭아씨 터뜨리기, 괭이밥 먹기, 봉숭아 물들이기, 개미나 거미 관찰 등 오감으로 자연을 체험하는 자연 놀이를 통해 아이들의 감각이 살아나고 생태 감수성이 발달한다.

하늘을 바라보면서 다양한 색깔과 구름 모양을 살펴보고, 비, 바람, 눈 등 날씨를 온몸으로 느껴보는 활동도 권할 만하다. 3~6학년 학생들과 함께 학교 텃밭에서 방울토마토, 오이, 상추를 따보는 활동도 아이들의 학교 체험의 폭을 넓힐 수 있을 것이다. 이러한 활동 후에는 아이들이 경험한 것과 느낌을 글과 그림으로 표현하는 활동이 꼭 이어져야 한다. 떠오르는 말로 짤막하게 시를 써보고 어울리는 그림을 그리거나 노래로 만들어 학급 아이들이 함께 불러보는 것도 좋겠다.

4) 몸 움직임 활동과 놀이

몸으로 배우고 반응하는 1학년 아이들은 몸 움직임 활동과 놀이를 통해 자기 규제와 자발적 주의 기능을 발달시킬 수 있다. 한글이나 수를 익힐 때 다양한 놀이를 활용하고 손이나 발로 박자를 치며 노래를 부른다든지 말놀이나 노래에 맞춰 율동을 하는 것은 현장 교사들의 체험적 지식에서 비롯된 오랜 교육활동이다. 실뜨기 방법을 배워 친구와 어울려 실뜨기를 하고 별이나 모기 등 다양한 모양을 만들어 보는 활동은 눈과 손의 협응력을 키우기에 알맞다.

친구들과 노래를 부르며 콩주머니를 주고받는 활동을 통해 아이들은 다른 이와 호흡을 맞추기 위해 자기 몸과 힘을 조절하는 법을 배울 수 있다. 아이들이 즐기는 놀이인 비사치기와 사방치기는 몸의 균형을 잡는 법을 익히기에 제격이다. 달팽이 놀이, 모래놀이, 얼음땡, 딱지치기 등 1학년 아이들의 발달 특성과 과제에 적합한 놀이들, 특히 사라지는 전래놀이가 더 많이 발굴되고 서로 공유되어야 할 것이다. 아이들은 수업 시간에 교사에게 배운 다양한 놀이들로 자유 놀이 시간을 더 풍성하게 만들어낸다.

5) 자유 놀이 시간

자유 놀이 시간은 말 그대로 아이들이 스스로 계획하고 즐기는 놀이 시간이다. 학교생활 중 주로 2교시와 3교시 사이에 배치되어 '중간 놀이'라고도 부른다. 1학년 아이들에게는 자유 놀이 시간을 갖기 전 놀이 시간에 대한 자세한 설명과 안내가 꼭 필요하다. 놀이 시간에 지켜야 할 규칙과 놀이 공간, 가능한 놀이 종류와 놀잇감 사용, 놀이 집단 규모 등에 대한 교실 약속이 상세하게 반복적으로 가르쳐져야 한다. 뛰지 않기, 소리 지르지 않기, 친구의 몸을 만지거나 때리지 않기, 놀잇감 던지지 않기 등 기본적인 놀이 약속에 관해 아이들과 충분히 이야기 나누는 것도 좋을 것이다.

아이들의 선택이 집중되는 놀잇감의 경우에는 요일별 놀이 계획표에 스스로 이름을 적고 원하는 아이들 모두 공평하게 돌아가며 놀아보도록 할 수 있다. 놀이 시간에 발생한 갈등과 다툼은 초기에는 교사가 개입하여 바로 해결하는 방식을 취하다가 점차 교사는 중재자로 서고, 아이들이 자기의 말로 생각과 감정을 표현하는 방식이 적합하다. 자유 놀이 시간은 아이들에게는 능동적으로 참여하여 만들어 가는 여유로운 시간이고, 교사에게는 아이들의 정서 상태와 사회적 행동을 관찰할 수 있는 최적의 시간이다. 이때 아이들의 발달 상태와 놀이 상황을 고려한 교사의 적절한 개입과 지원이 중요할 것이다.

6) 교실 공동체 약속

초등학교 1학년 아이들에게 학교와 교실은 본격적인 공동체 생활이 시작되는 공적 공간이다. 그러므로 학교생활에서는 구성원으로서 지켜야 할 규칙과 약속이 있음을 아이들에게 인지시키고, 실제로 실천하도록 가르치는 일이 중요할 것이다. 그 시작은 시간 약속 지키기와 공간에 따른 규칙을 지키는 것이다. 등교 시각을 잘 지키고 수업 시간과 쉬는 시간, 놀이 시간을 구별하여 알맞은 행동을 하는 것과 교실, 복도, 화장실, 운동장 등에서 각각 할 수 있는 것과 하지 말아야 할 것을 규칙으로 가르치고, 초등학생으로 행동하도록 이끌어야 할 것이다.

이 시기는 특히 모방을 통해 배우는 때이므로 말과 행동을 중심으로 교실 약속을 정하여 실천할 것을 제안한다. 그 예로는 바르고 고운 말 사용하기, 눈 맞추며 인사하고 대화하기, 함부로 행동하지 않기, 속상한 일 바로 말하기, 잘못한 일 바로 사과하기 등이 있다. 아이들은 친구들마다 자기가 편안하고 안전하다고 느끼는 경계가 있다는 것을 알고 서로 경계를 지켜야 하며 동의를 구하고 소통하는 법을 배워야 한다. 접촉과 관련해 내 몸을 소중히 여기고, 친구의 몸을 함부로 만지거나 때리지 않는 것을 학급의 약속으로 정하여 일상적으로 실천하도록 해야 할 것이다. 이러한 약속들이 잘 지켜지는 교실에서 비로소 아이들은 안정감을 느끼며 자기를 자유롭게 표현하고 친교의 경험을 나눌 수 있다.

4. 보호자에게 제언

1) '발달 기능' 중심으로 자녀의 현재 모습을 살펴보세요.

초등학교 입학과 함께 만나게 되는 담임교사와 학급 친구들 속에서 아이들은 매일 성장하고 발달한다. 1학년 아이들의 학교생활 목표는 '초등학생 되기'이다. 그리고 이 시기에 아이들이 학교와 가정에서 배워야 할 가장 중요한 발달 기능은 '자기 규제'와 '자발적 주의'이다. 이 두 기능은 모든 발달의 기초가 되며, 특히 학교 공부의 전제가 되므로 이 기능들이 미비할 경우 원활한 수업 참여와 즐거운 학습이 어렵다.

2) 풍부한 자연 생태 체험과 생활교육을 권합니다.

1학년 아이들은 발달 특성상 직접 보고 듣고 맛보는 생생한 체험을 통해 배움이 일어난다. 그러므로 풍부한 자연 생태 체험과 일상에서의 다양한 생활 경험이 중요할 것이다. 이러한 일상의 경험들은 아이들의 말과 글을 풍부하게 할 뿐만 아니라 교실 수업 시간에 역동적 학습의 바탕이 된다. 특히 이 시기는 기억력의 발달이 급속하게 이루어지는 때이므로 아이들은 자기가 겪은 일 중에서 기억에 남는 것들을 주위 사람들에게 줄줄 말하기를 좋아한다. 자녀들과 일상적으로 마을을 산책하며 자연물과 계절의 변화를 함께 살펴보는 것을 추천한다. 그리고 자녀들 앞에서는 핸드폰 등 디지털 기기 사용을 최소화하고, 서로 눈을 맞추며 이야기를 나누는 시간을 갖도록 노력해야 한다. 한번 디지털과 영상에 중독된 뇌는 느린 속도의 문자 텍스트와 자연현상에는 흥미를 느끼지 못하기 때문이다.

3) 그림책을 매일 읽어줍니다.

1학년 아이들에게 그림책 읽어주기는 한글 익히기뿐만 아니라 정서 체험을 위해서도 매우 중요하다. 영국의 북스타트(Book Start)나 독일의 레제스타트(Lesestart) 프로젝트는 영유아기 아이들에게 그림책을 읽어줌으로써 초기 기초 문해력과 정서 안정이라는 두 마리 토끼를 모두 잡으려는 아이디어에 기반하고 있다. 문해력은 글을 읽고 이해하는 데 그치는 것이 아니라 전체 맥락과 타인의 감정을 읽고 다양한 세상을 보는 눈이다. 아이가 선택한 책과 보호자가 선택한 책을 번갈아 읽어주는 것도 좋은 방법이다. 보호자가 읽어주는 그림책을 통해 아이들은 정서적 안정감 속에서 자연스럽게 소리내어 읽기를 배우고, 책 이야기 나누기에도 친숙해진다. 매일 일정한 시간에 그림책 읽어주기를 과제처럼 시도해 보자.

4) 친구들과 어울려 온몸으로 놀게 해주세요.

아이들은 놀이를 통해 건강한 몸과 마음을 기르고 친구들과 소통

능력을 키운다. 하버드대 프로젝트 제로(Project Zero) 연구팀에서 내놓은 연구보고서 '놀이를 통한 배움(Learning through play)'에서는 어린이의 자발적 놀이가 더 깊은 배움을 이끌 수 있다고 한다. 즉 학생들이 주도성을 발휘하는 학습의 맥락으로도 놀이가 강조되는 것이다. 정재승 교수는 "놀이의 시간이 줄어들면 수업에 집중하는 능력도 줄어든다"고 주장한다. 그리고, "놀이를 통해 쌓이는 우정은 뇌과학자들이 설명하지 못하는 행위 중 하나로 다른 종에서 찾을 수 없는 인간의 특징"이라고 말한다. 가정에서 온몸으로 잘 뛰어놀아 본 아이들이 학급 친구들과도 고루 잘 어울린다. 친구들과 어울려 노는 시간을 꼭 만들어 주자. 아이들은 놀면서 신체 조절 능력을 키우는가 하면, 놀면서 친구와 의견을 조정하고 타협하는 법을 배운다. 그리고 나의 말과 행동에 상대가 반응하는 것을 보며 대화의 기술도 터득하게 된다.

5) 선행 학습은 발달에 해가 됩니다.

초등학교교육과정에 따른 학교 수업은 학생의 발달 단계를 고려하여 구성되고 진행된다. 그런데 초등학교 생활에 적응하는 것이 우선되어야 할 이 중요한 시기에 선행 학습은 아이들에게 오히려 학습에 대한 불안감과 긴장도를 높이고 심각한 정서 장애를 초래한다. 선행 학습은 뇌의 발달을 철저히 무시한 학습이므로 아이들의 뇌에 무리를 주게 된다. 선행 학습에 길든 아이들은 이미 다 알고 있다는 착각에 수업 집중도가 떨어지고, 괜한 허튼소리로 수업 방해꾼이 되기도 한다. 이미 많은 연구들은 선행 학습이 학생들의 에너지를 과도하게 소모하는 비효율적 학습이라는 사실을 과학적으로 입증하고 있다. 요컨대, 선행 학습은 자녀의 발달에 해가 된다. 뇌가 즐거워야 학습의 즐거움을 경험할 수 있다. 그런데 선행 학습은 아이들에게서 새로운 학습의 즐거움과 설렘, 그리고 진정한 배움의 기쁨을 맛볼 기회를 박탈해 버리기 때문이다.

6) 올바른 훈육이 필요한 시기입니다.

학교를 처음 경험하는 1학년 학생들에게 학교와 가정, 즉 교사와 부모의 일관된 훈육은 매우 중요하다. 아이가 접하는 어른들의 올바른 훈육은 아이들이 자기 규제 기능과 도덕성을 갖추기 위해 필수적이기 때문이다. 이를 위해서는 아이들이 교사와 학생, 부모와 자녀 간의 역할과 구분을 제대로 알아야 하고, 서로 간에 지킬 예절과 태도를 배워야 한다. '해도 되는 것'과 '하지 말아야 할 것'을 구분해서 습관이 되게 만들어야 하는 것이다. 그러므로 "아이의 마음은 읽어주되 행동은 통제하라"는 조선미 씨의 양육 방침[9]은 이 시기 아이들에게 꼭 필요한 훈육 방식이다. 학교와 가정의 일관성 있는 훈육을 위해서는 교사와 학부모 간 상호 신뢰와 협력적인 소통이 중요하다. 그리고 교사와 학부모가 아이들 곁에 믿을 만한 어른으로 서기 위해서는 성숙한 대화 참여자로 만나기 위한 학습과 노력이 필요할 것이다.

---

9 조선미, 『영혼이 강한 아이로 키워라』, 북하우스, 2023. 유튜브 〈친구 같은 부모는 없다〉 https://www.youtube.com/watch?v=g-B0dDqDbM4 참조.

청소년기 시기 구분 및 시기별 특성과 과제

천보선

초등교육을 저-중-고학년으로 나누어 시기별 발달 특성을 정리하고 과제 설정을 해본 것처럼 청소년기도 시기별 발달 특성 및 과제 설정 논의를 시도할 필요가 있다. 비고츠키는 세부적 시기 구분 없이 청소년기 전체에 대한 논의로 진행했다. 청소년기 전체를 세 성숙 간의 괴리를 극복해 나가는 하나의 과정으로 봤기 때문이다. 그렇지만 청소년기가 6년이라는 긴 기간 동안 중-고교로 구분되어 있으며, 청년기를 청소년기에 포함하는 일부 견해까지 고려한다면 시기별로 상당한 차이가 나타나는 과정이라고 할 수 있다. 비고츠키는 사춘기를 초기와 후기로 구분할 수 있다고 말한 적이 있고, 청년기에 대한 별도의 언급을 함으로써 약간의 단서를 주기는 했지만 청소년 시기를 분명한 형태로 세분화하지는 않았다. 발달심리학과 정신분석학에서는 최근 들어 청소년기를 초-중-후기로 구분하면서 청년기를 청소년 후기로 포함하는 경향이 나타난다. 이러한 점들을 참고하면서 청소년기 시기별 발달 특성 및 과제 설정에 대해 논의해 보기로 한다.

1. 청소년기 전체의 발달 조건과 목표

우선 비고츠키 논의를 중심으로 하면서 일반 발달심리학과 정신분석학의 내용을 일부 참고해 청소년기 전체의 발달 특성과 과제를 다음 표와 같이 정리해 봤다.

〈 청소년기 발달 특성과 과제 〉

구분	발달 특성	발달 과제
신체	- 성적 성숙에 도달 - 빠른 신체적 발달	- 에너지의 발산과 승화 - 신체 및 운동 기능 강화
인지	- 메타인지, 추상적 사고의 발전 - 논리적 이해 추구와 개념적 사고의 발달 - 관심 영역의 확대와 심화	- 인간 및 세계에 대한 이해 확대 - **개념적 사고 발달** - 사고력의 고차화 연습(전이, 융합 등)
정서	- 혼란과 갈등에서 점차 통합적 안정으로 - 독립심 강화 - 이성에 대한 관심-낭만적 사랑의 추구 - 다양한 흥미 출현 → 구체화, 현실화 - 자아 인식 강화(즉자적-대타적-대자적)	- 창조적 흥미 촉진 - 진로 탐색 - **주체적 인격과 세계관 형성** - 고차적 사회적 정서 (민주적 태도, 연대 의식 등)
사회적 행동	- 또래 집단 중시, 집단 활동 참여(동아리, 학생회, 청소년 단체 등) - 사회적 이슈에 관심 강화, 확대	- 공동체적 민주시민으로서의 가치 및 태도

청소년기 주요 과제들로는
- 인간과 세계에 대한 이해 확대
- 개념적 사고 발달
- 흥미 발달 촉진과 진로 탐색
- 공동체적 민주시민으로서의 가치와 태도 등이 설정될 수 있다. 그리고 청소년기 전체의 핵심 종합적 목표로는 '개념적 사고 발달에 입각한 주체적 인격과 세계관 형성'으로 설정할 수 있다. '개념적 사고'는 모든

발달 과제와 연결되는 핵심 기반이고, '주체적 인격과 세계관'은 모든 것이 종합되는 총체적 결과이기 때문이다. 청소년기 발달 과제들은 사회문화적 성숙에 관련된 것에 집중된다. 이를 통해 세 가지 성숙 간의 모순을 극복하고 성인으로서 안정적이고 주체적인 사회적 삶을 영위해 나갈 수 있기 때문이다.

2. '청년기'의 문제와 청소년기 시기 구분

시기 구분 이전에 '청년기' 문제를 먼저 검토할 필요가 있다. 언제까지를 청소년기로 볼 것인가'하는 문제와 연관되기 때문이다. 고교 졸업 후 20대 초반에 이르는 시기를 일컫는 청년기를 청소년 후기로 보는 견해도 있고, 성인기 초기로 보는 견해도 있다. 발달심리학과 정신분석학에서도 학자들에 따라 견해들이 다르다. 전통적으로는 대체로 청년기부터 성인으로 보는 시각들이 많았으나, 현대 사회에 들어서면서부터 청소년기에 포함하는 경향들이 늘고 있다고 할 수 있다. 청소년에서 성인으로 접어드는 주요 기준에는 인지적 발달, 경제적 자립, 혼인 등 독립적 생활단위 구성 등이 있다. 사회적 통념, 법적 규정 등도 포함된다. 현대 사회에서 청년기를 청소년기에 포함하는 경향이 느는 것에는 도달해야 할 인지 발달의 과제가 더 높아지고, 경제적 자립과 혼인이 늦어지는 현상과 관련 깊다.

비고츠키는 청년기를 독특하게 봤다. 그는 청년기를 최고의 문화적 발달의 시기로 규정했는데 그러한 청년기를 모두가 누리는 것이 아니라고 말한다. 그는 대다수 노동자 계급의 청소년들이 일찍 직업 세계로 진출하고 혼인하게 되어 문화적 발달의 황금기인 청년기를 누리지 못한다고 안타까워했다. 그에게 문화적 발달의 황금기로서 청년기는 올 수도 있고 안 올 수도 있는 가변적 시기였다. 즉 그에게 청년기는 모두에게 해당하는 연령기 개념이 아니라 젊은 시기 지속적인 교육을 통해 문화적 발달의 기회를 누릴 수 있는 사회적 계층 개념이었던 것이다. 이제 고등교육이 보편화되고 직업 세계 진출 및 혼인 시기가 늦추어진 현대 사회에서 청년기는 대다수가 해당하는 연령기 개념으로 변화했다고 할 수 있다. 그렇지만 청년기에 대한 비고츠키 논의에서 오히려 더 중요한 점이 남는다. 이 시기가 인간 발달의 전 과정에서 볼 때 최고의 문화적 발달의 시기라는 점이다.

청년기가 청소년기에 속하는지 성인기에 속하는지 명확하게 규정하는 것은 쉽지 않다. 두 성격이 중첩되는 것으로 보는 것이 타당하다. 대체로 인지 및 심리 발달 측면에서는 청소년기의 연장으로 보이고, 사회적 통념과 법제도적으로는 성인으로 규정된다고 할 수 있다. 이 글에서는 이 문제를 더 깊게 다루지는 않는다. 그러나 다음의 두 가지 이유에서 청소년기 발달의 연속선상에 청년기를 놓고자 한다. 첫째, 현대 사회에서 심리적 측면은 물론이고, 독립적 생활 여부 등 사회경제적 측면에서도 청소년기가 연장되는 흐름이 뚜렷하게 나타나고 있기 때문이다. 둘째, 이 시기 문화적 발달의 성숙이라는 중요한 과제가 남아 있음을 명확히 하기 위해서다. 청년기는 문화적 발달이 완성된 시기가 아니라 그 정점기로서 여전히 발달의 도정에 있는 시기다. 복잡해지고 고도화된 사회에서 이제 초중등교육만으로 문화적 발달에 대한 완성을 이루는 것은 불가능해졌다. 오히려 '최고의 문화적 발달 시기'라는 성격이 모두에게 중요한 것으로 부각된다. 비고츠키는 청년기 생각 발달에 있어 중요한 점을 강조했다. 이 시기에 형식논리적 사고를 넘어 변증법적 사고 발달로 본격적으로 나아갈 수 있다고 본 것이다.

청년기를 청소년기 발달의 연속선상에 두고자 하지만 이 글에서 '청소년 후기'로 지칭하지는 않는다. 청년기가 청소년기냐 성인기냐 하는 논란이 남아 있고, 고교 시기까지를 청소년기로 보는 사회적 통념과의 혼동을 피하기 위해서다. 이 글에서 '청소년'은 중고교 시기를 가리키는 의미로 쓰고자 한다. 이에 따라 청소년기 및 청년기 시기 구분을 다음과 같이 하고자 한다.

- **청소년 전반부** : 대부분 중학 시기, 개별적으로 초등 고학년에서 중학 초중반에 청소년 진입기 국면을 거침
- **청소년 후반부** : 대부분 고교 시기, 상대적으로 안정화된 청소년 시기, 진로 탐색의 시기
- **청년기** : 고교 졸업 이후 대학 또는 사회 진출기. 발달적으로는 청소년기 발달의 연장선에 놓이지만, 사회적으로는 성인으로 규정됨

이와 같은 구분 속에서 시기별 특성의 차이점들에 대한 주요 언급들을 살펴보면 다음과 같다.

비고츠키는 여러 측면에서 청소년기 초기와 후반부의 차이에 대해 언급한다. 초기에 분열이 우세하다면 후반부엔 통합이 우세하다. 전반부에서는 진입기 혼란을 겪는 청소년들이 다수 섞여 있다면, 후반부엔 대다수가 안정화된 상황으로 묘사한다. 전반부에는 낭만적이고 다양한 흥미가 우선적 형태로 나타난다면 후반부엔 현실적인 진로 탐색이 과제로 부상하기 시작한다고 말한다. 개념 학습에서는 영역의 분화 및 개념 수준의 차이가 존재한다. 또한 전반부가 형식논리를 익혀 나간다면 후반부에는 전이와 융합 등 변증법적 생각 훈련을 일정하게 결합할 필요가 있다고 말한다. 그리고 청년기에는 변증법적 사고로의 본격적 발달이 가능하다고 본다.

한편 청소년기를 초기/중기/후기로 구분하면서 청년기를 청소년 후기로 보는 일부 정신분석학에서도 시기별 차이에 대해 언급하고 있다.

초기에는 불안정감이 존재하며, 금지되었던 어른들의 행동에 착수하기 시작한다. 일부 아이들은 공격성을 보이고 그로 인해 괴롭힘을 경험하는 청소년들도 생긴다.[10] 고교에 해당하는 중기에는 직접 세상을 경험하고 만나고 싶어 하는 욕망이 강화되고, 부모와의 심리적 거리가 확대(권위 약화 + 세대 차이)된다. 또래 집단의 중요성 강화되어 강한 영향력을 발휘한다. 한편 그러면서도 어른과의 관계도 재강화된다고 한다. 코치, 교사, 조언을 해주는 멘토 등을 찾는다는 것이다. 자율적 정체성 강화, 자아의 강화 속에서 상급 학년으로 갈수록 패거리 문화는 약화된다. 여기에는 식별력(개념적 사고) 강화가 기여한다고 말한다.[11] 청년기에 해당하는 후기의 경우 성찰 역량의 강화, 개인적 정체성 형성에 대한 열망, 사회적 실천 의지의 강화 등이 나타난다고 본다.

일반 발달심리학의 경우 청소년기 및 청년기에 대한 언급은 빈약하다. 그것은 아마도 발달심리학의 주된 관심 분야가 유아 및 아동기에 집중되기 때문으로 보인다. 다만 약간의 언급이 있는데, 전기(중학)에서는 '이성에 대한 관심', '성인에 대한 저항감과 불평' 등을 주요 특성으로 들고, 중기(고교)에서는 '또래 활동에 적극적', '취미 활동에 관심', '이상주의 표현', '강요와 강압적 지시에 대해서는 반항'[12] 등을 주요 특성으로 제시하고 있다.

청소년 및 청년기에 대한 이러한 논의들을 참고하면서 각 시기별 발달 특성 및 과제를 다음과 설정해 볼 수 있다. 이후 시기별 특성과 과제에 대한 논의를 좀 더 구체적으로 진전시켜 보고자 한다.

10　Karen J. Gilmore & Pamela Meersand, 『아동청소년 정신발달』 학지사, 2018, 231~234쪽 참조
11　같은 책, 237~241쪽 참조
12　임창재, 『교육심리학』, 학지사. 2005, 81~82쪽 참조

< 청소년~청년기의 시기별 발달 과제와 목표 설정 >

구분 학년	교육 목표	발달 과제 (중심 발달 기능)	핵심 교육활동
중학	긍정적 사회적 자아 형성	• 에너지 발산과 승화 • 개념적 사고 발달 • 안정감	- 신체 활동 확대 - 체계적 교과 개념 학습 - 다양한 흥미 촉진 - 동아리, 자치 활동
고교	주체적 인간 되기(민주적이고 책임 있는 독립적 주체)	• 에너지 발산과 승화 • 개념적 사고 확대, 강화(전이, 융합 훈련 결합) • 인격과 세계관 기본 방향 형성 • 공동체적 민주시민	- 개념 학습 심화 - 전이, 융합 훈련 - 흥미 심화와 진로 탐색 - 동아리, 자치 활동 - 사회 활동 참여
청년기	실천적인 사회적 주체 되기	• 개념적 사고의 고차화(변증법적 사고) • 인격과 세계관 정립 • 실천적인 사회적 활동	- 교양 교육 심화 - 전문적 지식, 기능, 가치 및 태도 - 정치사회적 실천 참여

3. 중학교 시기 발달 특성과 과제

중학교 시기는 청소년 진입기의 위기적 국면과 전반부를 포함하는 시기다. 청소년 진입 시기는 수개월에 걸치는 비교적 짧은 시기이며 발생 시기는 개인차가 크다. 예전에는 다수가 중학교 시기에 진입기를 겪었으나 최근에는 초등 고학년부터 상당수가 청소년 진입기에 들어서는 것으로 보인다. 따라서 중학교 시기는 개별적으로 청소년기로 진입하면서 위기를 겪는 일부 아이들과 아직 진입기에도 들어서지 않은 아이들, 그리고 어느새 청소년 전반부에 들어서면서 상대적으로 안정화된 아이들이 함께 뒤섞여 존재하는 상황이라고 할 수 있다. 그렇게 볼 때 전반적으로는 청소년기 초반의 특성에 입각한 교육 방침 설정이 요청되며, 청소년기에 진입하면서 위기를 겪는 아이들을 관찰, 고려하는 것도 필요하다.

진입기 부정적 국면의 문제와 그에 대한 대응

우선 제기되는 부분은 진입기 부정적 국면을 겪는 아이들을 어떻게 대할 것인가의 문제다. 여기에 해당하는 아이들이 다수 비율이 아니더라도 집단적 분위기 형성에는 상당한 영향을 미친다. 따라서 해당 청소년에 대한 개별 지도와 집단적 지도 두 측면에 대한 고려가 필요하다. 부정적 국면에 대한 교육적 대응의 핵심으로 비고츠키는 '충동의 흥미로의 전환'을 강조한 바 있다. 이는 단지 부정적 국면에 대한 교육적 대응일 뿐 아니라 중학교 시기, 나아가 청소년기 전체의 중요한 교육적 방침이라 할 수 있다. 진입기 위기를 겪는 청소년들에게는 보다 체계적인 '상담 및 심리 지원 시스템'을 통해 지원할 필요가 있다.

중학 시기는 진입기 부정적 국면을 겪는 아이들이 발생할 뿐 아니라 그 국면을 지난 청소년들도 다른 시기에 비해서는 여전히 불안정성이 상대적으로 큰 시기라고 할 수 있다. 따라서 이를 지원해 주는 체계적 시스템이 필요하다고 본다. 아동기에 발생하는 발달 문제가 주로 발달 지연의 문제가 많다면 청소년기 발달 문제는 심리적 문제가 많으며 또한 이 시기 잘못된 자아 형성은 성인기로도 이어질 가능성이 있다. 일반 교사들의 청소년 발달에 대한 이해를 높이는 것도 필요하지만 전문적 상담 및 심리 치료 역량의 체계적 지원이 필요하다. 아직 우리 교육에는 이에 대한 체계적 지원이 부족하다. 적절한 제도적 뒷받침이 요청된다.

개념 발달, 개념적 사고 형성

청소년 전반부의 가장 핵심적인 인지적 발달 과제는 '개념적 사고' 발달의 촉진에 있다. 이 시기부터 추상적 개념에 대한 이해가 가능해지며, 자기 생각에 대한 의식적 파악(메타인지)도 가능해진다. 이를 토대로 청소년들은 개념적 사고를 발달시켜 나갈 수 있다. 이 시기 교육과정상의 내용도 이전과 상당히 달라진다. 추상적 개념들을 많이 접하게 되고, 대수, 과학적 원리도 배우기 시작한다. 학습자의 입장에서는 추상성과 난이도가 갑자기 상승하는 것처럼 다가온다. 이 때문에 학습 내용의 변화에 바로 적응하지 못하고 어려움을 겪는 학생들이 늘어난다. 따라서 많은 양의 학습보다는 핵심 개념을 중심으로 적용하고, 생각을 단련하는 것이 중요하다. 이를 고려한 교수-학습과 청소년 본인의 노력이 필요하다. 더디게 보여도 이 시기 청소년은 머릿속에서 엄청난 변화와 발달을 겪고 있다고 할 수 있다.

일부 청소년은 개념적 사고 발달에서 빠른 진척을 보여 때때로 성인만큼의 표현을 하기도 한다. 또한 문화적 흥미의 발생과 개념적 사고 발달이 결합할 경우, 특정 분야에 대한 몰입과 생각 발달이 집중적으로 일어날 수도 있다. 그러나 이 시기 청소년의 개념적 사고는 아직 튼튼하지 못하며, 구조화되어 있지 않다. 개념적 사고 발달은 이제 시작이다. 다양한 방면의 개념들을 접하고, 생각 훈련을 하며, 문화적 흥미를 발달시켜 나가는 것이 중요하다. 주요한 개념들을 접하고, 문화적 흥미를 창출하는 가장 중요한 통로는 교과교육이다. 따라서 교과 교육을 중심으로 개념적 사고 발달의 토대를 쌓고 그 외의 다양한 경험의 기회를 가질 수 있도록 교육과정이 구상되어야 한다.

한편 청소년기에도 여전히 자발적 주의와 자기 규제가 부족한 경우들이 적지 않다. 그런 경우, 중학 시기부터의 체계적 개념 학습은 상당한 난관에 부딪힌다. 이를 방치할 경우 이후 발달의 어려움은 더욱 커진다. 따라서 뒤 처진 학습자, 기초 기능이 부족한 학습자의 후속 발달을 체계적으로 도모할 수 있는 지원 체계가 필요하다.

사회적 자아 발달

청소년기 초기는 아동기에 형성, 발달하기 시작한 자아가 가족을 넘어 사회적으로 확대되는 시기다. 독립심, 자율성이 확대되면서 가족 등 기존 관계가 재구성되고, 동료 및 공동체와의 관계가 새로운 형태로 강화, 확대된다. 새로이 강화되는 동료 관계는 사회적 자아를 형성하는 주요한 매개이자 통로다. 변화하는 관계들을 긍정적으로 재구성하는 것이 주요한 과제다. 이 과정에서 향후 독립적이고 책임 있는 사회적 주체로서 심리와 태도, 역량을 예비해 가는 것을 요청받는다.

핀란드에서는 중학 시기 사회적 자아 형성의 종합적 목표로 '지역 사회의 일원으로 성장하기'를 제시한다. 이는 사회적 주체로서 자기 인식, 공동체 일원으로서 태도와 책임을 발달시킨다는 것을 의미한다. 그러나 사회적 자아 형성 범위가 가족을 넘어서지만 아직 국가, 세계 시민으로의 정체성을 형성하기에는 이르다는 의미를 내포하는 것이기도 하다. 이 점을 참조할 때, 우리의 경우 농산어촌은 어느 정도 지역 공동체의 정체성이 있다고 볼 수 있지만, 대도시의 경우 부족하다는 문제가 있다.

따라서 지역을 대체할 수 있는 사회적 정체성 형성을 고민할 필요가 있다고 생각된다. 그것은 '학교'가 될 수도 있고, 문화적 흥미와 집단적 정체성이 결합된 '동아리 활동'이나 지역 활동이 될 수도 있다. 이 시기는 가족을 넘어 보다 독립적인 사회적 자아 형성에 대한 욕구가 자연스럽게 생겨나는 시기이기도 하다. 긍정적 사회적 자아 발달이 원활하지 않을 경우, 이 시기 청소년들은 '패거리 문화'에 휩쓸리기 쉽다. 사회적 자아 발달은 공동체와 나의 관계, 그 속에서 요청되는 규범과 가치들에 대해 생각하고 체화해 나가는 중요한 과정이다. 그리고 이를 통해 이후 사회 전체 속에서의 민주시민, 범지구적 세계 시민으로 사회적 자아가 확대될 수 있다. 따라서 이 시기 사회적 자아 발달을 돕는 교육이 되는 것은 매우 중요하다.

〈 중학 시기 발달 특성과 과제 〉

구분	발달 특성	발달 과제
신체	- 성적 성숙이 진행됨 - 신체적 발달이 급격해짐	- 몸의 변화 수용하기 - 에너지 발산과 승화
인지	- 메타인지, 추상적 사고 발달 - 논리적 이해 추구 - 관심 영역의 확대	- 개념적 사고 발달
정서	- 부모로부터의 독립심이 강화되고 또래 집단에 대한 관심이 높아짐 - 사회에 대한 관심 확대되고 타인의 시선 의식 - 이성에 대한 관심 동시에 주로 금욕주의적 태도 - 여러 분야에 새로운 흥미와 관심을 보임 - 자기 인식 및 자의식 높아짐 - 내적 혼란과 변화에 대한 적응 노력 병존	- 안정감 - 문화적 흥미 촉진 - 확장된 사회적 정서 (공감, 배려, 공동체 의식 등)
사회적 행동	- 또래 집단에 소속되고 인정받고자 함 - 사회적 이슈에 관심을 보임	- 사회적 자아 발달

〈 참고 〉 핀란드 중학교 교육 목표[13]

7-9학년: 지역 사회의 일원으로 성장하기

7-9학년의 특별한 기능은 이 강력한 발달 기간 동안 학생들을 지도 및 지원하고, 기본 교육 커리큘럼을 완료하고, 모든 학생들이 학업을 계속하도록 격려하는 것입니다. 모든 학생이 초등 이후 교육을 위한 최상의 조건을 갖고 자신의 해결책에 대해 현실적이고 지식을 바탕으로 생각할 수 있도록 각별한 주의를 기울입니다. 남학생과 여학생의 종종 다른 발달 리듬을 포함하여 학생 간의 개별적인 발달 차이가 더욱 분명해지고 학업에 영향을 미치고 있습니다. 학생들은 자신의 발전을 이해하도록 안내하고 자신을 받

---

[13] 출처 : 핀란드 교육부, 〈2014 기본교육과정〉

아들이고 자신과 자신의 학업, 친구 및 주변 환경에 대해 책임을 지도록 권장됩니다. 학생들은 어떠한 형태의 따돌림, 성희롱, 인종차별 또는 기타 차별도 용납하지 않는 커뮤니티에서 지원을 받습니다. 배려, 일대일 만남, 다양한 작업 방식과 학습 환경이 학습 동기를 강화합니다. 조기 평가 및 피드백을 위한 실습은 상호 작용하고 학습을 안내하는 방식으로 설계 및 구현되며 학생들이 개인 및 그룹으로 의도적으로 작업하도록 권장합니다. 가정-학교 협력은 새로운 형태와 내용을 취합니다. 성장하는 청소년에게 여전히 중요한 지원입니다. 학생 및 보호자와 함께 게임의 일반적인 규칙과 좋은 매너에 동의하는 것은 안전을 만들고 학업의 성공에 기여합니다.

7-9 학년 동안 학생들은 성인 정체성의 기초를 만들고 기능을 축적하며 기초 교육 이후의 삶을 준비하고 방향을 잡습니다. 학습에서 낮은 학년에서 배운 것은 심화되고 풍부해지고 확장됩니다. 가정경제와 학생 지도가 새로운 공통과목으로 시작되고 있습니다. 물리학 및 화학, 생물학 및 지리학, 보건 교육은 환경 과학과 5개의 다른 과목으로 구분됩니다. 학생들이 선택할 수 있는 선택과목이 더 있습니다. 다학문 학습 기관과 선택 과목은 학생들의 관심을 심화하고 자유 시간에 배운 것을 학교 과제와 결합할 수 있는 기회를 제공합니다. 그들은 예를 들어 예술 작품, 연구 프로젝트 또는 사회 프로젝트에서 독립성과 책임을 실천할 기회를 만듭니다.

4. 고교 시기 발달 특성과 과제

고교 시기는 중학 시기에 비해 심리적으로 안정화되고 개념적 사고 발달이 확장되는 시기다. 이를 토대로 세계에 대한 인식이 넓어지고 스스로의 가치관과 세계관을 형성해 나간다. 그러나 변증법적 사고로 나아가는 데는 아직 어려움을 겪으며, 가치관과 세계관도 견고하지는 않다. 예전에는 성인의 삶을 예비하면서 심리적 독립성이 이 시기 빠르게 강화되었으나, 최근에는 대부분 더디다. 이 시기 가장 중요한 과제 중 하나는 진로 탐색이다. 사회가 복잡해지고 빠르게 변하면서 올바른 진로를 설정하는 것에 더 많은 시간과 역량이 필요하게 되었다. 탐색을 위한 기회와 시간이 더 많이 부여되고, 스스로 판단해 나갈 수 있는 역량 형성이 필요하다.

보다 안정적인 청소년기

고교 시기는 대부분이 청소년기 진입기의 혼란기를 지나 상대적으로 안정적인 모습을 보이는 시기다. 그리고 향후 성인으로서 독립된 사회적 삶을 준비해 나가는 시기다. 물론 여전히 세 성숙 간의 모순을 지닌 이행기라는 점에서 아동기나 성인기에 비해 혼란의 발생 가능성은 다소 높을 수 있다. 또한 이전 시기 진입기의 혼란과 갈등을 잘 극복하지 못하고 지속하는 경우도 있다. 따라서 혼란과 갈등의 가능성을 염두에 두고 살필 필요가 있다. 그러나 이 시기 대부분의 청소년은 상대적 안정을 회복하고 사회문화적으로 성숙해 나감으로써 향후 독립된 사회적 삶을 준비해 간다.

개념적 사고의 확장, 심화

고교 시기는 중학 시기보다 더욱 체계적이고 분화된 개념 학습으로 전진해 나간다. 문해와 수리 영역에서 보다 심화된 개념 학습으로 나아가며, 특히 사회과학과 자연과학에서 분화된 학문 영역의 핵심 개념들을 익힘으로써 세계 이해의 기반을 확대한다. 개념적 사고의 본격적 발달은 고교 시기 정신 발달의 가장 중요하고도 핵심적인 특징이다. 개념적 사고 발달은 단지 생각 그 자체에 머물지 않고 정서와 주의, 기억 등 여타의 정신기능까지 포함하는 의식 구조 전체를 재구성하는 한편 비판적 사고와 성찰, 창조성 등 더 높은 정신 역량 발달로 나아가는 토대가 된다. 이를 통해 스스로의 인격과 세계관을 형성해 나가면서 점차 독립적 주체로서 성장해 나간다.

한편 아직 어려워하는 변증법적 사고 발달[14]로 나아가기 위한 생각 훈련도 결합할 필요가 있다. 이론의 실제적 적용, 서로 다른 분과 개념들의 상호연결된 이해 등이 그러한 것들이며 이를 위한 학습으로 프로젝트 학습, 통합 주제 교육 등을 설정할 수 있다. 그러나 변증법적 사고의 본격적 발달은 이후 청년기에 이루어진다. 고교 시기는 연습과 훈련 정도로 설정하는 것이 적절하다.

본격적인 진로 탐색의 시기

중학 시기가 아직 자신의 흥미와 취향은 분명하지 않은 채 진로에 대한 막연한 환상이 지배하는 시기라면, 고교 시기는 차츰 자신의 흥미와 취향을 발달시키면서 진로에 대해 보다 진지하고 현실적으로 생각하기 시작하는 시기다. 진로 선택은 개개인의 삶에서 가장 중요한 과제이며, 고교 시기는 그를 위한 본격적인 탐색의 시기라고 할 수 있다. 올바른 진로 탐색을 위해서는 다음의 몇 가지가 필요하다.

첫째, 어떤 분야에 대한 흥미와 열의다. 비고츠키는 흥미와 열의도 발달한다고 본다. 흥미와 열의가 중학 시기에는 낭만적이고 유동적이라면 고교 시기는 자신에 대한 이해가 진전되어 일정한 방향성을 가지고서 보다 현실적인 것으로 나아간다.

둘째, 충분한 탐색의 기회다. 탐색은 많은 것을 접해야 하며, 철회나 실패를 전제로 하는 과정이다. 여러 분야를 거치면서 범위가 좁혀진다. 따라서 정보와 기회 그리고 시간이 가능하면 충분히 주어져야 한다.

14　비고츠키는 개념적 사고에서 형식논리적 사고와 변증법적 사고를 구분한다. 변증법적 논리는 이론과 실천, 전이와 융합, 대립적 요인들의 종합, 전환 등 형식적 논리를 넘어서는 문제들에 대한 논리적 이해를 다룬다.

셋째, 역량의 발달이다. 희망하는 분야에서 요구하는 역할과 노동을 수행할 수 있어야 한다.

넷째, 종합적 판단력이다. 직업 세계에 대한 객관적 이해와 자신의 흥미와 열의, 역량 등에 대한 종합적 판단 속에서 진로는 올바로 선택될 수 있다. 종합적 판단력은 개념적 사고 발달과 연관된다.

결국 진로 탐색 및 선택은 탐색 그 자체만이 아니라 문화적 흥미, 개념적 사고 등 발달과 결합한다. 고교 시기는 한편으로 자신의 진로를 설정해 나가는 일련의 탐색 과정과 개념과 역량 발달의 상호적 과정이라고 할 수 있다.

그런데, 두 가지 문제가 제기된다. 하나는 고교를 졸업하는 시기에 인생의 가장 중요한 선택인 진로를 올바로 선택할 수 있을 만큼 과연 충분히 발달하는가의 문제다. 고교 시기는 아직 발달적으로 충분히 성숙하지 않은 시기이며, 심리적 성숙이 더뎌지는 현대 사회의 추세로 볼 때 더욱 문제가 된다. 또 하나는 입시교육이 진로 탐색을 방해한다는 것이다. 입시에 매진하는 과정에서 철회나 실패를 전제로 하는 탐색 행위는 허락되지 않기 때문이다. 그래서 대다수의 학생들은 진지하고 충분한 탐색 없이 입시 성적에 따라 진로를 역으로 결정하게 되는 왜곡된 상황에 놓여 있다. 청소년기 최대의 개인적 삶의 과업 중 하나인 진정한 진로 탐색과 선택을 부여하기 위해 변화가 필요하다.

인격과 세계관 형성

이 시기 종합적 발달 목표는 사회적 주체로 서기 위해 스스로의 인격과 세계관을 형성하는 것에 있다고 할 수 있다. 인격은 단지 인성적 측면만이 아니라 의식 구조, 개성과 삶에 대한 태도와 가치까지 포함하는 총체적 개념이다. 따라서 인격과 세계관은 지식 체계, 개념적 사고와 문화적 흥미의 발달에 토대하며, 청소년기 발달의 총화로서 나타나는 것이라 할 수 있다.

핀란드에서는 이를 좀 더 세분화하여, '비판적이고 독립적인 사고', '책임감 있고 협력적인 태도', '개인적 삶과 세계의 상호의존성에 대한 이해', '지속가능한 미래를 위한 세계 시민 의식 등에 기반한 자기 정체성, 가치 및 세계관 형성'으로 표현하고 있다. 일반적 지표만이 아니라 '지속가능한 미래'라는 시대 인식이 포함된 것이 흥미롭다. 요약하면 주체적인 인격과 세계관 형성에 이르기 위해서는 세계 이해를 위한 광범하고도 체계적인 학습, 자신의 흥미와 취향의 발달 및 발견, 열의와 의지의 형성, 자율적인 윤리의 형성 나아가 시대 인식까지 필요하다고 할 수 있다.

인격과 세계관을 갖춘 주체적 인간으로서 발달이 고교 시기의 종합적 목표로 설정되는 것은 이후 학생들은 독립적인 사회적 주체로서 자신의 삶을 영위해 나가야 하기 때문이다. 그러나 고교 시기 형성되는 인격과 세계관은 아직 성숙 중임을 인식할 필요가 있다. 보다 분명하고 성숙한 스스로의 인격과 세계관을 갖추는 것은 청년기 이후다. 나아가 인격과 세계관은 성인 이후에도 지속되는 궁극적 과정이다. 그렇지만 고교 이후 독립적 주체로 삶을 살아갈 수 있는 기본 역량과 나름의 주체적 태도 및 가치를 형성하는 것은 고교 교육의 목표가 된다.

〈 고교 시기 발달 특성과 과제 〉

구분	발달 특성	발달 과제
신체	- 대다수 성적 성숙에 도달 - 신체적 발달 지속(중학 시기에 비해서는 완만)	- 에너지 발산과 승화
인지	- 메타인지, 추상적 사고의 지속적 발전 - 논리적 이해 추구 강화 - 스스로 생각하고 실천하려는 자발성이 보임 - 관심 영역의 구체화	**- 개념적 사고 확대, 강화** - 사고력의 고차화 연습 (전이, 융합 등)

정서	- 중학 시기에 비해 심리적 안정감 강화, 자기조절도 강화 - 독립심이 강화되는 동시에 신뢰하는 어른과의 관계 형성에도 관심 - 낭만적 사랑 추구 나타남 - 흥미와 관심이 점차 구체화, 현실화 - 자아 인식 강화와 세계에 대한 이해 추구(이상주의적 경향)	- 창조적 흥미 촉진 - **주체적 인격과 세계관 형성** - 확장된 사회적 정서 (민주적 의식, 연대 의식 등)
사회적 행동	- 패거리 문화가 약화되고 보다 자율적인 개인적 판단과 행위 확대 - 사회적 이슈에 관심 강화, 확대	- 공동체적 민주시민으로서의 가치 및 태도

〈 참고 〉

핀란드 고교 교육 목표[15]

2.1 고교 교육의 과제

고교 교육의 임무는 포괄적인 일반 교육(comprehensive general education.)을 강화하는 것입니다.

고등학교 교육에서 일반 교육은 비판적이고 독립적인 사고를 할 수 있는 개인이 책임감 있고, 동정심을 가지고, 협력적으로, 자기 발전적으로 행동할 수 있도록 하는 가치, 지식, 기술, 태도 및 의지로 구성됩니다.

고등학교에서 학생은 사람, 문화, 환경 및 사회에 대한 필수 지식, 기능 및 활동을 축적합니다. 고등학교 교육은 학생들이 삶과 세계에 존재하는 복잡한 상호의존성을 이해하고 광범위한 현상을 구성할 수 있도록 준비시킵니다.

고등학교 교육에는 교수 및 교육 기능이 있습니다. 고등학교 교육 기간 동안 학생은 자신의 정체성, 인간 인식, 가치관 및 세계관, 그리고 세계에서 자신의 위치를 구축합니다. 동시에, 학생은 과거와의 관계를 발전시키고 미래를 지향합니다. 고등학교 교육은 과학 및 예술 세계에 대한 학생의 관심을 심화시키고 생활 관리 및 직장 생활을 위한 기능을 발달시킵니다.

---

15 출처 : 핀란드 교육부, 〈2019 고등학교교육과정〉

고등학교 교육은 기본 교육의 커리큘럼을 기반으로 합니다. 대학, 폴리 테크닉 및 고등교육 과정 기반 직업 훈련을 위한 일반 및 다양한 대학원 학습 기능을 제공합니다. 고등학교에서 습득한 지식과 기능은 고등학교 졸업장, 고등학교 졸업장, 고등학교 졸업장 및 기타 증거로 입증됩니다.

고등학교 교육은 학생들이 미래를 위한 계획을 세우고, 글로벌 시민 의식을 키우며, 계속해서 배우도록 안내합니다.

3.2 학습의 개념

고등학교 커리큘럼의 기본은 학습 개념을 기반으로 하며, 학습은 학생의 적극적이고 목표 지향적인 활동의 결과입니다.

학습 과정에서 학생은 이전 경험과 정보를 기반으로 다양한 형태로 제시된 데이터, 정보 또는 정보를 해석, 분석 및 평가합니다. 그는 솔루션을 개발하고 지식과 기술을 새로운 방식으로 결합하여 새로운 유형의 개체를 만듭니다. 지도와 건설적인 피드백은 자신감을 강화하고 학생이 자신의 목표를 설정하고 생각을 개발하며 목표를 따라 적절한 방식으로 작업하도록 도와줍니다.

학습은 다양한 환경에서 다른 학생, 교사, 전문가 및 커뮤니티와 상호 작용하여 이루어집니다. 그것은 다양하고 그것이 일어나는 활동, 상황 및 문화와 관련이 있습니다. 언어, 신체 및 다른 감각의 사용도 학습에 필수적입니다.

고등학교에서 학생들은 개념, 학문 및 역량 간의 연결을 인식하고 이전에 배운 것을 변화하는 상황에서 적용하도록 지도받습니다. 이것은 또한 지속적인 학습에 필요한 기능을 발달시킵니다. 자신의 학습 과정을 알고 있는 학생은 자신의 학습 및 사고 능력을 평가하고 개발할 수 있으며 점차적으로 자신의 학습에서 더 자기 주도적이 됩니다. 연구와 관련된 성공 경험과 격려적 인지도는 자신의 가능성에 대한 믿음을 강화하고 학습에 영감을 줍니다.

5. 청년기의 시기적 특성과 과제에 대해

청년기는 전통적인 사회적 통념과 법제도적으로는 성인으로 인정되지만, 발달 과제와 심리적 측면에서는 청소년기 발달의 연장선에 놓이는 시기다. 청년기는 성인과 청소년의 양 측면을 모두 지니지만 여기서는 발달 과제 중심으로 살펴본다. 발달 과제 중심으로 보게 될 때, 성인이라는 측면은 생각과 행동에 대한 책임감, 자신과 세계에 대한 주체성 등 오히려 발달을 촉진하는 조건으로 다가온다. 지금까지 청년기는 발달적 관점에서 제대로 다루어진 적이 거의 없다. 이미 발달이 완성된 존재로 간주해 온 경향이 컸기 때문이다. 청년기는 아직 미완의 시기일 뿐 아니라 발달의 잠재성이 가장 큰 시기다.

문화적 발달의 황금기

청년기는 문화적 발달의 정점에 이르는 시기다. 비고츠키는 청년기를 가리켜 "최고의 문화적 발달의 시기"[16]라고 말한다. '최고의 문화적 발달'은 세계에 대한 이해와 사회적 행위 역량이 이 시기 비약적으로 발전함을 의미한다. 그것이 가능한 이유는 초중등교육을 통해 형성되어 온 개념적 사고 발달의 토대 위에서 문화적 발달이 이루어지기 때문이다. 그래서 방대한 지식을 효과적으로 이해하면서 인식 체계를 재구성하고, 새롭게 요구되는 역할 수행을 빠르게 터득해 나갈 수 있다.

직업 세계로 곧바로 진출하여 학업을 지속하지 않는 경우에도 문화적 발달의 잠재적 가능성은 동일하게 지닌다. 개념적 사고의 토대는 마찬가지이기 때문이다. 그러나 문화적 발달의 실현 정도는 제한될 수밖에 없다. 따라서 이 경우에도 잠재력을 최대한 실현할 수 있게 지원하는 사회적 제도가 필요하다. 이 시기 문화적 발달을 최대한 실현하는 것은 개인적으로나, 사회적으로나 매우 중요하다. 개인에게는 삶의 역량을 최고로 구현하는 것이고, 개개인의 역량이 최대한 구현될 때 전체 사회적 역량 역시 최대화되기 때문이다.

16　비고츠키, 『성애와 갈등』, 살림터, 2019, 232쪽 참조

변증법적 사고의 발달

비고츠키는 청년기 과제 중 하나로 변증법적 사고의 발달을 이야기한다. 문화적 발달이 포괄적인 것이라면, 변증법적 사고는 이 시기 생각 발달의 과제로서 제기된다. 변증법적 사고는 현상을 총체적이고 역동적으로 이해하는 인식 형태로서 개념적 사고 발달의 최종 형태이다. 변증법적 사고를 통해 실제 세계가 지닌 복잡성과 상호연관성, 변화 가능성을 이해할 수 있다[17]. 변증법적 사고의 발달은 전문 분야에 대한 심화된 이해와 여러 분야 사이의 융합을 가능하게 하는 데 중요하다.

변증법적 사고는 일반 개념들의 튼튼한 토대에 기반한다. 따라서 청년기 변증법적 사고의 발전은 기초 학문들의 핵심 개념들에 대한 명확하고 풍부한 이해 속에서 전문적 지식으로 나아가고, 이론적 원리와 실제 실행을 결합하는 과정을 통해 이루어진다. 진정한 전문성과 창조성은 변증법적 사고 발달과 연관된다.

진로 개척

청년기는 자신의 진로를 구체화하고 사회 진출을 직접적으로 준비해 나가는 시기다. 이전 시기 흥미가 다소 광범한 분야에 관한 것이었다면, 이 시기에는 관심과 흥미가 세분화되면서 진로가 구체적으로 설정된다. 진로 설정은 흥미만이 아니라, 그것을 수행할 수 있는 역량, 향후 전망 등을 종합적으로 판단하면서 이루어진다. 명확한 진로 설정 속에서

---

[17] 변증법적 사고는 보통 형식논리적 사고에 대비된다. 형식논리가 정적인 사물 간의 연관을 다룬다면 변증법적 논리는 이질적이고 동적인 연관을 다룬다. 동적 관계를 이해하는 것은 정적 관계를 이해하는 것보다 당연히 어렵다. 비고츠키는 변증법적 사고의 형태들인 전이, 대립물의 통일, 융합 등의 사고는 청소년기에 하기 어렵다고 말한다.

체계적인 교육과 훈련, 그리고 해당 분야 진출을 위한 작업을 진행하는 시기다.

인격과 세계관의 정립

청년기는 두 가지 조건이 만나면서 인격과 세계관이 보다 분명한 형태로 정립되는 시기다. 우선 확장된 문화적 발달은 자신과 세계에 대한 이해를 보다 심화시킴으로써 인격과 세계관 정립에 내용상 연결된다. 또 하나의 중요한 조건은 사회적 독립성과 책임성의 강화다. 사회적 통념 및 법제도적으로 청년기는 성인이다. 따라서 사회적 차원에서는 성인으로서 독립적이고 주체적인 행위와 실천으로 나아가는 시기다.

성인으로서 권리와 의무를 지닌다는 것은 스스로 판단하고 책임지는 행위를 할 것을 요청한다. 나아가 사회적 의제와 문제들에도 주체적인 가치관에 입각해 나름의 입장을 취하고 실천하는 것이 강화된다. 청년기는 자신의 가치관과 세계관을 실현하고자 하는 경향이 강하게 나타나는 시기이기도 한다. 이러한 독립적인 사회 주체로의 성장과 자신과 세계에 대한 이해의 심화, 생각의 발전, 전문적 역량의 구축이 한데 모이면서 자신만의 명확한 인격과 세계관을 지닌 주체적 인간으로 정립해 나간다.

모두가 누려야 할 문화적 발달의 기회

비고츠키 시대에는 문화적 발달의 황금기로서 청년기가 일부의 특권이었지만 이제 사회가 발전하여 고등교육을 보편적으로 받을 수 있는 시대가 되었다. 그런데 여전히 문제가 있다. 과연 지금 청년들은 문화적 발달의 황금기를 누리고 있는가? 현실은 그렇지 않다. 취업 전쟁으로 말미암아 청년기 진정한 발달과는 거리가 먼 학점 따기와 스펙 경쟁에 매몰되고 있다. 진전한 탐구와 발달은 매우 제한적이다. 더 넓고 깊은 가치관과 세계관 형성의 여지는 더욱 협소하다. 이러한 상황의 지속은 개개의 청년들을 불행하게 만들고, 사회 발전에도 역행한다. 청년들이 진정한 문화적 발달의 황금기를 누리기 위한 변화가 필요하다.

한편, 고등교육을 받지 않고 곧바로 직업 세계로 진출하는 청년들도 여전히 적지 않다. 최고의 문화적 발달의 시기로서 잠재성은 이들도 동일하게 지니지만, 그 실현은 제한될 수밖에 없다. 자신의 인생 경로에 대한 분명한 주체적 선택이 아니라 사회경제적 취약성 때문이라면 개인적, 사회적으로 불행한 일일 수 있다. 현대 사회의 생산력 발전은 원하는 모두에게 충분한 교육 기회를 부여할 수 있는 수준에 이미 도달했다. 직업 세계로 진출한 이후에도 고등교육이나 원하는 전문 교육을 받을 수 있는 기회를 부여하고 지원하는 것이 필요하다. 최고의 문화적 발달의 기회를 모든 사회 구성원이 누릴 수 있어야 한다.

〈 청년기 발달 특성과 과제 〉

구분	발달 특성	발달 과제
신체	- 대다수 성적, 신체적 성숙에 도달	- 개인 특성에 맞는 운동 및 신체 활동
인지	- 개념적 사고 심화(변증법적 사고로의 발달) - 전문 영역으로의 흥미와 탐구 심화	- **개념적 사고의 고차화(변증법적 사고 발달)** - 전문 분야 지식 체계화, 문제 해결력, 창조성 강화
정서	- 성인으로서의 독립적, 사회적 심리 형성 - 흥미와 관심의 구체화, 전문화 - 자아 및 세계관의 구체화(이상주의적 경향 지속)	- 창조적 흥미 심화 - **주체적 인격과 세계관 구체화** - 더욱 확장된 사회적 정서
사회적 행동	- 주체적 판단과 행위 확대 - 정치사회적 실제 문제 참여	- 사회, 정치적 주체로서 실천

⟨보론⟩

청소년과 청년기 진로 선택 문제

발달 단계와 진로

최근 고교학점제가 논란이 되면서 '청소년기 진로 선택'이라는 문제가 교육의 주요한 의제로 떠오르고 있다. 진로 선택은 개개인에 있어 청소년기와 청년기를 관통하는 가장 중요한 과제다. 발달론의 선구자 비고츠키는 진로 선택 문제에 대해 발달의 관점에서 짧지만 귀중한 논의를 후대에 남겨놓았다. 그는 직업 선택의 문제를 아동과 청소년 전 시기를 관통하는 문제로 다루면서 크게 3개의 시기를 언급한다.

첫 번째는 '어린이의 꿈' 시기다.

> 직업 발달의 첫 단계는 직업에 대한 어린이의 꿈이다. 이러한 꿈은 어린이의 놀이 세계 전체 그리고 어린이가 관찰하는 일상 상황의 놀이로의 전환 – 대개 모방과 연결되어 일어난다 – 과 직접적으로 연결되어 있다. (비고츠키, 『인격과 세계관』, 살림터, 2023, 238쪽)

어린 시절 진로, 직업은 환상의 형태로 다가온다. 유아기에는 병원 놀이, 소방차 놀이 같은 것을 통해 의사, 간호사, 소방사 등의 직업을 접한다. 아동기에는 대중 매체 등을 통해 미래 직업에 대한 꿈을 키운다. 아직 아동은 직업의 실상도, 자신의 역량도 모른다.

두 번째는 청소년 초중반 환상과 현실감 사이의 중간 시기다.

> 직업 선택의 의미에서 이행적 연령기에 가장 특징적인 것은, 우리가 공상적 환상과 현실적 의지의 내적 융합을 발견한다는 데 있다. (같은 책, 244쪽)

그는 이 시기 직업 선택이 이루어지는 사례로 독일을 들면서 그 한계와 문제점을 지적한다.

> 14세가 되면 어린이는 직업의 선택에 직면하게 된다. 대부분의 경우 노동 대중은 이처럼 일찍 직업을 선택해야 하는 필요성에 마주하며 … 한편으로는 내적으로 완성된 동기의 저(低)발달과 다른 한편으로는 직업에 대한 모호하고 불명확한, 미숙한 환경과 주변 환경이 밀어 넣는 냉철한 삶의 계산 사이를 잇는 다리의 부재라는 조건 (같은 책, 244쪽)

독일에서는 14세에 인문 과정과 직업 과정 중 한 경로를 선택하게 되는데, 비고츠키는 청소년기 초반인 이 시기는 아직 직업에 대한 이해가 불분명하며 내적 동기도 불충분한 상황이기 때문에 스스로의 올바른 선택이 이루어지기 어렵다고 말한다. 그는 당시 대다수 노동대중의 청소년들이 이 시기 직업을 선택하고 직업교육을 받게 되는 것에 안타까움을 표시한다.

> 여기서 직업 선택은 이러저러한 직업 학교에 입학하는 형태를 취하며 이 순간을 위한 내적 성숙과 준비 없이 미발달된 형태로 이루어진다."(같은 책, 244쪽)

일부에서는 독일의 청소년기 인문/직업교육의 분화에 대해 노동 배치의 관점에서 효율적이라고 평가하기도 하지만 비고츠키는 발달적 관점에서 그 시기 직업 선택이 타당하지 않다고 바라본다. 그 이유는 명확하다. 직업 세계에 대한 실제적 이해가 부족한 것은 물론이고 무엇보다 아직 내적 동인이 형성되지 못한 시기라는 것이다. 내적 동인은 해당 직업에 대한 스스로의 흥미, 필요, 열의를 의미한다. 그는 이 시기 선택은 결코 '스스로의 선택'이 될 수 없다고 단언한다. 아직 스스로의 흥미도, 판단력도 성숙하지 않았기 때문이다. 이러한 관점은 오늘날 우리 사회 중등 단계 직업교육에도 그대로 해당하며, 고교학점제의 조기 진로 선택에도 마찬가지로 해당한다.

비고츠키는 청소년에서 성인으로 넘어가는 시기, 즉 중등교육이 마무리되는 시기에 직업 선택이 이루어지는 것이 타당하다고 말한다.

> 17~19세의 직업 선택은 완전히 다른 주관적, 객관적 조건에서 일어난다. 우리는 현실적 냉정함으로 자기 인생 경로의 선택으로 나아가는 성숙한 사람과 마주한다."(같은 책, 245쪽)

이 시기에 직업 선택이 이루어지는 것이 타당하다고 말하는 이유는 청소년기 사회문화적 성숙을 토대로 직업들에 대한 (막연한 환상이 아닌) 구체적 이해, 자신의 내적 동기와 역량의 발전 등에 의해 스스로 선택할 수 있다고 보기 때문이다. 비고츠키는 어떤 분야에 대한 열의와 그것을 수행할 수 있는 역량 모두가 필요하다고 본다. 그래서 직업 선택에는 '현실적 냉철함'이 필요하다고 말한다. 14세와 17~19세의 차이는 단지 생물학적 연령의 차이가 아니라 보다 풍부한 사회문화적 발달 여부에 놓여 있다.

'진로 선택 역량'은 발달한다.

직업 선택이나 자기 생업을 결정하는 것이 비교적 어린 나이에 시작하는 긴 발달의 역사를 가지는 것처럼, 교육 역시 그(직업 선택의) 발걸음을 내딛기 이전부터 이를 위해 어린이를 준비시켜야 한다."(같은 책, 247쪽)

직업 선택 문제에 대한 비고츠키의 관점을 한마디로 요약한다면 "진로 선택을 위한 흥미와 역량은 발달한다"는 것이다. 사실 모든 인간적 역량은 발달하는 것이기에 이는 당연한 것이기도 하다. 진로/직업은 인간 삶의 가장 중심적 무대이고 축이라는 점에서 진로 선택을 위한 역량을 키우고 올바른 진로로 귀결되도록 하는 것은 중요한 교육적 과제가 되어야 한다. 비고츠키는 주체적이고 올바른 진로 선택을 위한 것으로 다음의 몇 가지 요소를 제시한다고 할 수 있다.

첫째, 진로/직업 세계에 대한 구체적이고 현실적 이해다. 그래야 자신의 역량, 취향과 맞추어 보면서 올바른 선택이 가능하다. 아동기까지 진로/직업은 환상의 대상이다. 비고츠키는 놀이를 통한 환상도 의미 있다고 본다. 부정확하지만 직업 세계에 대한 이해를 조금씩 키우고 자신의 취향을 발견하고 발달시켜 나간다. 그리고 청소년기부터 점차 현실적 이해로 이행해 간다.

둘째, 수행 역량이다. 해당 분야에서 요구되는 노동과 역할을 수행할 수 있는 역량이 있어야 한다. 역량은 기본 역량과 전문적 역량의 두 층위로 구성된다고 할 수 있다. 기본 역량은 전문적 역량을 키울 수 있는 토대이며, 해당 분야만이 아니라 다른 분야에도 적용될 수 있는 범용적 역량이다. 기본 역량을 튼튼하고 풍부하게 키우는 것이 보편교육의 과제가 된다. 전문적 역량은 어떤 분야의 보다 세분화되고 고도화된 역량으로, 전공 선택 이후의 교육, 훈련을 통해 본격적으로 형성된다.

셋째, 해당 분야에 대한 취향과 열의다. 올바른 진로 선택을 위해서는 해당 분야의 노동, 역할이 자신의 취향과 맞아야 하고, 열의가 있어야 한다. 많은 경우 자신의 열의와 취향이 어디로 향하는지 잘 모르기도 한다. 자기 자신에 대한 올바른 이해도 진로 선택의 중요한 요소다. 열의와 취향도 발달한다. 비고츠키는 청소년기가 '문화적 흥미'가 발달하는 시기로 보면서, 문화적 흥미 창출을 청소년기 중요한 교육적 과제로 제시한다.

넷째, 종합적 판단력이다. 진로 선택을 위해서는 다양한 요소들을 함께 고려해야 한다. 다양한 직업들에 대한 구체적 이해, 자신의 역량과 취향, 열의에 대한 이해, 미래에 대한 전망 등 주, 객관적인 요소들을 종합적으로 판단하면서 진로를 선택해야 한다. 적지 않은 경우 바라는 바를 모두 충족하지 못하기도 한다. 해당 진로의 전망은 유망하나 역량이 미치지 못하는 경우도 있고, 취향은 자신과 맞지만, 전망이 불투명한 경우도 있다. 비고츠키는 이 모든 것을 종합적으로 판단해 냉철한 선택을 하는 것이 결국 진로 선택이라고 말한다. 종합적 판단을 위해서는 개념적 사고 발달이 필요하다.

이러한 요소들이 발달해야 올바른 진로 선택이 가능하며 비고츠키는 그 시기를 17~19세로 봤다. 이 시기는 청소년에서 성인으로 넘어가는 시기로서, 나름의 주체적 판단력 형성과 독립적 사회 활동에 대한 사회적 요구가 맞물리는 시기다. 비고츠키는 이때까지의 교육을 통해 기본 역량을 형성하고 어느 정도 주체적이고 종합적인 판단력을 발휘할 수 있다고 본다.

100년이 지난 지금

직업 선택 문제에 대한 비고츠키 논의는 1930년 전후에 이루어진 것으로 거의 100년 전의 것이다. 한 세기가 지난 지금 진로 선택을 둘러싼 역사적 조건들은 상당히 변화했다. 그런데 우리의 현실은 100년 전의 논의에도 미치지 못한다. 비고츠키가 100년 전에 비판했던 이른 청소년 시기 직업 과정 선택이 여전히 지속되고 있다. 일반고에 진학한 청소년들도 입시에 매달려 자신의 진로를 탐색할 겨를이 없다. 그런 와중에 이젠 고교학점제로 일반고 청소년들도 15세에 진로를 결정하도록 강요받게 되었다. 이런 상황과는 정반대로 현대 사회 변화는 오히려 진로 선택의 시기를 늦출 것을 요청한다. 청소년 및 청년기 진로 선택 문제에 대한 새로운 정립이 필요한 상황이다. 비고츠키가 제기한 진로 선택에 대한 발달적 원리와 시대 변화를 감안한 새로운 논의가 필요하다.

* 청소년기 전체가 진로 탐색의 시기다.

진로/직업은 인간 삶의 가장 중요한 무대이며 장이다. 아마도 인생의 경로에서 가장 중요한 선택의 주제이자 순간일 것이다. 따라서 자기 삶의 가장 핵심적이고 중요한 문제를 스스로 선택할 수 있도록 해야 하는 것은 너무도 당연하며, 주체적 선택의 힘을 길러주는 것은 교육의 가장 기본적인 역할이기도 하다. 청소년기는 전 시기가 한편으로는 주체적 선택의 힘을 키우고 다른 한편으로는 자신에 맞는 진로/직업을 끊임없이 탐색해 나가는 시기다. 즉 진로 결정이 아닌 탐색의 시기인 것이며, 선택은 탐색의 최종 결과가 되어야 한다. 청소년기 발달을 최대한 풍부히 이루고 충분한 탐색을 거쳐 청소년기를 마무리할 무렵 최대한 올바르고 주체적인 선택을 할 수 있다. 미처 스스로 판단할 수 있는 역량이 발달하기도 전에, 심지어 문화적 흥미조차 피어나기 전에 강요받는 조기 진로 선택은 결코 스스로의 것일 수 없다.

* 진정한 탐색을 위해서도 입시교육은 폐지되어야 한다.

진로 탐색과 입시교육은 충돌한다. 입시교육 속에서는 진로 탐색이 결코 제대로 이루어질 수 없다. 입시 공부를 하는 동안 탐색을 위해 시간과 에너지를 쏟는 것은 입시에 손해가 되기 때문이다. 탐색 없이 입시에 매달리고, 입시 성적이 진로를 역으로 규정하는 것이 우리 교육의 현실이었다. 최근 도입된 고교학점제는 탐색의 시간조차 주지 않는다. 확정된 입시 성적조차 없으니 선택은 더더욱 어렵다. 이처럼 고1에 선택하든, 고3에 선택하든 입시는 그 자체로 진로 탐색 과정을 제거한다. 입시교육이 없는 나라들의 청소년들이 훨씬 진지하고 실제적인 탐색을 거쳐 자신의 진로를 찾아가는 경우가 많은 것은 이 차이 때문이다. 지금까지 지적되어 온 교육 왜곡과 사교육 등의 문제만이 아니라 청소년들에게 진로 탐색의 기회를 주기 위해서도 입시교육은 이제 폐지되어야 한다.

* 진로 선택 시점을 연장할 필요가 있다.

크게 두 가지 이유에서 진로 선택의 시점이 늦추어질 필요가 있다. 하나는 직업 세계의 변화다. 사회가 더욱 발전하면서 직업은 더욱 다양화, 전문화되고 있다. 또한 빠르게 변화한다. 이러한 직업 세계의 변화는 더 튼튼한 기초와 더 많은 탐색을 필요로 한다. 이는 교양 교육 및 탐색 기간이 연장될 필요가 있음을 의미한다. 또 하나는 청소년기가 연장되고 있다는 점이다. 청소년의 심리적 독립도 늦어지고, 직업 세계 진출의 시기도 늦어지면서 청소년기가 연장되고 있는데, 이는 흥미 발달의 연장, 진로 선택과 대한 주저함과 두려움 등으로 나타난다. 이러한 조건들을 감안할 때 진로 선택의 시점을 다소 늦추면서 더 많은 정보와 기회를 주어 스스로의 분명한 선택이 될 수 있도록 해야 한다. 진로 선택 시점을 늦추는 방안으로 고교 졸업 및 고등교육으로 이어지는 과정에서 계열 선택 -> 전공 선택을 단계적으로 진행하는 것을 검토해 볼 수 있다고 본다.

진로 선택 문제는 청소년과 청년기를 관통하는 개인적 삶의 가장 중요한 과업이자 이 시기 교육의 핵심 주제다. 그럼에도 지금까지 진정한 진로 탐색과 선택 문제는 제대로 다루어진 적이 없다. 가장 중요한 의제로서 새롭게 정립되어야 한다. 현재 우리 교육에서 진로는 많은 경우 입시 성적에 의해 강제로 처분되는 것에 불과하다. 이는 개인에게나 사회적으로나 너무도 불행한 일이다. 이제 그런 상황을 벗어나 진정한 탐색과 선택의 기회를 부여하는 것이 가능하고 필요한 시대가 되었다. 탐색과 선택 기회의 부여와 사회적 효율성의 조화는 얼마든지 가능하며 그것이 사회적 역량을 최대화하는 길이기도 하다.

삶의 행복을 꿈꾸는 교육은 어디에서 오는가?

● **교육혁명을 앞당기는 배움책 이야기** 혁신교육의 철학과 잉걸진 미래를 만나다!

한국교육연구네트워크 총서

01	핀란드 교육혁명	한국교육연구네트워크 엮음 | 320쪽 | 값 18,000원
02	일제고사를 넘어서	한국교육연구네트워크 엮음 | 284쪽 | 값 13,000원
03	새로운 사회를 여는 교육혁명	한국교육연구네트워크 엮음 | 380쪽 | 값 17,000원
04	교장제도 혁명	한국교육연구네트워크 엮음 | 268쪽 | 값 14,000원
05	새로운 사회를 여는 교육자치 혁명	한국교육연구네트워크 엮음 | 312쪽 | 값 15,000원
06	혁신학교에 대한 교육학적 성찰	한국교육연구네트워크 엮음 | 308쪽 | 값 15,000원
07	진보주의 교육의 세계적 동향	한국교육연구네트워크 엮음 | 324쪽 | 값 17,000원
08	더 나은 세상을 위한 학교혁명	한국교육연구네트워크 엮음 | 404쪽 | 값 21,000원
09	비판적 실천을 위한 교육학	이윤미 외 지음 | 448쪽 | 값 23,000원
10	마을교육공동체운동: 세계적 동향과 전망	심성보 외 지음 | 376쪽 | 값 18,000원
11	학교 민주시민교육의 세계적 동향과 과제	심성보 외 지음 | 308쪽 | 값 16,000원
12	학교를 민주주의의 정원으로 가꿀 수 있을까?	성열관 외 지음 | 272쪽 | 값 16,000원
13	교육사상가의 삶과 사상-서양 편 1	심성보 외 지음 | 420쪽 | 값 23,000원
14	교육사상가의 삶과 사상-서양 편 2	김누리 외 지음 | 432쪽 | 값 25,000원
15	사교육 해방 국민투표	이형빈·송경원 지음 | 260쪽 | 값 17,000원
16	유토피아 교육학	심성보 지음 | 464쪽 | 값 27,000원

한국교육연구네트워크 번역 총서

01	프레이리와 교육	존 엘리아스 지음 | 한국교육연구네트워크 옮김 | 276쪽 | 값 14,000원
02	교육은 사회를 바꿀 수 있을까?	마이클 애플 지음 | 강희룡·김선우·박원순·이형빈 옮김 | 356쪽 | 값 16,000원
03	비판적 페다고지는 세상을 변화시킬 수 있는가?	Seewha Cho 지음 | 심성보·조시화 옮김 | 280쪽 | 값 14,000원
04	마이클 애플의 민주학교	마이클 애플·제임스 빈 엮음 | 강희룡 옮김 | 276쪽 | 값 14,000원
05	21세기 교육과 민주주의	넬 나딩스 지음 | 심성보 옮김 | 392쪽 | 값 18,000원
06	세계교육개혁 민영화 우선인가 공적 투자 강화인가?	린다 달링-해먼드 외 지음 | 심성보 외 옮김 | 408쪽 | 값 21,000원
07	콩도르세, 공교육에 관한 다섯 논문	니콜라 드 콩도르세 지음 | 이주환 옮김 | 300쪽 | 값 16,000원
08	학교를 변론하다	얀 마스켈라인·마틴 시몬스 지음 | 윤선인 옮김 | 252쪽 | 값 15,000원
09	존 듀이와 교육	짐 개리슨 외 지음 | 심성보 외 옮김 | 376쪽 | 값 19,000원
10	진보주의 교육운동사	윌리엄 헤이스 지음 | 심성보 외 옮김 | 324쪽 | 값 18,000원
11	사랑의 교육학	안토니아 다더 지음 | 심성보 외 옮김 | 412쪽 | 값 22,000원
12	다시 읽는 민주주의와 교육	존 듀이 지음 | 심성보 옮김 | 620쪽 | 값 32,000원

미래 100년을 향한 새로운 교육

혁신교육을 실천하는 교사들의 **필독서**

● **비고츠키 선집 시리즈** 발달과 협력의 교육학 어떻게 읽을 것인가?

01 생각과 말	L.S. 비고츠키 지음 l 배희철·김용호·D. 켈로그 옮김 l 690쪽 l 값 33,000원
02 도구와 기호	비고츠키·루리야 지음 l 비고츠키 연구회 옮김 l 336쪽 l 값 16,000원
03 어린이 자기행동숙달의 역사와 발달 I	L.S. 비고츠키 지음 l 비고츠키 연구회 옮김 l 564쪽 l 값 28,000원
04 어린이 자기행동숙달의 역사와 발달 II	L.S. 비고츠키 지음 l 비고츠키 연구회 옮김 l 552쪽 l 값 28,000원
05 어린이의 상상과 창조	L.S. 비고츠키 지음 l 비고츠키 연구회 옮김 l 280쪽 l 값 15,000원
06 성장과 분화	L.S. 비고츠키 지음 l 비고츠키 연구회 옮김 l 308쪽 l 값 15,000원
07 연령과 위기	L.S. 비고츠키 지음 l 비고츠키 연구회 옮김 l 336쪽 l 값 17,000원
08 의식과 숙달	L.S 비고츠키 l 비고츠키 연구회 옮김 l 348쪽 l 값 17,000원
09 분열과 사랑	L.S. 비고츠키 지음 l 비고츠키 연구회 옮김 l 260쪽 l 값 16,000원
10 성애와 갈등	L.S. 비고츠키 지음 l 비고츠키 연구회 옮김 l 268쪽 l 값 17,000원
11 흥미와 개념	L.S. 비고츠키 지음 l 비고츠키 연구회 옮김 l 408쪽 l 값 21,000원
12 인격과 세계관	L.S. 비고츠키 지음 l 비고츠키 연구회 옮김 l 372쪽 l 값 22,000원
13 정서 학설 I	L.S. 비고츠키 지음 l 비고츠키 연구회 옮김 l 584쪽 l 값 35,000원
14 정서 학설 II	L.S. 비고츠키 지음 l 비고츠키 연구회 옮김 l 480쪽 l 값 35,000원
15 심리학 위기의 역사적 의미	L.S. 비고츠키 지음 l 비고츠키 연구회 옮김 l 560쪽 l 값 38,000원
비고츠키와 인지 발달의 비밀	A.R. 루리야 지음 l 배희철 옮김 l 280쪽 l 값 15,000원
비고츠키의 발달교육이란 무엇인가?	비고츠키교육학실천연구모임 지음 l 412쪽 l 값 21,000원
비고츠키 철학으로 본 핀란드 교육과정	배희철 지음 l 456쪽 l 값 23,000원
비고츠키와 마르크스	앤디 블런던 외 지음 l 이성우 옮김 l 388쪽 l 값 19,000원
수업과 수업 사이	비고츠키 연구회 지음 l 196쪽 l 값 12,000원
관계의 교육학, 비고츠키	진보교육연구소 비고츠키교육학실천연구모임 지음 l 300쪽 l 값 15,000원
교사와 부모를 위한 발달교육이란 무엇인가?	현광일 지음 l 380쪽 l 값 18,000원
비고츠키 생각과 말 쉽게 읽기	진보교육연구소 비고츠키교육학실천연구모임 지음 l 316쪽 l 값 15,000원
교사와 부모를 위한 비고츠키 교육학	카르포프 지음 l 실천교사번역팀 옮김 l 308쪽 l 값 15,000원
레프 비고츠키	르네 반 데 비어 지음 l 배희철 옮김 l 296쪽 l 값 21,000원

혁신학교	성열관·이순철 지음	224쪽	값 12,000원
행복한 혁신학교 만들기	초등교육과정연구모임 지음	264쪽	값 13,000원
서울형 혁신학교 이야기	이부영 지음	320쪽	값 15,000원
혁신교육, 철학을 만나다	브렌트 데이비스·데니스 수마라 지음	현인철·서용선 옮김	304쪽	값 15,000원
대한민국 교사, 어떻게 가르칠 것인가?	윤성관 지음	320쪽	값 15,000원
아이들을 어떻게 가르칠 것인가	사토 마나부 지음	박찬영 옮김	232쪽	값 13,000원
모두를 위한 국제이해교육	한국국제이해교육학회 지음	364쪽	값 16,000원
경쟁을 넘어 발달 교육으로	현광일 지음	288쪽	값 14,000원
혁신교육 존 듀이에게 묻다	서용선 지음	292쪽	값 16,000원
다시 읽는 조선 교육사	이만규 지음	750쪽	값 37,000원
교실 속으로 간 이해중심 교육과정	온정덕 외 지음	224쪽	값 13,000원
대한민국 교육혁명	교육혁명공동행동 연구위원회 지음	224쪽	값 12,000원
포스트 코로나 시대의 교육	성열관 외 지음	224쪽	값 15,000원
내일 수업 어떻게 하지?	아이함께 지음	300쪽	값 15,000원
핀란드 교육의 기적	한넬레 니에미 외 엮음	장수명 외 옮김	456쪽	값 23,000원
한국 교육의 현실과 전망	심성보 지음	724쪽	값 35,000원
독일의 학교교육	정기섭 지음	536쪽	값 29,000원
교실 속으로 간 이해중심 통합교육과정	온정덕 외 지음	224쪽	값 15,000원
초등 백워드 교육과정 설계와 실천 이야기	김병일 외 지음	352쪽	값 19,000원
학습격차 해소를 위한 새로운 도전 보편적 학습설계 수업	조윤정 외 지음	240쪽	값 15,000원

● **경쟁과 차별을 넘어 평등과 협력으로 미래를 열어가는 교육 대전환!** 혁신교육 현장 필독서

학교의 미래, 전문적 학습공동체로 열다	새로운학교네트워크·오윤주 외 지음	276쪽	값 16,000원
마을교육공동체 생태적 의미와 실천	김용련 지음	256쪽	값 15,000원
학교폭력, 멈춰!	문재현 외 지음	348쪽	값 15,000원
학교를 살리는 회복적 생활교육	김민자·이순영·정선영 지음	256쪽	값 15,000원
삶의 시간을 잇는 문화예술교육	고영직 지음	292쪽	값 16,000원
미래교육을 디자인하는 학교교육과정	박승열 외 지음	348쪽	값 18,000원
코로나 시대, 마을교육공동체운동과 생태적 교육학	심성보 지음	280쪽	값 17,000원

제목	저자/정보
혐오, 교실에 들어오다	이혜정 외 지음	232쪽	값 15,000원
수업, 슬로리딩과 함께	박경숙 외 지음	268쪽	값 15,000원
물질과의 새로운 만남	베로니카 파치니-케처바우 외 지음	이연선 외 옮김	240쪽	값 15,000원
그림책으로 만나는 인권교육	강진미 외 지음	272쪽	값 18,000원
수업 고수들 수업·교육과정·평가를 말하다	박현숙 외 지음	368쪽	값 17,000원
아이들의 배움은 어떻게 깊어지는가	이시이 쥰지 지음	방지현·이창희 옮김	200쪽 값 11,000원
미래, 공생교육	김환희 지음	244쪽	값 15,000원
들뢰즈와 가타리를 통해 유아교육 읽기	리세롯 마리엣 올슨 지음	이연선 외 옮김	328쪽	값 17,000원
혁신고등학교, 무엇이 다른가?	김현자 외 지음	344쪽	값 18,000원
시민이 만드는 교육 대전환	심성보·김태정 지음	248쪽	값 15,000원
평화교육 과거, 현재 그리고 미래를 그리다	모니샤 바자즈 외 지음	권순정 외 옮김	268쪽	값 18,000원
마을교육공동체란 무엇인가?	서용선 외 지음	360쪽	값 17,000원
강화도의 기억을 걷다	최보길 지음	276쪽	값 14,000원
체육 교사, 수업을 말하다	전용진 지음	304쪽	값 15,000원
평화의 교육과정 섬김의 리더십	이준원·이형빈 지음	292쪽	값 16,000원
마을로 걸어간 교사들, 마을교육과정을 그리다	백윤애 외 지음	336쪽	값 16,000원
혁신교육지구와 마을교육공동체는 어떻게 만들어지는가?	김태정 지음	376쪽	값 18,000원
서울대 10개 만들기	김종영 지음	348쪽	값 18,000원
선생님, 통일이 뭐예요?	정경호 지음	252쪽	값 13,000원
함께 배움 학생 주도 배움 중심 수업 이렇게 한다	니시카와 준 지음	백경석 옮김	280쪽	값 15,000원
다정한 교실에서 20,000시간	강정희 지음	296쪽	값 16,000원
즐거운 세계사 수업	김은석 지음	328쪽	값 13,000원
학교를 개선하는 교장 지속가능한 학교 혁신을 위한 실천 전략	마이클 풀란 지음	서동연·정효준 옮김	216쪽	값 13,000원
선생님, 민주시민교육이 뭐예요?	염경미 지음	244쪽	값 15,000원
교육혁신의 시대 배움의 공간을 상상하다	함영기 외 지음	264쪽	값 17,000원
도덕 수업, 책으로 묻고 윤리로 답하다	울산도덕교사모임 지음	320쪽	값 15,000원
교육과 민주주의	필라르 오카디즈 외 지음	유성상 옮김	420쪽	값 25,000원
교육회복과 적극적 시민교육	강순원 지음	228쪽	값 15,000원
비판적 미디어 리터러시 가이드	더글러스 켈너·제프 셰어 지음	여은호·원숙경 옮김	252쪽	값 18,000원
지속가능한 마을, 교육, 공동체를 위하여	강영택 지음	328쪽	값 18,000원

제목	저자/정보
대전환 시대 변혁의 교육학	진보교육연구소 교육과정연구모임 지음	400쪽	값 23,000원
교육의 미래와 학교혁신	마크 터커 지음	전국교원양성대학교 총장협의회 옮김	336쪽	값 18,000원
남도 임진의병의 기억을 걷다	김남철 지음	288쪽	값 18,000원
프레이리에게 변혁의 길을 묻다	심성보 지음	672쪽	값 33,000원
다시, 혁신학교!	성기신 외 지음	300쪽	값 18,000원
백워드로 설계하고 피드백으로 완성하는 성장중심평가	이형빈·김성수 지음	356쪽	값 19,000원
우리 교육, 거장에게 묻다	표혜빈 외 지음	272쪽	값 17,000원
교사에게 강요된 침묵	설진성 지음	296쪽	값 18,000원
왜 체 게바라인가	송필경 지음	320쪽	값 19,000원
풀무의 삶과 배움	김현자 지음	352쪽	값 20,000원
비고츠키 아동학과 글쓰기 교육	한희정 지음	300쪽	값 18,000원
교사에게 강요된 침묵	설진성 지음	296쪽	값 18,000원
마을, 그 깊은 이야기 샘	문재현 외 지음	404쪽	값 23,000원
비난받는 교사	다이애나 폴레비치 지음	유성상 외 옮김	404쪽	값 23,000원
한국교육운동의 역사와 전망	하성환 지음	308쪽	값 18,000원
철학이 있는 교실살이	이성우 지음	272쪽	값 17,000원
왜 지속가능한 디지털 공동체인가	현광일 지음	280쪽	값 17,000원
선생님, 우리 영화로 세계시민 만나요!	변지윤 외 지음	328쪽	값 19,000원
아이를 함께 키울 온 마을은 어떻게 만들어야 할까?	차상진 지음	288쪽	값 17,000원
선생님, 제주 4·3이 뭐예요?	한강범 지음	308쪽	값 18,000원
마을배움길 학교 이야기	김명신, 김미자, 서영자, 윤재화, 이명순 지음	300쪽	값 18,000원
다시, 남도의 기억을 걷다	노성태 지음	332쪽	값 19,000원
세계의 혁신 대학을 찾아서	안문석 지음	284쪽	값 17,000원
소박한 자율의 사상가, 이반 일리치	박홍규 지음	328쪽	값 19,000원
선생님, 평가 어떻게 하세요?	성열관 외 지음	220쪽	값 15,000원
남도 한말의병의 기억을 걷다	김남철 지음	316쪽	값 19,000원
생태전환교육, 학교에서 어떻게 할까?	심지영 지음	236쪽	값 15,000원
북유럽의 교사와 교직	예스터 에크하트 라르센 외 엮음	유성상·김민조 옮김	412쪽	값 24,000원
산마을 너머 지금 뭐해?	최보길 외 지음	260쪽	값 17,000원
전문적 학습네트워크	크리스 브라운·신디 푸트먼 엮음	성기선·문은경 옮김	424쪽	값 24,000원

교육사상가의 삶과 사상 2	김누리 외 지음 ㅣ 유성상 엮음 ㅣ 432쪽 ㅣ 값 25,000원
선생님이 왜 노조 해요?	윤미숙 외 지음 ㅣ 교사노동조합연맹 기획 ㅣ 328쪽 ㅣ 값 18,000원
교실을 광장으로 만들기	윤철기 외 지음 ㅣ 212쪽 ㅣ 값 17,000원
초등 개념기반 탐구학습 설계와 실천 이야기	김병일 지음 ㅣ 380쪽 ㅣ 값 27,000원
다시 읽는 민주주의와 교육	존 듀이 지음 ㅣ 심성보 옮김 ㅣ 620쪽 ㅣ 값 32,000원
자율성과 전문성을 지닌 교사되기	린다 달링 해몬드, 디온 번즈 지음 ㅣ 전국교원양성대학교총장협의회 옮김 ㅣ 412쪽 ㅣ 값 25,000원
선생님, 완벽하지 않아도 괜찮아요	유승재 지음 ㅣ 264쪽 ㅣ 값 17,000원
지속가능한 리더십	앤디 하그리브스, 딘 핑크 지음 ㅣ 정바울, 양성관, 이경호, 김재희 옮김 ㅣ 352쪽 ㅣ 값 21,000원
남도 명량의 기억을 걷다	이돈삼 지음 ㅣ 280쪽 ㅣ 값 17,000원
교사가 아프다	송원재 지음 ㅣ 300쪽 ㅣ 값 18,000원
존 듀이의 생명과 경험의 문화적 전환	현광일 지음 ㅣ 272쪽 ㅣ 값 17,000원
왜 읽고 쓰고 걸어야 하는가?	김태정 지음 ㅣ 300쪽 ㅣ 값 18,000원
미래 교직 디자인	캐럴 G. 베이즐 외 지음 ㅣ 정바울 외 옮김 ㅣ 192쪽 ㅣ 값 17,000원
타일러 교육과정과 수업 설계의 기본 원리	랄프 타일러 지음 ㅣ 이형빈 옮김 ㅣ 176쪽 ㅣ 값 15,000원
시로 읽는 교육의 풍경	강영택 지음 ㅣ 212쪽 ㅣ 값 17,000원
부산 교육의 미래 2026	이상철 외 지음 ㅣ 384쪽 ㅣ 값 22,000원
11권의 그림책으로 만나는 평화통일 수업	경기평화교육센터·곽인숙 외 지음 ㅣ 304쪽 ㅣ 값 19,000원
명랑 10대 명량 챌린지	강정희 지음 ㅣ 320쪽 ㅣ 값 18,000원
교장이 바뀌면 학교가 바뀐다	홍제남 지음 ㅣ 260쪽 ㅣ 값 16,000원
교육정치학의 이론과 실천	김용일 지음 ㅣ 308쪽 ㅣ 값 18,000원
교사, 깊이 있는 학습을 말하다	황철형 외 5인 지음 ㅣ 210쪽 ㅣ 값 15,000원
더 나은 사고를 위한 교육	앤 마가렛 샤프·로렌스 스플리터 지음 ㅣ 김혜숙·박상욱 옮김 ㅣ 432쪽 ㅣ 값 25,000원
세계의 대안교육	넬 나딩스·헬렌 리즈 지음 ㅣ 심성보 외 11인 옮김 ㅣ 652쪽 ㅣ 값 38,000원
더 좋은 교육과정 더 나은 수업	이형빈 지음 ㅣ 290쪽 ㅣ 값 18,000원
한나 아렌트와 교육	모르데하이 고든 지음 ㅣ 조나영 옮김 ㅣ 376쪽 ㅣ 값 23,000원
공동체의 힘, 작은학교 만들기	미셀 앤더슨 외 지음 ㅣ 권순형 외 옮김 ㅣ 262쪽 ㅣ 값 18,000원
어떻게 어린이를 사랑해야 하는가-개정판	야누시 코르착 지음 ㅣ 송순재, 안미현 옮김 ㅣ 396쪽 ㅣ 값 23,000원
토대역량과 사회정의	알렌산더 M 지음 ㅣ 유성상, 이인영 옮김 ㅣ 324쪽 ㅣ 값 22,000원
나는 어떤 특수 교사인가-개정판	김동인 지음 ㅣ 268쪽 ㅣ 값 17,000원
북한교육과 평화통일교육	이병호 지음 ㅣ 336쪽 ㅣ 값 22,000원

제목	저자정보
능력주의 시대, 교육과 공정을 사유하다	한국교육사상학회 지음	280쪽	값 19,000원
교사와 학부모, 어디로 가는가?	한만중, 김용, 양희준, 장귀덕 지음	252쪽	값 17,000원
프레네, 일하는 인간의 본성과 교육	셀레스텡 프레네 지음	송순재 엮음	김병호, 김세희, 정훈, 황성원 옮김	564쪽	값 33,000원
지속가능한 마을교육공동체 운동	양병찬, 한혜정 지음	268쪽	값 18,000원
평생학습으로 두 나라를 잇다	고바야시 분진 지음	양병찬, 이정연 편역	220쪽	값 15,000원
초등 1학년 교실, 궁금하세요?	이경숙 지음	324쪽	값 19,000원
정의로운 한국사	김은석 지음	272쪽	값 17,000원
세계의 교사 교육	린다 달링-해먼드, 앤 리버맨 편저	전국교원양성대학교총장협의회 번역	320쪽	값 21,000원
'좋아요'와 '싫어요'를 넘어: 우리를 위한 미디어 리터러시	여은호, 원숙경지음	268쪽	값 18,000원
남도 항일독립운동가의 기억을 걷다	김남철 지음	292쪽	값 19,000원
에듀테크, 교육에 좋은가?	닐 셀윈 지음	유성상, 배정현, 김범주 옮김	238쪽	값 18,000원
독일 정치교육	볼프강 잔더, 케르스틴 폴 지음	504쪽	값 32,000원
혁신교육과 마을교육의 도전과 전환	윤양수 지음	212쪽	값 17,000원
성덕에 입덕하다	성덕초등학교 교육공동체 지음	268쪽	값 18,000원
홍여울 흐르는 소리 - 함께 흘러온 홍성여고 혁신학교 10년의 이야기	홍성여자고등학교 지음	234쪽	값 17,000원
차암 좋은 혁신학교 - 새싹에서 씨앗으로 자라나는	차암초등학교 교육가족 지음	208쪽	값 17,000원
한국의 교사와 교원노조	박정훈 지음	344쪽	값 21,000원
위선자가 되지 않는 법	아담 스위프트 지음	곽덕주, 이승현, 이진호, 배춘환 옮김	316쪽	값 19,000원
교육의 정치적 중립성	김용 외 12명 지음	420쪽	값 25,000원
다시, 학교의 길을 묻다	김영인 지음	296쪽	값 18,000원

참된 삶과 교육에 관한 생각 줍기

참된 삶과 교육에 관한 생각 줍기

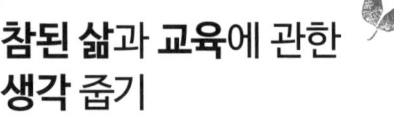